가치 있는 삶

가치 있는 삶

초판 1쇄 발행 2023년 11월 15일
초판 3쇄 발행 2024년 1월 12일

지은이 미로슬라브 볼프, 마태 크러스믄, 라이언 매커널리린츠
옮긴이 김한슬기
펴낸이 유정연

이사 김귀분
책임편집 조현주 **기획편집** 신성식 유리슬아 서옥수 황서연 정유진 **디자인** 안수진 기경란
마케팅 반지영 박중혁 하유정 **제작** 임정호 **경영지원** 박소영

펴낸곳 흐름출판(주) **출판등록** 제313-2003-199호(2003년 5월 28일)
주소 서울시 마포구 월드컵북로5길 48-9(서교동)
전화 (02)325-4944 **팩스** (02)325-4945 **이메일** book@hbooks.co.kr
홈페이지 http://www.hbooks.co.kr **블로그** blog.naver.com/nextwave7
출력 · 인쇄 · 제본 (주)상지사 **용지** 월드페이퍼(주) **후가공** (주)이지앤비(특허 제10-1081185호)

ISBN 978-89-6596-603-6 03100

• 이 책은 저작권법에 따라 보호를 받는 저작물이므로 무단 전재와 복제를 금지하며,
  이 책 내용의 전부 또는 일부를 사용하려면 반드시 저작권자와 흐름출판의 서면 동의를 받아야 합니다.
• 흐름출판은 독자 여러분의 투고를 기다리고 있습니다. 원고가 있으신 분은 book@hbooks.co.kr로
  간단한 개요와 취지, 연락처 등을 보내주세요. 머뭇거리지 말고 문을 두드리세요.
• 파손된 책은 구입하신 서점에서 교환해드리며 책값은 뒤표지에 있습니다.

가치 있는 삶

무엇을 선택하고 이룰 것인가

◆

미로슬라브 볼프, 마태 크러스믄, 라이언 매커널리린츠 지음

김한슬기 옮김

Life *Worth*
Living

흐름출판

환영한다.

그리고 축하한다!

이 책을 읽으면서 여러분은 자신에게 시간이라는 아주 소중한 선물을 선사했다. 요즘 세상은 시간을 내기가 쉽지 않다. 하루하루 할 일이 너무 많고, 시시각각 정보가 쏟아지는 데다가, 관심을 요구하는 목소리가 끊이질 않는 탓이다. 하지만 그 와중에 여러분은 이 책을 골라 들었다. 이 책은 그냥 책이 아니다. 이 책은 여러분의 삶에서 무엇이 가장 중요한지 깨닫는 데 큰 도움을 줄 것이다. 여러분은 선택한 것이다. 가장 중요한 것을 찾기로. 누구나 할 수 있는 일은 아니다.

《가치 있는 삶》을 집필한 저자 셋 중 두 명은 서울을 방문한 적이 있다. 미로슬라브는 영광스럽게도 초청을 받아 강단에 섰고, 마태는 20년도 더 전에 결혼으로 인연을 맺은 한국 가족과 함께 한국을 찾는 소중한 기회를 얻었다. 우리는 도시를 누비며 넘치는 생동감과 맛 좋은 음식을 즐겼다. 옛것과 새것이 함께 어우러진 풍경은 놀라움을 안겨줬다. 수백 년 전에 지어진 사찰이 최첨단을 달리는 고층 건물 아래 자리 잡고 있었다. 서울은 우리에게 과거의 방식이 오늘날의 삶에 어떤 영향을 미치는지 묻고 있는 것 같았다.

하지만 이를 단순히 과거와 현재를 한데 아우르려는 노력이라고 할 수는 없다. 과거와 현재는 두 개의 목소리가 아니라 무수히 많은 목소리로 구성된 두 개의 집합에 가깝다. 예로부터 부처, 공자, 예수를 비롯해 다양한 목소리가 저마다의 주장을 펼치며 우리를 설득하려 하고 있으며, 모든 목소리는 가장 중요한 가치에 관해 각자의 비전을 지닌다.

현대 사회에 울려 퍼지는 목소리 또한 더 많으면 많았지, 적지는 않다. 현대의 삶은 빠르게 움직이고 빠르게 변화한다. 2년 전까지만 해도 최신 기술의 집약체로 취급받던 스마트폰은 어느새 구닥다리 취급을 받는다. 문화와 아이디어도 다르지 않다. 어제까지는 분명 참신했던 가치가 오늘은 하품을 자아낸다. 이 모든 변화 가운데서 변하지 않는 것을 찾기는 쉽지 않다. 그리고 변하지 않는 것을 어찌어찌 찾는다고 해도 간직하기가 그만큼 어럽다.

우리가 품은 질문에 대답이 되어주겠다는 목소리는 많다. 건강 전문가, '웰빙' 코치, 통속 심리학자 등, 요즘 세상에는 그야말로 전문가가 넘쳐난다. 심지어 유서 깊은 전통을 자랑하는 몇몇 전문가는 현대 사회에 발맞추려는 의도인지 위험천만할 만큼 긴박한 속도로 고전적 지혜를 내뱉는다. 하지만 자칭 전문가라는 인물이 건네는 조언은 대부분 맛있고, 편리하고, 저렴하지만 영양가 없이 열량만 높은 패스트푸드나 다름없다. 손쉬운 해결책이 되어 주겠다는 유혹의 목소리는 사실 허망한 슬로건이나 위험한 이데올로기나 마찬가지다.

다행히 실질적인 방향을 제시하는 목소리도 존재한다. 물론 이런 목소리를 따라가려면 더 많은 시간을 들여야 하지만 분명 그만한 가치가 있다. 제대로 된 목소리는 우리 삶에서 무엇이 가장 중요하냐는 물음에 진정성 있고 묵직한 대답을 내놓는다. 이뿐 아니라 인간으로서, 공동체로서, 하나의 세상으로서 번성한 삶이란 무엇을 의미하는지 확고한 비전을 제시한다. 많은 목소리는 머나먼 과거에 뿌리를 두지만, 모든 대답이 반드시 과거를 향하지는 않는다.

과거의 방식이 모든 질문에 대답할 수는 없다. 세상은 변했다. 심지어 과거에 제기된 질문조차 새로운 위협을 마주해 새로운 형태를 띠고 있다. 현대 사회가 기나긴 전통이 제시하는 기나긴 지혜를 들으려면 현대 사회에 적합한 새로운 귀와 옛것과 새것을 함께 수용하려는 마음가짐이 필요하다. 또한 지난 몇 세기 안에 새롭게 등장한 철학 중에도 우리 선조가 간직했던 것만큼 진정성 있는 통찰이 존재한다는 사실을 인정해야 한다. 보편적 인간성에 알맞은 진정한 가치를 탐색하는 예측 불가한 역사 속, 수많은 목소리 사이에서 우리가 어디로 가야 할 것인지 분명한 길을 제시해 주는 간단한 규칙이나 절대적인 방법은 존재하지 않는다. 하지만 우리는 진정한 가치를 찾아야만 한다. 지속 불가능한 삶 가운데 한가한 순간이 찾아오면 가치가 우리를 부른다. 가치가 우리를 찾는다.

그 순간을 위해 우리는 분별력을 갖춰야 한다. 안목은 셈과는 다르다. 우리는 삶을 채울 소비재를 선택할 때 셈을 한다. 새로운 셔츠를 사러 쇼핑몰에 갈 때 우리는 분명한 목적을 지닌다. 직장에서 입어도 좋을 만큼 단정하지만 퇴근하고 술자리에 들르기에도 이상하지 않고, 물세탁이 가능하며, 너무 비싸지 않아야 한다.

우리는 이 모든 목적과 선호를 머릿속에 정리해 두고 적당한 셔츠를 찾아 나선다. 괜찮은 셔츠를 발견하면 미리 생각해 둔 조건을 떠올려 보고, 셈을 한 후, 최종 결정을 내린다. 굳이 따지자면 삶에 관한 서로 다른 비전에도 비슷한 원리를 적용할 수 있을 것이다. 관심사에 부합하고, 적당히 도전정신을 불러일으키지만 너무 어렵지는 않으며, 친구 사이에 갈등을 일으키지 않아야 한다는 등 이런저런 조건을 미리 정해 놓고 '좋은 삶 푸드 코트'로 쇼핑에 나설 수도 있다. 이런 방법이라면 크게 힘들이지 않고 적당한 가치를 찾을 수 있을 것이다. 하지만 분별력을 키우고 그에 맞는 가치를 찾으려면 더 많은 노력이 필요하다. 먼저 추구할 만한 가치가 있는 목적이 무엇인지 고민하고 그 목적을 수용할 것인지 결정해야 한다. 진정한 가치를 이해하기는 이렇게 어렵다.

분별력을 얻기는 쉽지 않다. 분별력을 발휘해 가치를 찾기까지는 엄청난 인내를 각오해야 한다. 심오한 질문에 대한 대답을 당장 얻을 수 있으리라 생각해서는 안 된다. 또한 분별력을 갖추려면 겸손함이 필요하다. 우리는 자신의 한계를 인식하고 제 생각이 틀릴 수도 있음을 받아들여야 한다. 용기 또한 중요한 덕목이다(겸손함과 용기가 함께하면 가장 좋다). 우리는 바울, 간디, 틱낫한처럼 위대한 사상가가 마주했던 어려움에 맞설 용기를 가져야 한다. 예일대학교에서 강의를 듣던 어느 학생은 이렇게 물었다. "역사상 가장 위대한 종교인과 철학자가 수천 년 동안 씨름해 온 질문의 답을 할 일을 모두 마치고 남는 시간에 찾으라고요?" 겸손함을 갖춘 사람이라면 할 일을 모두 마치고 남는 시간에 대답을 찾을 수 없음을 잘 알고 있을 것이다. 그리고 용기를 갖춘 사람이라면 아무리 어려운 질문이라도 씨름할 만한 가치가 있음을 받아들일 것이다.

우리는 수년 동안 예일대학교와 도처에서 학생들이 분별력을 갖출 수 있도록 돕는 과정에서 《가치 있는 삶》이라는 열매를 맺었다. 《가치 있는 삶》은 여러분에게 보내는 초대장이다. 우리는 바쁘게 돌아가는 현대 사회에서 귀 기울여 듣기 어려운 과거의 목소리를 여러분에게 소개하고, 더 나아가 현대의 목소리에 귀 기울일 예정이다. 그리고 과거와 현재의 목소리는 우리에게 좋은 질문을 던지고 그 질문에 반응하는 방법을 가르쳐줄 것이다.

우리는 어쩌면 평생이라는 아주 기나긴 시간 동안 분별력을 발휘해야 할지도 모른다. 우리가 바라고, 추구하고, 노력을 쏟을 가치가 있는 번성하는 삶의 비전이란 무엇인지 찾으려면 오랜 시간이 걸린다. 또한 비전을 찾았다고 가치 있는 삶을 좇는 여정이 끝나는 것도 아니다. 새로운 경험, 새로운 아이디어, 새로운 도전, 새로운 질문은 언제든 분별력을 요구할 수 있다. 하지만 여러분은 이미 첫발을 내디뎠으니 축하할 일이다. 여러분은 자신에게 삶에 있어 가장 중요한 것이 무엇인지 분별하는 시간을 선물했다. 여러분의 여정에 이 책이 도움이 되길 바란다.

— 볼프, 크러스프, 매커널리린츠

차례
contents

이 책이 당신의 삶을
바꿔놓을 것이다

부처가 되기 전, 고타마 싯다르타의 삶은 평범함이라는 기준에서 썩 괜찮게 흘러가고 있었다. 싯다르타는 왕자로 태어나 왕족으로서 사치와 특권을 누리며 살았다. 호화로운 궁전에서 산해진미를 먹고 보드라운 천으로 옷을 지어 입었다. 아버지는 훗날 왕위를 이어받을 아들을 사랑으로 지도했다. 이제 싯다르타는 공주와 결혼해 첫 번째 자녀의 탄생을 앞두고 있었다.

부와 권력, 화목한 가정까지 모든 축복이 싯다르타에게 깃들었다. 싯다르타는 매일 축복받은 삶이 선사하는 달콤한 과육을 음미했다. 하지만 언제부턴가 달콤한 과육이 모래처럼 껄끄럽게 느껴지기 시작했다.

어느 날, 왕가의 공원을 거닐던 싯다르타는 흐르는 세월에 볼품없이 늙어버린 노인을 만났다. 다음 날은 같은 공원에서 병자를 마주쳤고, 셋째 날에는 부패한 시신을 목격했다. 존재가 고통이라는 사실에 충격을 받은 싯다르타는 아들이 태어난 날 공원으로 다시 한번 산책을 나섰고, 그곳에서 세상을 떠도는 수행자를 만났다. 싯다르타는 왕족의 삶을 포기하고 싶다는 충동에 사로잡혔다.

그날 밤, 싯다르타는 모든 것을 버리고 떠났다. 의지가 꺾일까 봐 두려운 마음에 아내와 갓 태어난 아들에게 작별 인사조차 건네지 않았다. 그날부터 싯다르타의 삶은 고행이 됐다. 싯다르타는 고통의 민낯을 마주했고 고통을 극복할 방법을 찾을 때까지 탐구를 멈추지 않았다. 영적 수행으로 해방을 얻겠다며 금식을 시작했다. 하지만 아무 소용이 없었다. 싯다르타는 다른 곳에서 답을 찾았다.

출가하고 몇 년이 지났을 무렵, 싯다르타는 보리수나무 아래에 가만히 자리를 잡고 앉았다. 선정(禪定)에 든 지 7일째 되던 날, 싯다르타는 깨달음을 얻었다. 고통은 갈망에서 비롯되니 자유로운 사람은 고통에서 자유로울 것이다. 싯다르타는 자신의 깨달음을 세상과 나누는 데 남은 인생을 바쳤다. 2,500년이 지난 오늘날, 수백만 불교 신자를 비롯한 수많은 사람이 싯다르타의 가르침에 따라 삶을 꾸려나가고 있다.

* * *

초대 교황이 되기 전까지 시몬(Simon)은 거대한 제국의 변두리에 자리한 작은 영지의, 작은 호숫가의, 작은 마을의, 작은 집에 사는 지극히 평범한 사내였다. 시몬은 같은 마을에서 나고 자란 여인과 결혼해 여느 동네 사람처럼 어부로 일하며 생계를 꾸려나갔다. 동생 안드레(Andrew)와 함께 밤새 호수에 배를 띄우고 그물을 내려 물고기를 낚는 날도 많았다. 주일에는 율법에 따라 휴식을 취하고 가까운 교회에서 예배를 드렸다. 화려한 삶은 아니었지만 평범한 행복이 충만했다. 하지만 한마디의 말이 시몬의 삶을 완전히 바꾸어놓았다.

"나를 따르라."

나사렛에서 온 새로운 스승이었던 예수는 호숫가에 서서 시몬과 안드레에게 말했다. 상식적으로 말도 안 되는 일이었다. 제정신이라면 생업 때문에 바쁜 남자 두 명이 모든 걸 버리고 떠나지는 않을 것이다. 하지만 예수의 말에는 놀라운 힘이 깃들어 있었다. 마을에서는 예수가 권위가 넘치는 목소리로 진실을 설교하며 기적을 행한다는 소문이 돌았다.

정확한 이유는 알 수 없지만 시몬은 예수를 따르기로 했다. 시몬은 3년 동안 예수를 따라다니며 예수가 하는 말을 듣고 이해하려고 노력했다. 시몬은 경이로운 기적을 몇 번이나 목격했다. 어느새 시몬은 예수를 스승이 아닌 주인이라고 불렀다. 주인은 제자에게 바위처럼 굳건하게 살라는 뜻에서 '베드로'라는 이름을 줬다. 하지만 베드로는 이름처럼 살지 못했다. 주인을 오해하고 과한 열정을 내비쳤으며 결정적인 순간에 용기를 잃었다. 예수가 붙잡혔을 때 베드로는 예수를 모른다고 부인했다. 베드로는 왕실

병사에게 끌려가 십자가에 못 박히는 예수를 무기력하게 바라보기만 했다. 예수를 추종한 지난 세월과 노력이 모두 수포로 돌아가는 것 같았다. 하지만 예수가 십자가에 못 박힌 지 사흘째 되는 날, 베드로는 부활한 주인을 마주했다.

그날부터 베드로는 예수의 지시에 따라 복음을 전파하는 데 평생을 바쳤으며, 나날이 늘어나는 추종자를 이끌었다. 베드로가 평범한 어부였다면 기껏해야 몇 백 킬로미터 떨어진 예루살렘 성지순례가 가장 멀리 떠난 여행이었을 것이다. 하지만 베드로는 성스러운 임무를 수행하며 시리아와 그리스를 거쳐 마침내 제국의 수도인 로마에 당도했다. 그리고 그곳에서 마지막 숨을 거뒀다. 오래된 기독교 기록에 따르면, 베드로는 로마에서 십자가에 거꾸로 못 박혀 죽었다고 한다. 감히 주인과 같은 최후를 맞이할 수는 없으니 거꾸로 매달아달라고 부탁했다는 이야기가 있다.

* * *

흑인과 여성에 대한 차별에 맞서 싸운 위대한 영웅 아이다 B. 웰스(Ida B. Wells, 1862~1931)는 해방 운동을 이끌기 전까지 어려운 환경에서도 열심히 삶을 꾸려나가는 평범한 젊은 여성이었다. 웰스는 미시시피주에서 노예로 태어났으나 어린 시절 노예해방령이 선언되며 자유를 얻었다. 웰스가 열여섯 살이 되던 해 황열병이 유행했는데 이로 인해 그녀의 부모와 태어난 지 얼마 안 된 남동생이 목숨을 잃었다. 이후 웰스는 교사로 일하며 살아남은 형제자매의 생계를 책임졌다. 20대가 된 웰스는 그동안 모은 돈으로 신생 신문사 프리 스피치(Free Speech) 지분 3분의 1을 매수해 언론인으로 경력을 쌓아나가기 시작했다. 장밋빛 미래가 그려졌다. 하지만 언젠가 한 번은 꼭 일어날 것 같은 끔찍한 사건이 일어나면서 상황이 바뀌었다.

1892년 3월 9일, 토머스 모스(Thomas Moss), 캘빈 맥도웰(Calvin McDowell), 윌리엄 헨리 스튜어트(William Henry Stewart)가 멤피스 시 외곽에서 마구잡이로 폭행당하는 사건이 벌어졌다. 남의 일이 아니었다. 웰스는 토머스 모스의 딸 모린(Maurine)의 대모였다.

이 사건으로 웰스는 지금껏 거짓이 눈을 가리고 있었다는 사실을 깨달았다.

"남부에서 일어난 폭행 사건을 접한 많은 사람이 그랬듯, 나 또한 대중에게 전해지는 메시지를 그대로 믿었다. 린치는 법과 규율에 반하는 옳지 않은 행동이지만, 강간이라는 끔찍한 범죄에 대한 걷잡을 수 없는 분노 때문에 폭행을 저지른다고 생각했다. 린치로 사망한 피해자가 목숨을 잃을 만한 짓을 했을 것이라고 여겼다."

하지만 웰스는 모스, 맥도웰, 스튜어트가 어떤 사람인지 잘 알고 있었다. 세 사람은 "백인 여성을 상대로 어떤 범죄도 저지르지 않았다." 이윽고 웰스는 린치가 "부와 재산을 쌓은 흑인을 제거하고 공포에 떨게 하려는 핑계"일 뿐이라는 현실을 직시했다. 사실을 거리낌 없이 말하던 사람이 거의 없던 시절이었다.

린치에 대한 웰스의 의견이 기사로 인쇄되자 '일등 시민 위원회'를 자처하던 백인 자경단 무리는 프리 스피치 신문사에 쳐들어와 사무실을 샅샅이 뒤지고 이런 메모를 남겼다.

"다시 이런 기사가 신문에 실리는 일이 생긴다면 죽음으로 엄벌하겠다."

웰스는 신문사를 잃었지만 린치가 인종차별 행위에 불과하다는 불편한 진실을 세상에 알리기를 멈추지 않았다.

웰스는 미국 전역에서 벌어진 린치 사건을 면밀히 조사해서 자신이 발견한 사실을 유명 팸플릿에 발표하고 북미와 영국에서 강연을 열었다. 웰스의 활동은 미국흑인지위향상협회(National Association for the Advancement of Colored People, NAACP) 설립에 큰 영향을 미쳤다. 또한, 웰스는 여성 권리 신장을 위해 끊임없이 노력했다. 참정권 운동 단체와 미국 유색 여성 단체도 설립 과정에서 웰스의 도움을 받았다. 웰스는 사후에 퓰리처상 특별상 수상자(2020년)로 선정됐다. 진실을 알리려는 웰스의 끊임없는 헌신은 수백만 명에게 도움을 줬다.

모든 변화는 '의문'에서 시작된다

고타마 싯다르타는 왕족이라는 지위를 버리고 부처가 되어 위대한 전통을 창시했다. 시몬 베드로는 예수를 부인하는 실수를 저질렀지만 끝내 기독교 교회 설립의 바탕이 되는 바위 역할을 했다. 아이다 B. 웰스는 교사라는 안정적인 직업을 포기하고 진실을 알리며 흑인과 여성 해방을 이끌었다. 이렇게 전혀 다른 세 사람은 전혀 다른 삶을 살았지만 자신에게 주어진 삶의 형태에 의문을 품었다는 공통점을 지닌다. 이들에게 당연하고 평범한 일상이 질문처럼 다가왔다. 세 사람 모두 무언가, 어쩌면 모든 것이 변해야 한다고 느꼈다.

싯다르타, 베드로, 웰스는 지나치게 근본적이기에 명확하게 말로 설명하기 어려운 의문을 품었다. 아마 이런 의문을 표현하는 질문은 수도 없이 많을 것이다. *인생에서 가장 중요한 것은 무엇인가? 좋은 삶이란 어떤 삶인가? 무엇이 삶을 풍성하게 만드는가? 인간다운 가치를 품은 삶을 살려면 어떻게 해야 하는가? 진실한 삶이란 무엇인가? 무엇이 옳고, 진실하고, 선한가?*

어떤 질문도 세 사람이 품은 의문을 완벽히 표현하지 못한다. 애초에 어떤 말로도 의미를 온전히 담을 수 없는 의문이기 때문이다. 하지만 말로 표현하지 못한다고 덜 진실하거나 덜 중요하지는 않다. 정확히 파악하기는 어렵지만 이 '의문'은 우리의 삶을 관통한다. '의문'은 가치, 의미, 선과 악, 목표와 목적, 아름다움, 진실, 정의에 관해 묻는다. 또한, 서로에게 어떤 의무를 지니는지, 우리가 어떤 세상에 살고 있는지, 그 세상 속에서 우리가 어떻게 살아야 할지 고민하게 한다. 성공한 삶은 무엇인지, 실패한 삶은 무엇인지 생각해보는 기회가 되기도 한다.

하지만 한 번 찾아온 '의문'은 삶을 송두리째 바꿔놓는다. 출가한 싯다르타, 예수의 부름을 받은 시몬, 친구의 죽음을 경험한 웰스의 삶은 완전히 바뀌었다. 누군가는 충격적인 사건 때문에 삶이 망가졌다고 생각하겠지만, 누군가는 새로운 삶이 시작됐다고 볼 수도 있다. 물론 세 사람은 많은 것을 잃었다. 하지만 값어치를 따지면 잃은 것보다 얻은 것이 많았다. 세 사람은 변혁을 거치며 세상으로 나아갈 새로운 동기와 설 자리를 찾고 인생의 원동력을 얻었다. 삶 자체보다 중요한 가치였다.

이 책은 '의문'을 이야기한다.

우리는 '의문'의 지도를 그리고, 주요 지형지물의 위치를 파악하고, 경계를 그을 예정이다. 또한, 여러분이 중요한 의미를 지닌 질문에 적극적으로 대답할 수 있도록 성찰을 돕는 습관 몇 가지를 소개할 것이다. 그러니 마음속에 질문이 떠오를 때마다 귀를 기울이고 나름의 답을 내놓는 데 활용하기를 바란다. 이 책이 유용한 지도이자 도구가 되어줄 것이다.

물론 독서가 인생을 뒤바꿀 만한 경험을 대신할 수는 없다. 백인 우월주의자의 폭력에 친구를 잃거나, 하나님의 뜻을 품고 땅에 강림한 스승을 만나거나, 어느 날 갑자기 세상의 고난에 눈을 뜨는 충격적인 사건은 책으로 꾸밀 수도, 계획할 수도, 예상할 수도 없다.

하지만 '의문'은 기대하지 못한 순간, 우리 인생에 찾아온다. 진실과 가치를 받아들일 준비가 되어 있는 사람에게는 한 권의 책이 엄청난 변화를 가져올 수 있다. 프레더릭 더글러스(Frederick Douglass, 1818~1895)는 노예 신분으로 부림당하던 어린 시절,《미국 웅변가*The Columbian Orator*》라는 책을 읽고 수사학을 익히고 자유와 인권에 눈을 떴다. 삶의 평범한 순간 사이에 숨어 있는 '의문'은 언제든 우리 삶을 뒤집고 놀랍도록 새로운 길을 소개할 수 있다.

받아들이기 어렵고 당황스러운 이야기라는 걸 이해한다. 뱃속이 뒤틀리는 것 같은 불편한 느낌이 들 수도 있다. 괜찮다. 아니, 오히려 좋다. 지금 당장 납득하기 힘들다고 생각한다면 이 책에서 이야기하려는 주제를 잘 이해했기 때문이다. 많은 사람이 같은 감정을 느낄 테니 안심하기를 바란다.

'의문'을 다루기 위해 필요한 것

기독교 사상가이자 소설가인 C. S. 루이스(C. S. Lewis, 1898~1963)는 단순한 동료와 진정한 친구를 구별해서 생각했다. 동료는 종교든, 직장이든, 학업이든, 취미든 같은 활동을 공유하는 사이를 뜻한다. 긍정적이고 호의적이지만 루이스의 기준에서 우정에는 못 미치는 관계에 해당한다. 루이스는 우정을 나누는 사이란 질문을 공유하는 사이라고 이야기했다.

"다른 사람은 대수롭지 않게 여기는 질문을 중요하게 생각하는 사람이라면 친구가 될 수 있다. 대답까지 공유할 필요는 없다."

이 책의 공동 저자인 우리 세 사람은 2014년부터 예일대학교에서 '가치 있는 삶' 강의를 해왔다. 지난 몇 년 동안은 동료 교수 열두 명이 강사로 합류했고 수백 명이 학생으로 참여했다. 우리는 열다섯 명 내외로 조를 나눠 책상에 둘러앉아 '의문'에 관련된 이야기를 나누며 시간을 보냈다. 매 수업마다 유명한 종교인이나 철학자가 쓴 글귀를 읽고 토론의 방향을 정했다. 짧게는 수년에서 길게는 몇 십 년씩 경력을 쌓아온 사회인을 대상으로 비슷한 토론을 진행한 적도 있고, 연방 교도소를 찾아 수감자와 의견을 나누기도 했다. 우리는 '가치 있는 삶' 강의를 유난히 통찰이 뛰어났던 과거의 친구에게 도움을 받아 현재의 친구와 토론을 이어나가는 기나긴 대화처럼 여겼다.

앞으로 이 책에서 우리가 하려는 일도 이와 같다. 전 세계 각지에서 기나긴 역사가 흐르는 동안 '의문'을 깊게 고찰해온 인물의 이야기를 책상 앞으로 끌고 와서 여러분과 의견을 나누려고 한다. 그들의 이야기를 듣고 우리 인생에서 중요한 것은 무엇인지, 또 그 이유는 무엇인지 교훈을 얻을 수 있기를 바란다.

부처, 아브라함, 공자, 예수처럼 종교 및 철학 분야에서 위대한 업적을 남긴 인물의 이야기는 물론이고, 비교적 유명세가 덜한 인물이나 동시대를 살아가는 인물의 이야기 또한 다룰 예정이다. 이 책은 시공간을 초월하는 토론장이고, 우리는 온갖 괴짜 사이에 끼어 앉아 함께 이야기를 나누는 논객이 될 것이다. 예일대학교 강의에서도 이야기했지만 책상에 둘러앉은 친구의 이야기에 귀를 기울일수록 더 풍부한 경험을 얻을 수 있다.

다음 단계로 나아가기 전, 토론장에 심각한 오해가 생기지 않도록 네 가지 주의 사항을 간단히 설명하고 넘어가겠다.

1. 이 책에서 소개하는 의견 대부분은 저자가 아닌 다른 사람의 의견이며, 우리는 되도록 타인의 견해를 오해 없이 잘 전달하고자 노력했다. 하지만 타인의 의견은 어디까지나 타인의 의견일 뿐이니 우리와 생각이 다를 수 있다는 점을 짚고 넘어가겠다. 본문을 읽을 때 저자의 의견과 다른 인물의 의견을 혼동하지 않도록 신경 써주기를 부탁한다.

이 책은 중립적인 입장에서 써 내려간 '좋은 삶을 사는 지침서'가 아니다. 완벽한 백지 상태에서 '의문'을 제기하는 사람은 없다. 저자 세 명은 모두 각자의 신념을 지녔다. 강의실에서 그러하듯 먼저 우리의 출신과 배경을 간단히 소개하겠다. 이 책의 저자 셋은 모두 기독교를 믿는다. 조금 더 자세히 이야기하자면 우리는 미국에서 생활하고 일하는 기독교 신학자로, 기독교 신앙 연구를 업으로 삼고 있다. 따라서 기독교 정신에 맞게 모든 관점을 공정하게 설명하고자 최선을 다했다고 자신한다. 어느 한쪽으로 의견이 기울어지지 않도록 무척 노력했지만 출신과 배경을 설명하지 않고 넘어가면 비겁하다는 비판을 받을 수 있으니 독자에게 최소한의 정보는 밝혀야겠다고 생각했다.

2. 우리가 강의실에 초대한 인물은 종교나 학과 전체를 대표하지 않는다. 수천 년에 걸쳐 이어진 아름답고 유구한 전통을 단 몇 페이지로 요약하기란 불가능하다. 몇 권씩 책을 써 내려가도 방대한 지식을 온전히 담지는 못할 것이다. 그러니 이 책을 읽고 유교나 공리주의, 유대교를 완벽히 이해했다고 착각하면 곤란하다. 다만 각 철학과 종교를 대표하는 인물 몇 명이 남긴 말과 행동을 예전보다는 조금 더 잘 알게 되었다고 생각하기를 바란다. 예일대학교에서 진행하는 강의에서 첫날 이야기하듯, 그중 특히 관심가는 인물이 있다면 따로 공부해보기를 추천한다.

3. 또 하나 당부하건대, 본문에서 소개한 인물이 서로의 의견에 동의한다고 선불리 넘겨짚지 않도록 조심하라. 오늘날 사회, 문화, 정치 갈등이 종교와 이념의 불일치 때문에 야기되었다고 생각하는 사람일수록 오류에 빠지기 쉬우니 더욱 주의하기를 바란다. 모든 사람이 동의하는 보편적인 가치가 궁극적 해결책처럼 보일 수 있지만 그런 가치는 존재하지 않는다. 토론장을 떠올리면 이해가 쉽다. 모든 학생이 같은 생각을 하고 있을 것이라 기대하고 강의실에 들어가는 교수는 없다. 강의를 마친 후에도 모든

학생이 같은 생각을 할 수는 없다. 완벽한 의견 일치는 불가능하다는 사실을 인정해야 한다.

4. 모든 토론에는 마지막 발언자가 있다. 하지만 마지막 의견이 질문에 대한 대답을 의미하지는 않는다. 단지 마지막 발언권을 가져갔을 뿐이다. 우리 책에서 마련한 토론장에서도 마찬가지다. 마지막으로 소개한 의견이 가장 바람직하고 좋은 대답은 아니다. 본문을 마무리한 특정 관점이 반드시 옳다고 생각하지 않기를 바란다. 또한, 마지막에 소개한 의견이 저자의 견해를 대표한다는 오해도 없기를 바란다.

당부는 이쯤 하면 충분한 것 같으니 이제 본론으로 넘어가도록 하자.

거대한 '의문'의 크기를 줄여라

기막힌 우연이지만 우리는 각각 딸을 한 명씩 뒀다. 라이언의 딸은 여섯 살에 글을 읽기 시작했는데, 얼마 안 되어 복잡하고 어려운 단어를 더듬더듬 읽는 수준에 올랐다. '가당찮다'라는 단어가 그중 하나였다.

여섯 살짜리의 눈에 '가당찮다'라는 단어는 읽을 수도, 발음할 수도, 이해할 수도 없는 문자의 나열처럼 보였을 테니 당장 포기하고 드러누워도 그러려니 하고 넘어갔을 것이다. 하지만 '그림 없는 책'을 남동생에게 읽어주는 다 큰 누나가 옆에 있는 아빠에게 책을 넘겨주기에는 자존심이 허락하지 않았다. 이러니저러니 해도 딸아이 입장에서는 막중한 임무를 수행하고 있었다.

아이는 무시무시하게 어려운 단어를 조금 더 소화하기 쉽게 토막 내서 읽어보기로 했다. '가당찮다'라는 단어가 아득히 높아 정복하지 못할 산이었다면, '가-당-찮-다'는 그나마 도전해볼 만한 과제처럼 느껴졌다.

앞서 언급한 '의문' 또한 아득히 높아 정복하지 못할 산과 같다. 백기를 들고 항복을 선언해도 비난할 사람은 없을 것이다. 하지만 자신에게 주어진 삶을 책임질 줄 아는 진짜 어른이라면 쉽게 포기하고 물러나 남의 손에 자신의 인생을 맡겨서는 안 된다. 인생이야말로 막중한 임무이니까.

그러니 라이언의 딸이 '가당찮다'라는 단어를 기어코 읽어낸 요령을 '의문'에도 적용하기 바란다. 무시무시하게 어려운 '의문'을 소화하기 쉬운 질문으로 토막 내면 어렴풋하게나마 실마리를 잡을 수 있을 것이다. 어려운 단어를 읽는 방법과 삶을 성찰하는 질문을 다루는 방법은 크게 다르지 않다. 단어처럼 음절을 기준으로 나누는 대신 궁극적인 '의문'에 비해 사소하고 명확한 대답을 내놓을 수 있는 하위 질문에 집중하면 된다.

우리는 '가치 있는 삶' 강의에서 이런 접근 방법을 선택했고,

효과를 봤다. 처음 강의실에 들어온 학생은 '의문'을 어떻게 입에서 뱉어야 할지 모른다. 심지어 우리 삶에 '의문'이 존재한다는 사실조차 모르는 학생도 있으니, 어디에서 어떻게 대답을 찾아야 할지 알 리가 없다. 하지만 자신감을 갖고 '의문'에 재차 도전할 수 있게 도와주는 도구를 쥐어주면 시간이 지날수록 그럴듯한 답을 찾아나간다.

이 책 또한 같은 접근 방법을 이용한다. 우리는 각 장마다 하위 질문을 하나씩 다룰 예정이다. 우리는 질문을 던져놓고 누가 손을 들고 어떤 답을 내놓는지 살펴본 다음, 다양한 대답에 따르는 주의사항을 설명할 것이다.

하지만 하위 질문에 대한 대답을 제시해줄 수는 없다. 그것은 여러분의 몫이다. 우리가 앞으로 걸어갈 길에서 함께 모험할 친구는 틀림없이 큰 도움이 되어줄 것이다. 그렇지만 친구는 어디까지나 조력자일 뿐이다. 그는 '의문'은커녕 간단한 하위 질문조차 대신 대답해줄 수 없다.

'의문'에 대답할 수 있는 사람은 오직 자신뿐

우리는 얼마나 자유롭게 자신의 삶을 꾸려나갈 수 있는가? 또한, 스스로의 삶에 얼마나 큰 책임을 지고 있는가?

'워(war)'라는 카드 게임은 무작위로 카드를 나눠 받으면서 시작된다. 게임에 참가한 모든 사람이 상대방은 물론 자신에게 어떤 카드가 주어졌는지 알 수 없다. 참가자는 순서대로 카드 꾸러미 제일 위에 놓인 카드를 한 장 뒤집는다. 그다음 가장 높은 숫자가 나온 사람이 나머지 참가자가 뒤집어 둔 카드를 모두 가져와서 자신의 카드 꾸러미 아래에 놓는다. 가장 높은 숫자가 나온 사람이 두 명 이상일 경우, 해당 참가자는 카드를 한 장씩 더 뒤집는다. 숫자가 판가름 날 때까지 카드 뒤집기를 반복한다.

한 참가자가 모든 카드를 가져갈 때까지 게임은 이어진다.

이 카드 게임에는 의사 결정이 필요 없다. 숫자의 높낮이를 판단할 수 있는 기계라면 인간과 똑같이 카드 게임을 할 수 있다. 과정의 연속일 뿐이니 누구도 게임 결과에 영향을 미치지 않는다.

위와 마찬가지로 포커도 무작위로 카드를 나눠 받으면서 시작된다. 나머지 참가자가 어떤 패를 쥐고 있는지 알 수 없다는 점은 같다. 하지만 위와 달리 포커에서는 자신의 패를 확인할 수 있다. 게임이 진행되면서 참가자는 판돈을 걸고 모든 참가자가 볼 수 있도록 카드를 뒤집는다. 참가자는 뒤집힌 카드를 조합해가며 마지막에 자신의 손에 가장 강력한 패 다섯 장이 쥐어지기를 기대한다.

카드 조합에 따른 승패, 각 라운드마다 참가자에게 허용된 행동, 판돈의 액수와 횟수 등 게임의 규칙은 정해져 있다. 어떤 경우에도 다른 참가자의 카드를 뒤집어서는 안 되며, 카드 꾸러미를 마음대로 다시 섞는 행동 또한 규칙 위반이다.

　포커 게임을 완벽히 통제하기는 불가능하다. 스스로 카드를 고를 수도 없고, 나머지 참가자의 카드를 골라줄 수도 없다. 타인의 판단을 좌지우지하거나 내 판단에 따른 다른 참가자의 반응을 내 입맛에 맞게 제한할 수도 없다. 게임의 규칙을 바꿀 수도 없다. 내 마음대로 할 수 있는 부분이 드물다.

　하지만 게임에 영향을 미칠 수는 있다. 혼자서 하는 게임이 아니므로 마음대로 결과를 결정하지는 못한다. 게임에서 승리하려면 나머지 참가자의 선택과 운이 맞아떨어져야만 한다. 그렇다고 해서 내 선택과 판단이 승패에 관여하지 않는 것은 아니다. 나 또한 참가자 중 한 사람이므로 주어진 상황에 내가 어떻게 반응하는지에 따라 게임의 흐름이 달라진다. 따라서 나의 행동이 게임에 대한 대답이라고 할 수 있다.

　얼핏 보기에 워와 포커는 완전히 대조되는 성격을 지닌 듯하다. 워에서는 나의 선택과 책임이 전혀 없는 반면, 포커에서는 제한적이나마 나에게 선택과 책임이 주어진다고 생각할 것이다. 하지만 이는 사실이 아니다. 워를 할 때도 우리는 책임에서 자유롭지 않다. 물론 워 게임 결과에 우리는 아무런 영향을 미치지 못한다. 하지만 게임에 임하는 자세는 우리의 책임이다. 맞은편에 앉아 일생일대의 게임을 즐기는 어린아이에게 유쾌한 적수가 되어줄 것인가, 아니면 아이의 요구에 어쩔 수 없이 끌려와 억지로 지루한 시간을 견디는 데 그칠 것인가? 규칙을 잘 지킬 것인가, 아니면 상대 참가자가 간식을 가지러 잠시 자리를 비운 사이에 유리한 고지를 점령하기 위해 슬쩍 자리를 바꿔 앉을 것인가?

우리 인생은 포커와 워 중 어디에 가까운가? 인생의 '규칙'은 우리에게 얼마만큼의 자유를 허용하는가? 쉽지 않은 질문인 만큼 논쟁의 여지도 많다. 하지만 인생이 포커와 워 사이 어디에 자리하든 다음의 두 가지는 꼭 명심해야 한다. 첫째, 우리는 우리 인생의 형태에 어느 정도 책임을 지닌다. 그리고 여기에서 우리 인생의 형태는 승패와 게임에 임하는 자세를 모두 포함한다. 둘째, 우리에게 주어진 책임은 결코 무한하지 않다. 누구도 자신이 원하는 곳을 선택해서 태어나지 않는다. 우리 주변 환경은 거대하고 믿을 수 없을 만큼 복잡하며, 우리에게는 결과를 결정할 힘이 없다. 제아무리 최선을 다해 노력한다고 해도 성공한다는 보장은 없다. 이는 위험한 허상이다.

현재 우리의 모습조차 우리의 선택이라고 이야기할 수 없다. 사람은 누구나 피할 수 있었다면 피했을 만한 사건을 경험한다. 그리고 정말 중요한 순간을 마주하면 스스로가 어떤 사람인지 깨닫는다. 그렇지만 우리는 전지전능한 독재자가 아니다. 잘 알고 있겠지만, 모든 상황을 내 입맛에 맞게 좌지우지할 수는 없다.

하지만 앞서 언급했듯 우리는 삶에 어느 정도 책임이 있다. 누군가 마음대로 들어 올려서 적당히 깎아낸 후 정원의 길을 까는 데 사용해도 돌은 아무런 반응을 보이지 않는다. 하지만 인간은 돌이 아니다.◆ 우리는 마음대로 되지 않는 세상 속에서 주변에 일어나는 사건에 미약하게나마 분명히 반응하며 살아간다. 손에 카드를 쥐고 있는 것이다.

인간은 햄스터도 아니다. 누군가 햄스터를 집어 올리면 틀림없이 뭔가 반응을 보일 것이다. 어쩌면 햄스터는 자신이 원하는 대로 반응하는지도 모른다. 하지만 햄스터는 어떻게 반응해야 할지 고민하지 않는다. 우리는 고민할 수 있다. 그렇기에 우리의 행동에는 책임이 따른다.

우리가 살아가는 세상뿐 아니라 이 책에도 제약이 존재한다. 삶의 고통을 둘러싼 깨달음, 예수 추종, 인종차별 해결은 고대 마야인의 삶에서 아무런 의미가 없었기에 추구할 만한 가치가 되지 못했다. 애초에 고민거리조차 아니었다. 하지만 오늘날 우리는 스스로가 걷는 길에 책임이 있는 삶을 사는 중이다. 많은 사람이 선택하는 평범한 길이 존재한다는 이유만으로 그 길을 걸어서는 안 된다. 어떤 길을 걸을지는 우리의 책임이다. 또한, 많은 사람이 선하다고 생각한다는 이유만으로 같은 관점을 취해서는 안 된다. 세상을 바라보는 관점 또한 우리의 책임이다.

이는 우리 삶을 형성하는 가장 근본적이고 제한적인 책임이다.✦ 우리에게는 추구할 가치가 있는 삶이란 무엇인지, 우리 삶에 어떤 '의문'이 주어졌고 어떤 대답을 내놓아야 할지 최선을 다해 고민할 책임이 있다.

상황은 생각만큼 나쁘다(그래서 다행이다)

예수는 많은 말을 남겼지만, 현대에 들어 다른 사람을 헐뜯지 못해 안달이 난 기독교인 몇 명이 눈살을 찌푸리게 만드는 탓인지 '비판받지 않으려면 비판하지 말라'라는 구절이 오늘날 많은 사람에게 큰 사랑을 받고 있다. 우리는 비판, 특히 삶 전체를 판단하려는 것 같은 비판에 예민하게 반응한다. 내 삶을 구성하는 일부를 비판하는 말을 들으면 상대방이 자신의 삶 전체를 비판하고 있지는 않을지 걱정한다.

이 책은 그 걱정이 사실임을 가정한다. 우리 삶은 일부뿐만 아니라 전체가 비판의 대상이다. 그렇기 때문에 누가 어떤 기준으로 우리 삶을 비판하는지는 중요한 질문으로 작용한다. 우리는 앞으로 책장을 넘기며 그 기준을 하나씩 알아볼 예정이다. 하지만 우선은 우리 삶이 성공할 수도, 실패할 수도 있다는 점을 먼저 짚고 넘어가겠다. 인생을 살아가면서 우리가 한 행동과 하지 않은 행동은 단순히 삶의 일부뿐만 아니라 인간성 자체의 성공과 실패를 나타내는 지표가 된다.

하지만 비판과 판단에 노출된 삶이 꼭 나쁘지만은 않다. 우리가 삶의 풍요로움과 의미를 깨닫고 매 순간 충실하게 살아가는 이유는 삶이 지닌 무게 때문이다. 예상치 못하게 우연히 맞닥뜨린 과제를 어떻게든 하나씩 해치워나가겠다는 자세로 인생을 대해서는 안 된다. 삶의 무게는 대체 불가능성에서 온다. 어쨌든 우리에게는 단 한 번의 삶만이 주어지며, 이 세상의 그 무엇도 삶보다 큰 가치를 지니지 않는다. 그러므로 삶의 성패를 결정하는 것은 우리 인생 전체에서 얻을 수 있는 가장 큰 성취인 셈이다.

위대한 건축가의 실패한 삶

영리한 청년이었던 알베르트 스피어(Albert Speer, 1905~1981)는 뛰어난 건축가로 명성을 떨쳤다. 스피어는 서른이 채 안 된 젊은 나이에 히틀러에게 나치당 최고 설계자로 일해달라는 부탁을 받았다. 거절할 수 없는 제안이었다. 스피어는 이렇게 이야기했다.♦

"이러니저러니 해도 나는 건축가다."

스피어가 남긴 기록에 따르면 히틀러는 "지난 2,000년 동안 세상에 선보인 적 없는 새로운 건물을 설계할 기회를 줬다. 도덕적으로 무결한 사람이라면 거부했을 것이다. 하지만 나는 그런 사람이 아니었다."

그렇게 스피어는 히틀러의 제안을 승낙했다. 본인은 인정하지 않았지만 이는 역사상 최악의 범죄에 가담하는 행위였다. 스피어는 독일 전력에 힘을 실어주고, 노동을 착취했으며, 대학살을 부추겼다. 하지만 동시에 대단한 건물을 설계했다.

알베르트 스피어가 뛰어난 재능을 타고났다는 사실은 부정할 수 없다. 스피어는 "이러니저러니 해도 건축가"였다. 그는 오직 건축가로서 성공하기 위해 열과 성을 다했고, 실제로 위대한 건축가 반열에 올랐다. 하지만 그 과정에서 인간으로서 저질러서는 안 될 끔찍한 악행을 저질렀다. 스피어의 헌신은 이례적으로 뛰어난 건축가와 이례적으로 악한 인간을 탄생시켰다.

삶의 가장 큰 열망을 이루는 데 성공한 삶이 반드시 인간으로서 성공한 삶이라고는 할 수 없다. 인간다움의 미학은 '의문'을 품고 거기에 대답하는 과정에서 인생을 꾸려나가는 데 있다. 이렇게 스스로 질문을 품고 답하는 능력은 선과 악, 진실과 거짓을 결정한다.

알베르토 스피어가 그랬듯 인생에서 한순간에 삶을 결정하는 극단적인 선택을 마주하는 사람은 많지 않다. 지금 이 책을 읽는 사람 중 야망을 실현하기 위해 반인륜적 범죄를 저지르는 게 옳은지 스스로에게 질문을 던져야 하는 독자는 드물 것이다. 당연히 스피어처럼 끔찍한 결정을 내릴 필요도 없을 것이다. 애초에 인간성을 포기할 만큼 대단한 야망을 품는 사람이 몇 안 될 수도 있다. 하지만 우리는 각자의 인생에 어떤 형태로든 책임을 져야 한다. 여러분은 인간다운 가치를 지킨 삶을 사는 데 실패했다고 하더라도 이 정도면 실패한 삶치고는 괜찮았다고 스스로를 위로하는 삶을 살 것인가? 아니면 '의문'을 품고 "이러니저러니 해도 나는 건축가"라고 변명하는 대신 "이러니저러니 해도 나는 사람"이라고 당당히 이야기할 수 있는 삶을 살 수 있도록 대답을 찾아나설 것인가?

이 책을 읽는 방법

여러분이 '의문'과 씨름하는 데 상당한 시간과 에너지를 투자할 가치가 있다는 확신을 얻었기를 바란다. 인생이 달린 문제인 만큼 심각한 성찰이 따라야 할 것이다. 하지만 '의문'을 놓고 열심히 씨름하는 것과 독서, 글쓰기, 성찰에 정성을 쏟는 것은 별개라는 사실을 분명히 짚고 넘어가야 한다. 지금 우리가 여러분에게 권장하는 방식으로 '의문'을 성찰할 기회가 모두에게 주어지지는 않는다. 제도의 불평등과 조건의 차이 때문이다. 역사를 통틀어 인류 대부분이 삶에서 무엇이 중요한지, 그 이유가 무엇인지, 번성한 삶이란 무엇인지, 어떤 삶이 깊은 가치를 지니는지 고민했다. 하지만 책을 읽으며 도움을 얻고 자신의 생각을 글로 정리한 사람은 많지 않았다. 다수는 고난과 역경 한가운데에서 '의문'에 대한 답을 찾으려 애썼다. 오늘날에도 수백만 명이 같은 경험을 하고 있다.

지적장애를 비롯한 다양한 제약으로 인해 '의문'을 인지적 문제로 받아들이지 못하는 사람 또한 수백만 명에 이른다. 사실 아주 어렸을 때는 어떤 사람도 '의문'을 품지 않는다. 또한, 나이가 들어 치매에 걸리면 이런 종류의 성찰 능력에 급격한 변화를 겪게 된다. '의문'은 인간에게 주어진 가장 중요한 질문이지만 그렇다고 해서 혼자서 '의문'에 답을 찾으려 애쓸 필요는 없다.

이미 여러분은 이 글을 읽고 있다는 점에서 어느 정도 특권을 누린다고 할 수 있다. 모두에게 이런 기회와 자격이 주어지지는 않으니 혜택을 진지하게 받아들여 잘 활용하기를 바란다. 다음은 이 책을 읽는 몇 가지 방법이다.

1. 본문은 순서대로 읽어야 한다. 이 책을 구성하는 다섯 개의 부는 순서대로 내용이 진행되며 각 장은 상호 연관성을 지닌다. 책을 가장 효율적으로 활용하고 싶다면 관심 있는 질문을 찾아 이리저리 책장을 넘기기보다 정해진 순서를 차분히 따라가기를 바란다. 우리는 '의문'을 보다 소화하기 쉬운 질문으로 토막 내놨지만 그것이 쉽지 않고 삼켜도 된다는 뜻은 아니다.

2. 책을 읽는 속도는 스스로에게 맞춰야 한다. 천천히 읽을 때 가장 큰 효과를 보는 사람도 있을 것이고, 빠르게 책장을 넘기며 흐름을 타는 독서 방식이 잘 맞는 사람도 있을 것이다. 어느 쪽이든 좋다. 다만 서둘러 독서를 끝내고 책장을 덮는 데 급급해서는 원하던 결과를 얻기 어렵다. '의문'은 해치워야 할 과제가 아니므로 완료를 체크하고 넘어갈 수 없다. 책을 느리게 읽든 빠르게 읽든 잠시 여유를 가지고 자리에 앉아 본문에서 소개한 질문을 곱씹어보기를 추천한다. 같은 내용을 여러 번 반복해서 읽어도 괜찮다.

3. 독서와 글쓰기를 함께 해도 좋다. 질문에 적극적으로 참여

하고 목소리를 내는 데 도움이 될 것이다. 어디에 글을 남기든 상관없다. 책 여기저기에 의견을 덧붙인다면 저자로서 그만큼 기분 좋은 일이 없을 것이다. 물론 도서관에서 대여한 책은 예외다. 우리도 늘 책에 밑줄을 긋고, 형광펜을 칠하고, 여백에 메모를 남기곤 한다. 자신의 의견을 적어 내려가는 데 공간이 부족하다고 생각하면 따로 노트를 마련해도 좋다.

4. 각 장은 '삶에 적용하기'로 마무리된다. 여기에 수록된 질문과 글귀는 성찰을 정리하는 데 도움이 될 것이다. 각자의 생각, 반응, 신념을 정리하는 기회이자 타인과의 대화를 풍부하게 만드는 소재로 유용하게 사용하기를 바란다.

5. 책을 읽으면서 떠오르는 생각을 다른 사람과 공유하기를 추천한다. 의견이 일치하든 불일치하든 '의문'은 타인과 대화를 나눌 때 가장 깊이 사유된다. 꼭 이 책을 주제로 삼지 않아도 좋다. 이 책에서 이야기하는 질문과 개념, 궁극적 삶의 방식에 관한 논의라면 무엇이든 괜찮다. 특정 기간 동안 같은 질문을 놓고 함께 고민할 수 있는 모임 또한 무척 큰 도움이 될 것이다. 괜찮은 아이디어라고 생각한다면 온라인이든 오프라인이든 독서 모임을 만들어서 다양한 사람과 정기적으로 대화를 나눠보기를 바란다.

6. 스스로를 관대하게 대하려고 노력하기를 바란다. 우리는

'의문'의 깊이와 무게를 지금까지 몇 번이고 강조해왔다. 워낙 중요한 데다가 '의문' 자체를 놓치는 경우가 너무 많기 때문이다. 하지만 지나친 부담을 느낄 필요는 없다. 책 한 권을 읽고 '의문'에 대답을 찾기는 불가능하다. 이는 책을 읽는 사람에게도, 쓰는 사람에게도 똑같이 적용된다. 이 책은 평생에 걸쳐 걸어야 할 길의 일부일 뿐이다. 우리는 이 책을 쓰는 과정에서 다시 한번 '의문'에 대한 대답을 찾기가 얼마나 어려운지 깨달았다. 이 책이 여러분에게 성찰의 폭을 넓히는 기회를 제공하고 '의문'과 하위 질문을 이해하는 데 도움이 되기를 바란다. 이 책을 읽고 예전보다 명확하고, 다채롭고, 깊은 질문을 떠올리게 되었다면 그걸로 충분하다. 우리 목표는 '의문'과의 씨름을 한층 수월하게 견뎌내는 능력, 기술과 더불어 타인과 함께 성찰하는 습관을 심어주는 데 있기 때문이다.

마지막으로, 시간이 흐를수록 '의문'에 강력하고 설득력 있는 대답을 내놓는 데 도움이 되는 힘의 원천을 이 책에서 찾을 수 있기를 바란다. 재차 이야기하지만 우리 목표는 '의문'을 끝내는 것이 아니다. 무엇보다 시작이 가장 중요하다.

자, 이제 시작하자.

삶에 적용하기

재고 조사부터 시작하자. 다음에 삶의 현 상황을 묻는 질문을 몇 가지 준비해뒀다. 이는 여러분이 '의문'에 본능적으로 어떻게 반응하는지 파악하는 데 도움이 될 것이다. 앞으로 등장할 '삶에 적용하기' 파트에서 이번에 작성한 답변을 다시 돌아볼 예정이니 충분히 시간을 들이기를 바란다. (또한, 다음에 나올 '삶에 적용하기'는 이번만큼 길지 않을 테니 너무 걱정하지 않아도 된다!)

머릿속에 바로 답변이 떠오르는 질문이 있는가 하면, 몇 분쯤 곰곰이 생각하는 시간이 필요한 질문도 있을 것이다. 어떤 답변이 유독 빠르게 떠올랐는지, 또 어떤 답변이 대답하기 어려웠는지 관심을 기울이면서 답변을 기록하라. 어디든 괜찮지만 빈 공책이나 일기장을 활용하기를 추천한다. 핵심만 담은 단어든, 짧은 문장이든, 긴 글이든 스스로 편한 방식으로 답변을 적어 내려가면 된다.

가장 먼저 스스로를 관찰해보자. 현재 여러분은 어떤 상태인가?

- 나의 몸 상태는 어떤가?
- 지금 내가 가장 강하게 느끼는 감정은 무엇인가?
- 요즘 어떤 생각을 가장 많이 하는가?

이제 인생을 구성하는 몇 가지 중요한 요소를 살펴보자. 여러분은 주어진 시간, 돈, 관심을 어디에 투자하는가? 달력을 넘겨가며 최근 지출 내역을 살펴보거나 소셜 미디어에 게시한 사진과 글을 참고하면 대답이 한결 쉬워질 것이다.

시간

- 나의 하루 일과는 어떻게 구성되는가?
- 매주, 매달, 매년 정기적으로 하는 일이 있는가?
- 계획 없이 보내는 시간은 얼마나 되는가? 휴식이나 사교, 영적 수행에 얼마나 많은 시간을 투자하는가?

돈

- 고정비용 중 가장 큰 지출은 무엇인가?
- 어떤 사람에게 돈을 가장 많이 쓰는가?
- 어떤 분야에 돈을 아끼지 않는가?
- 어떤 단체에 기부하는가?

관심

- 아침에 일어나서 가장 먼저 무엇을 듣고, 읽고, 생각하는가? 자주 방문하는 웹사이트는 무엇인가?
- 어떤 애플리케이션을 가장 많이 사용하는가?
- 자신의 의견을 가장 잘 대변한다고 생각하는 사람은 누구인가(신문 기자, 텔레비전이나 팟캐스트, 라디오 진행자, 소셜 미디어 인플루언서 등)? 그들은 어떤 말을 하는가?
- 잠들기 직전에는 무엇을 듣고, 읽고, 생각하는가?

옳고 그름을 판단하려고 하지 말고 머릿속에 떠오르는 답을 바로 기록하라. 크든 작든, 중요하든 별것 아니든 사실을 기록하면 충분하다.

이제 여러분의 지속 감정(지금 당장 느끼는 감정이 아닌, 살면서 날마다 꾸준히 느끼는 감정)을 들여다보겠다.

- 개인적으로 이루고 싶은 가장 큰 소망은 무엇인가? 공동체와 세상을 위해 비는 가장 큰 소망은 무엇인가?
- 가장 큰 두려움은 무엇인가?
- 무엇에서 기쁨을 얻는가?
- 무엇에서 평온을 찾는가?
- 어떤 기억을 떠올릴 때 후회나 실망을 느끼는가? 어떤 기억을 떠올릴 때 만족과 기쁨을 느끼는가?
- 어떤 때 당황하는가?

자, 이만하면 됐다. 여러분이 적은 답변을 누군가에게 보여줄 필요는 없지만 만약 누군가 이 답변을 보고 여러분의 삶을 한마디로 요약한다면 다음 문장의 마지막 빈칸에 어떤 내용을 채울 것 같은가?

"이러니저러니 해도 이 사람은 ＿＿＿＿＿＿＿다."

여러분은 그 결과를 어떻게 받아들일 것 같은가? 또한, 빈칸이 어떤 단어로 채워지기를 바라는가?

원하던 대답이 나오지 않더라도 상심하지 않기를 바란다.

우리는 이제 막 출발선에 섰다. 기분이 썩 유쾌하지는 않겠지만 이상과 현실 사이에 어느 정도 괴리가 있다는 사실을 인정하면 시작 단계에서 큰 도움이 된다. 괴리를 극복하는 가장 쉬운 방법은 이상을 낮추는 것이다. 하지만 이상을 유지하면서 스스로가 이상에 미치지 못한다는 사실을 인정하는 데는 엄청난 용기가 필요하다.

개인적인 의견이지만 우리가 이 책에서 다루는 질문을 통해 가장 많은 결실을 얻을 수 있는 방법은 진실을 추구하는 공동체와 고민을 나누는 것이다. 그러므로 만약 여러분이 믿을 만한 친구 또는 모임과 함께 이 책을 읽고 있다면 의견을 공유하기를 추천한다.

1부

뛰어들기

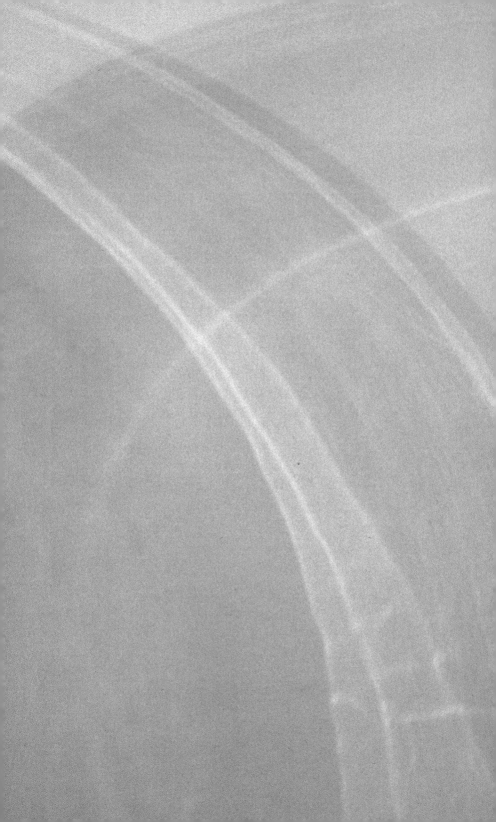

1장

추구할 가치가 있다는 건
무슨 의미인가?

   '의문'을 고민할 때는 논점을 똑바로 유지하기가 쉽지 않다. 잠깐 제대로 된 논의가 이루어지는가 싶다가도 어느새 이야기가 옆길로 새기 일쑤다. 인류에게 가치 있는 삶이란 어떤 삶인가를 놓고 시작한 대화는 곧 행복하고 건강한 삶을 오래도록 누리는 비법에 관한 이야기로 이어진다. 그리고 풍요로운 삶의 진실을 고민하는 질문은 우리가 원하는 삶에 관한 물음으로 탈바꿈한다.

   우리는 수많은 모임에서 '의문'을 주제로 대화를 나눴는데, 그중 한 모임은 크게 노력하지 않고 자연스럽게 주제를 이어나갔다. 두꺼운 콘크리트 벽으로 둘러싸인 댄버리 연방 교도소에서 수감자를 대상으로 진행된 '가치 있는 삶' 강의에 참여한 학생들은 '자신이 원하는 것'과 '진정으로 추구할 가치가 있는 것'을 능숙하게 구분해냈다. 학생들은 어찌 되었든 스스로가 '범죄자'임을 잘 알고 있었다. (실제로 마태가 남자 교도소에서 강의를 하다가 학생들을 '범죄자'라고 부른 적이 있다. 마태는 실수를 깨닫고 얼굴이 벌겋게 달아올랐지만 정작 당사자들은 자신에게 붙은 꼬리표를 겸허히 받아들였다.) 댄버리 연방 교도소의 학생들은 자신이 꽤 오랫동안 잘못된 삶의 목표를 향해 달려갔다는 사실을 자각하고 있었다. 원하던 삶이었지만, 추구할 만한 가치가 있는 삶은 아니었다. 댄버리 연방 교도소의 학생들은 애초에 강의실에 들어왔을 때부터 '바깥세상'에서 가치 있는 삶을 공부하는 동기보다 진도를 훌쩍 앞서 있었다.

이렇게 툭하면 주제에서 어긋나는 '의문'에 답을 찾으려 애쓰다 보면 자연스럽게 연관된 물음이 꼬리에 꼬리를 물고 떠오른다. 그리고 우리는 비슷한 것 같지만 분명히 차이가 있는 물음을 구분하는 데 도움을 주고자 한다.

먼저 이 세상을 살아가는 네 가지 방식과 각 방식이 품은 질문을 알아보겠다. 정리가 끝나면 우리가 앞으로 씨름하게 될 온갖 질문 사이에서 방향을 잡기가 한결 수월해질 것이다. 첫 번째 방식은 **무의식**의 영역에 속한다. 이렇듯 즉각적이고 본능적으로 행동하는 삶의 방식을 '자동 조종 모드'라고 부르겠다. 나머지 세 가지 방식은 **의식**의 영역으로 '효율', '자기 인식', '자기 초월'이 여기에 속한다. 각 방식마다 질문이 하나씩 주어지므로 우리는 총 네 가지 방식과 네 가지 질문을 다룰 예정이다. 잘못되거나 나쁜 방식은 없다. 또한, 모든 삶의 방식은 서로를 필요로 한다.

네 가지 삶의 방식은 '단계'를 이룬다. 심해 다이빙을 하는 것

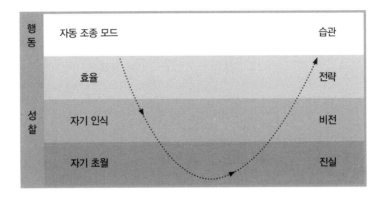

행동	자동 조종 모드			습관
	효율			전략
성찰	자기 인식			비전
	자기 초월			진실

처럼 각 단계를 경험한다고 생각하면 이해가 쉬울 듯하다. 해수면부터 시작해 수심에 따라 나뉘는 구간은 저마다의 특징을 지닌다. 다이빙을 할 때 얕은 바다를 거쳐서 깊은 바다로 들어가듯, 삶의 단계를 이동할 때도 인접한 단계를 거쳐가곤 한다. 수심이 깊어질수록 의식이 깊어지고, 해수면에 가까워질수록 행동에 가까워진다. 그리고 우리는 깊은 의식과 행동을 모두 갖춰야 한다.

각 단계는 바로 아래 단계에서 주어진 질문에 대한 대답에 영향을 받는다. 분명한 대답을 내놓지 못할 때도 마찬가지다. 질문에 대답을 찾지 못하거나 심지어 질문을 떠올리지 못할 때도 우리의 행동, 말, 생각이 어느 정도는 대답을 대신하기 때문이다. 우리는 심오한 삶의 질문에 명확하게 대답하지 못할 때조차 살아감으로써 대답한다. 그렇기 때문에 심해에 익숙해지도록 바다에 뛰어들어야 할 것이다.

그렇다고 바닷속에 무엇이 있는지 언급조차 하지 않은 채 배에 타고 있는 사람을 무작정 물에 빠뜨릴 수는 없는 노릇이다. 그러니 이번 장에서는 네 단계를 간단하게 설명하는 시간을 가지려고 한다.

수면에 머무는 삶: 자동 조종 모드

우리는 수면에 해당하는 단계를 '자동 조종 모드'라고 부르기로 했다. 자동 조종 모드로 삶을 살아갈 때는 '무엇'을 '왜' 하는지 의식조차 하지 못한다. 그저 평소처럼 움직일 뿐이다. 이 단계는 즉각적이고 본능적인 행동의 영역으로, 우리는 근육과 뼈에 새겨진 기억처럼 반사와 습관으로 삶을 살아간다. 개인과 집단을 막론하고 삶은 기계처럼 계속해서 굴러간다. '어떻게' 또는 '왜'라는 물음은 떠올리지 않는다.

우리는 삶의 많은 시간을 수면에 머무른다. 마땅히 그래야 한다. 삶이 수면에 유유자적 떠 있을 때, 우리는 '흐름'에 몸을 맡긴 채 인간답게 행동한다. 수면에서의 활동은 큰 변화 없이 부드럽고 자연스러우며 원활하게 이루어진다. 일이 정말 잘 풀리면 무의식에 따른 행동이 우리가 정말 원하던 결과, 더 나아가 추구할 만한 가치가 있는 결과를 가져올 수도 있다. 이 경우 무의식적인 삶은 가장 깊은 가치를 반영한다. 그리고 이런 가치는 우리가 세운 기준과는 별개로 진정성을 지닌다. 고대 그리스 철학자 아리스토텔레스가 현자라고 부를 만한 사람이라면 이런 삶을 살 수 있을 것이다. 뛰어난 목수가 지혜를 활용해 의자를 만들듯 우리는 인생을 꾸려나간다.

하지만 단순히 행동해야 하기 때문에 행동하는 삶을 살다 보면 언젠가 미덕의 흐름에서 벗어나기 쉽다. 의식하지 않은 행동은 모두 무의식에 따른 행동이다. 그리고 소크라테스는 이렇게 무의식에 따라 행동하는 삶을 '성찰하지 않는 삶'이라고 부르며 '살아갈 가치가 없다'고 비판했다. '지금까지 늘 이렇게 해왔다'는 변명을 대며 항상 똑같은 방식을 고수하는 회사와 집단이 이 단계에 해당한다. 이렇게 동작하는 사회에는 집단 사고가 필요 없다. 개별 구성원이 자동 조종 모드로 움직여도 사는 데는 큰 문제가 발생하지 않는다. 깊은 성찰은 조금도 없이 반사적으로 움직이는 삶에서는 무신경한 일상이 계속된다. 삶은 그럭저럭 굴러가지만 어떤 문제가 어떤 이유로 일어나는지에 관한 고민은 없다.

수면 아래: 효율

자동 조종 모드가 제대로 작동하지 않는 탓에 앞으로 나아가지 못할 때면 우리는 한 걸음 물러나 습관을 뒤돌아보곤 한다. 또한, 누군가 문을 벌컥 열고 들어와 "지금 우리가 제대로 하고 있는 게 맞을까?" 또는 "어떻게 하면 더 좋은 결과를 얻을 수 있을까?"라고 물어보면 왠지 모르게 안도하게 된다. 어떤 형태든 이런 종류의 물음을 우리는 효율성 질문이라고 한다. 그리고 효율성 질문은 오늘날 유행하는 '디자인적 사고'의 핵심을 차지한다.

자동 조종 모드에 문제가 생기면 효율성 질문이 큰 도움으로 다가온다. 지난 행동이 목표에 다가가는 데 보탬이 되었는지 한 발자국 물러서서 반성할 수 있는 기회를 주기 때문이다. 효율성 질문은 집단과 조직이 일상의 중심을 되찾고 목표에 맞게 활동을 조정하는 분기점 역할을 한다.

효율 단계에서 이루어지는 성찰은 큰 도움이 되는 만큼 꽤 무자비하다. '지금까지 늘 이렇게 해왔다'는 변명은 더 이상 통하지 않으니 새로운 절차를 고안해야 한다. 효율 단계에서 성찰이 잘 작동하면 능률이 향상하고 에너지가 상승한다. 팀의 경우 팀원 전체가 '같은 방향을 향해' 나아간다는 느낌을 받는다. 이 단계에서 성찰하는 시간을 한 계절쯤 보내면서 얻은 새로운 습관은 우리가 무의식의 삶으로 돌아와 원하던 목표를 달성하는 데 도움을 준다.

하지만 얕은 성찰에 해당하는 효율 단계에는 궁극적 목표를 고려하지 않는다는 단점이 있다. 우리가 지닌 목표가 옳은지, 심지어 그 목표가 누구의 것인지도 중요하지 않다. 효율 단계에서 우리는 무엇이 되었든 원하는 바를 추구한다. 자신이 무엇을 원하는지 깊이 생각해본 사람이 아니라면 이런 접근은 위험하다. 효율적 전략은 삶에서 가장 큰 의미를 지닌 관계를 배제하고 오직 직업적 목표만을 좇는다는 점에서 비효율적 전략보다 나쁠 수 있다. 효율적 전략을 추구하다가 나쁜 결과를 맞닥뜨리는 경우, 해결책을 찾기는 불가능에 가깝다.

커리어를 좇다가 인간관계를 망친다니 터무니없다고 생각할 수도 있지만 더 깊은 단계로 내려가지 못하고 수면 근처를 헤매는 사람이 적지 않다. 현대사회에서는 많은 사람이 효율성 질문을 가장 중요하게 여기며 살아가고 있다. 그리고 이 늪에 빠진 사람은 효율적인 삶을 무엇보다 선망한다. 실리콘밸리가 환상을 자극하는 이유는 기업이 인간에게 필요한 모든 재화와 서비스를 제공할 수 있다는 착각 때문이다. 효율이 전부인 사람에게는 효율의 극치인 기업이 대단한 난제를 해결한 것처럼 느껴질 것이다.

하지만 분명히 짚고 넘어가겠다. 이 세상에는 효율성보다 중요한 문제가 많다. 21세기를 살아가는 많은 사람이 효율이야말로 우리가 추구해야 할 가장 큰 가치라는 거짓말에 속고 있다. 사실상 현대사회를 살아가는 구성원 대부분이 더 깊은 단계로 나아가지 못하고 효율성 질문에 머무르고 있다.

심해: 자기 인식

아마 이 책을 읽고 있는 독자 대부분이 효율만을 좇는 행위가 얼마나 허무한지 경험해봤을 것이다. 효율을 추구하다가 문득 이보다 더 근본적인 문제가 있을 것 같다는 생각을 해본 적이 있는가? 최대한 많은 목적을 달성하는 방법을 아는 것도 중요하지만, 우리는 그 이상을 고민해야 한다. 우리가 진정으로 원하는 것은 무엇이며, 우리의 궁극적인 목표는 무엇인가? 우리는 어디로 향하고 있는가?

이런 자기 인식 질문은 자아 성찰을 유도한다. 그저 바쁘게 움직이던 자동 조종 모드와 전략만을 생각하던 얕은 성찰 단계를 지나면 보다 사적인 영역에 도달한다. 이 단계에서 우리는 내면을 들여다본다. 가장 쉽게 달성할 수 있는 목표에 정신을 빼앗기는 대신 마음속 깊은 곳에서 간절하게 원하는 것이 무엇인지, 진심으로 가장 큰 가치를 두는 것이 무엇인지 고민한다.

자기 인식 질문은 꼬리에 꼬리를 물고 계속된다. "내가 원하는 것이 무엇인가? 직장에서 더 많은 권한을 갖고 싶다. 왜 더 많은 권한을 갖고 싶은가? 권한을 가짐으로써 나는 무엇을 얻고 싶은가? 직장에서 영향력을 미치고 동료에게 존중받고 싶은 것 같다. 그렇다면 나는 왜 영향력과 존중을 바라는가?" 질문은 끝도 없이 이어진다. 그리고 사고가 깊어질수록 우리가 추구하는 목표가 독립적인 결과나 감정, 성정이 아니라는 사실이 분명해진다. 우리는 그보다 포괄적인 목표를 추구하기에 좋은 삶을 보는 전체적인 비전, 즉 '의문'에 대한 궁극적 대답을 찾는다. 마음속 깊은 곳 어딘가에 우리는 이상적인 개인과 공동체의 모습을 품고 있다. 미래에 우리 아이들이 어떤 세상에서 살기를 바라는지 생각하면 이해가 쉬울 것이다. '좋은 삶'이라는 비전은 방대한 의미를 포함한다. 우리는 세세한 조건이 아닌 넓은 범위에서 좋은 삶을 이야기한다. 이런 관점에서 좋은 삶이란 우리가 원하는 방향으로 올바르고 원활하게 나아가는 삶을 뜻한다.

하지만 넓은 범위에서 삶의 비전을 논할 때도 구체적인 바람을 가질 수 있다. 누군가는 용기 있는 삶을 원할 것이고, 누군가는 타인에게 베푸는 삶을 원할 것이다. 풍족한 삶을 추구하는 사람이 있는가 하면, 생계를 꾸리는 데 필요한 재산으로 만족하는 사람도 있다. 짜릿한 즐거움을 좋아하는 사람이 있는 반면, 고요한 평화를 즐기는 사람도 있다. 독립적인 삶을 추구하는 사람도 있고, 상호 의존적인 삶을 좇는 사람도 있다. 삶의 형태는 다양하다. 그리고 선택은 우리 손에 달렸다.

자기 인식 질문에 대답을 고민하는 심해는 외로운 곳이다. 스스로의 직관과 선호를 깊이 성찰하는 과정에서 우리는 누구의 도움도 받을 수 없다. 좋은 삶에 대한 비전과 그런 삶을 원하는 이유를 찾는 여정은 오롯이 혼자만의 몫이다. 다른 사람과 머리를 맞대고 성찰한다고 하더라도 결국 집단적 비전 또한 크게 다르지 않다는 사실을 깨달을 것이다. 외부인에게 집단 내부에서 추구하는 비전을 강요할 수 없으며, 이해를 요구해서도 안 된다.

진정성 있는 삶을 살길 원한다면 넓고 깊은 성찰을 통해 얻은 삶의 비전을 기준으로 삼아 효율적 전략을 세우고 무의식적 습관을 들이며 남은 인생을 꾸려나가야 한다. 즉, 자기 인식 단계에서 우리에게 주어진 과제는 무의식에 따라 본능적으로 추구하던 삶의 가치를 의식하고 명확하게 정의하는 것이다.

해저면: 자기 초월

마음속 깊은 곳에 자리한 가치를 의식하고 따르는 삶은 썩 괜찮아 보인다. 스스로를 되돌아봄으로써 진정성 있는 삶을 얻는다니, 대단한 성취라고 해도 좋을 것이다. 하지만 자기 인식을 실현한다고 해서 끈질기게 따라붙던 불안이 사라지지는 않는다. 스스로가 무엇을 원하는지 인식하고도 불안을 떨쳐내지 못하는 사람은 크게 두 가지로 유형으로 나뉜다.

첫 번째는 '성공'을 경험한 유형이다. 자신이 진심으로 원하는 것이 무엇인지 깨닫고 삶의 방향을 잡아 추구하던 목표를 거의 다 이루었지만 여전히 뭔가 부족하다고 느끼는 사람이 이 유형에 해당한다. 물론 배부른 소리처럼 들릴 수도 있다. 청년, 중년기에 번듯하게 자리를 잡은 운 좋은 소수만이 경험하는 감정이기 때문이다. 평생 동안 사다리를 타고 올라 마침내 꼭대기에 올랐지만 막상 정상에 올라가보니 엉뚱한 벽에 기댄 사다리를 골랐음을 깨닫는 순간 위기가 찾아온다.◆

하지만 성공의 사다리가 깨달음을 얻는 유일한 길은 아니다. 다들 '좋은 삶'이라고 이야기하는 삶에서 내쳐진 듯한 좌절을 느낄 때도 비슷한 고민에 빠진다. 우리는 이따금 쇼윈도에 코를 박고 서서 과연 저 안에 전시된 반짝이는 삶이 그만한 시간과 노력을 투자할 만한 것이 맞는지 고민한다. 실제로 미국 사회에서 비주류로 성장한 흑인 작가 타네히시 코츠(Ta-Nehisi Coates, 1975~)는 수많은 사람이 선망하는 아메리칸드림이 과연 그만한 가치를 지니는지 의문을 제기했다.

계기가 '성공'이든 좌절이든, 우리는 간절하게 바라고 추구하던 삶의 비전이 사실 공허한 껍데기뿐이라는 사실을 깨달을 때 위기를 맞닥뜨린다. 이런 상황에서 효율성 질문은 아무런 도움이 안 된다. 우리가 좋은 삶이라 생각하고 목표를 향해 망설임 없이 옮기던 발걸음이 오히려 문제를 일으키는 원인이 되기도 한다.

자기 인식 질문 또한 썩 도움이 안 되기는 마찬가지다. 자기 인식 단계에서 얻은 교훈을 재차 곱씹으면서 위기에 대처하려고 노력하지만 어떤 질문도 중심에 도달하지 못하고 주변을 맴돌며 끊임없이 반복될 뿐이다. 안타깝지만 자기 인식 단계 내부에서는 답을 찾을 수 없다. 우리는 스스로가 원하는 것을 진심으로 원하기에 이 자리에 서 있기 때문이다. 애초에 다른 무언가를 원했다면 지금과 같은 위기에 처할 일도 없었을 것이다.

이 단계에서 우리는 '무엇을 원하는지'가 아닌 '추구할 가치가 있는 것은 무엇인지'를 고민해야 한다. 자아실현이라는 성공의 암초에 갇혀서 삶을 방치하거나 인간으로서 추구할 가치가 없는 비전을 좇는 데 인생을 허비하고 싶지 않다면 하루라도 빨리 이런 의문을 품기를 바란다.

앞서 말했듯 우리가 진심으로 원하는 것은 독립적인 결과나 감정, 성정이 아닌 전반적인 삶에 대한 비전이다. 그리고 이는 해저면 단계에서도 똑같이 적용된다. 물론 우리 삶을 구성하는 다양한 측면에서 구체적으로 "추구할 가치가 있는 것이란 무엇인가?"라는 질문을 던질 수는 있다. 몇 가지 물음을 예시로 들어보겠다. 어떤 사람과 어떤 장소에서 사는 삶이 가치 있는가? 직업적인 분야에서는 어떤 가치를 추구해야 하는가? 경제, 생태, 정부 차원에서 가치 있는 목표란 무엇인가? 하지만 우리가 이야기하는 '추구할 가치가 있는 것'에서 가치란 삶의 일부를 구성하는 어떤 요소가 아닌 풍요로운 삶 전체에서 일관적으로 관찰되는 근본적인 무언가를 의미한다. 특정한 삶의 측면에서 "추구할 가치가 있는 것이란 무엇인가?"라는 물음에 답을 고민할 때도 사실 우리는 보다 광범위하고 궁극적인 질문, 즉 "무엇이 우리 삶을 풍요롭게 만드는가?"를 염두에 두고 있다. 그리고 우리는 이 질문을 '의문'이라고 부른다.

효율성 질문은 우리가 어디에서 무엇을 하든 쓸 만한 전략을 찾을 수 있도록 추진력을 제공했다. 자기 인식 질문은 좋은 삶에 대한 비전을 찾고 방향을 알려주는 나침반 역할을 했다. 반면, 자기 초월 질문은 그 비전의 **타당성**을 묻는다. 개인적 차원에서, 공동체 차원에서, 전 세계적인 차원에서 내가 가진 좋은 삶에 대한 비전은 진실한가? 내가 꿈꾸는 좋은 삶이란 진실한 삶인가? 나침반은 정확히 북쪽을 가리키고 있나? 혹시 잘못된 방향을 향해 나

행동	자동 조종 모드	어떤 의문도 없이 습관에 따라 행동하는 단계	
	효율	우리의 행동이 원하는 것을 얻는 데 도움이 되는가?	
성찰	자기 인식	우리가 진정으로 원하는 것은 무엇인가?	
	자기 초월	추구할 만한 가치가 있는 것이란 무엇인가?	

아가고 있지는 않은가?

정리하자면 이런 질문은 다음과 같다. 내가 원하는 삶이 진정으로 추구할 만한 가치가 있는 삶인가? 추구할 만한 가치가 있는지 없는지 어떻게 알 수 있나? 무엇을 근거로 내가 추구할 만한 가치를 좇는다고 주장할 수 있을까? 누가, 또는 무엇이 내가 살면서 내리는 모든 선택에 타당성을 부여할 만한 가치를 지니는가?

이 단계에서 자아는 더 이상 탐구의 중심을 차지하지 않으며, 욕망 또한 우선순위에서 밀려난다. 이제 문제의 핵심은 내가 아니다. 오히려 그 반대로 이 단계에서 묻는 질문은 나를 중심에서 밀어내고 자기 초월을 달성하기를 요구한다.

이 정도 깊이에 도달하면 쉽게 방향을 잃곤 한다. 자기 초월 단계에서 우리는 스스로의 직관이나 욕망이 아닌 진실을 고민하기 시작한다. 지금 이 책을 읽는 독자 대부분이 낯설게 느끼는 영역일 것이다. 실제로 우리는 진실과의 씨름을 피하기 위한 전략으로 효율성 질문과 자기 인식 질문을 제기하곤 한다. 효율성 질문과 자기 인식 질문은 우리가 진정 원하는 목표를 향해 효율적으로 나아가고 있는지 물을 뿐, 그 이상을 고민하지 않는다.

하지만 아무리 피하려 애를 써봐도 "추구할 가치가 있는 것이란 무엇인가?"라는 질문은 끈질기게 우리를 따라온다.

진실을 다루는 질문에 대답을 찾으려면 이전과는 전혀 다른 기술과 사고방식을 갖춰야 한다. 그리고 이 책에서는 스스로와 세상이 마땅히 갖춰야 하는 모습에 대한 사려 깊은 성찰을 **규범적 탐구**라고 부른다.

외로운 싸움을 이어나가야 하는 자기 인식 단계와 달리 자기 초월 단계에서는 혼자 고군분투하지 않아도 된다. 나 자신에게만 적용되는 질문이 아니기 때문이다. 솔직히 말하자면 타인까지 고려하기가 성가시게 느껴질 수도 있다. 자기 초월 단계에서 우리가 찾는 가치는 편안하고 개인적인 영역을 벗어나 다른 사람에게까지 영향을 미친다. 고통의 원인을 찾아 세상을 떠돈 부처와 주님이신 예수를 추종한 베드로, 인간다움을 저버린 폭력 사태에 분노한 아이다 B. 웰스는 모두에게 진실로 받아들여지는 가치를 추구했다. 우리가 공유하는 보편적 인간성에 관한 진실은 곧 보편적 진실을 의미한다. 따라서 우리는 진실을 추구하는 과정에서 타인과의 논쟁을 피할 수 없다. 다만 모두가 같은 결론에 도달할 수 없다는 사실을 명심해야 할 것이다.

우리가 논쟁해야 할 타인은 동시대 인물뿐만이 아니다. 고대에 명성을 떨친 위인 또한 깊은 바닷속에서 우리를 기다리고 있다. 미지의 영역에서 좋은 삶을 놓고 고민하다 보면 어느새 수천 년 동안 이어진 심오한 대화의 중심에 서 있는 스스로를 발견할 것이다. 모세, 플라톤, 공자, 부처, 예수, 무함마드부터 메리 울스턴크래프트, 프리드리히 니체, 마사 누스바움과 같은 근현대 사상가까지 우리 이전에 수많은 인물이 같은 질문을 놓고 고민해왔다. 하지만 제아무리 뛰어난 인물이라도 우리의 질문에 대신 답해줄 수는 없다. 수면으로 돌아가는 길에 거쳐야만 하는 자기 인식 단계에서 마주할 질문과 상충하기 때문이다. 하지만 역사를 기록한 위인이 질문을 제시한 방식과 고심 끝에 찾은 답은 큰 힘이 된다.

우리는 과거에 존재했던, 또 현재에 존재하는 인물과 영향을 주고받으며 좋은 삶에 이르는 진실에 관한 질문을 떠올리고 그에 대한 답을 찾을 것이다.

다시 삶으로 떠오르기

수면에서 심해를 지나 해저면에 닿아 자기 초월을 실천하기까지 기나긴 다이빙을 이어가는 결코 쉽지 않다.

게다가 해저면은 여정의 도착지가 아니다. 바닷속 가장 깊은 곳에 도달했다면 이제는 수면으로 올라갈 시간이다. 진실을 깨달았다고 하더라도 자신의 것으로 받아들이지 못한다면 아무 소용이 없다. 우리는 자기 초월에 이르는 여정을 통해 깨달은 진실을 삶의 비전으로 삼아야 한다. 배움을 실천할 수 있는 효율적인 전략이 없다면 자기 초월 단계에서 얻은 깨달음은 어디까지나 난해한 지식으로 남을 뿐이다. 의식의 영역에서 모든 일상을 수행할 수는 없으니 우리는 실천을 통해 깊은 바닷속에서 찾은 통찰을 표현해야 한다. 머릿속에 떠오른 통찰을 몸으로 그린다고 생각하면 한층 이해가 쉬울 것이다. 사실 정신과 육체의 관계는 그렇게 간단하지 않다. 대부분의 과정이 그렇듯 통찰을 몸으로 표현하는 과정에서 우리는 몇 번이고 뒤로 돌아가게 될 것이다. 그리고 다이빙을 하다 보면 실천과 성찰 중 무엇을 우선에 둬야 할지 고민하는 순간도 있을 것이다.

수면으로 돌아가는 길은 곧 호흡할 수 있는 장소로 돌아가는 여정과 같으니, 바닷속 깊은 곳에서 얻은 깨달음은 수면에서 마침내 생명을 얻게 된다. 그렇게 좋은 삶에 대한 비전은 좋은 삶으로 조금씩 거듭난다. 살면서 단 한 번도 깊은 바다에 몸을 담그지 않는 것도 어리석지만, 모든 생을 물 밑에 머무르는 것 또한 어리석다. (가능할 것 같지는 않지만) 끊임없는 성찰은 결국 우리를 질식시킬 것이다.

하지만 필요에 따라 다이빙하는 방법을 배운다면 언젠가는 번성한 삶을 누릴 수 있을 것이다.

앞으로의 여정

앞으로의 본문은 깊은 바다로 향하는 길을 안내하는 길잡이가 되어줄 예정이다. 2장부터 12장까지 각 장에서는 자기 초월 질문을 하나씩 제시하고 여러분이 직접 답을 찾을 수 있도록 도움을 줄 동료를 소개하겠다. 그리고 13장부터 15장까지는 수면으로 돌아오며 자기 초월과 자기 인식을 지나 진정으로 가치 있는 삶을 향한 실천에 이르기까지 진로를 계획하는 방법을 나누려고 한다. 하지만 그전에 먼저 여러분이 지금까지 그다지 깊게 생각해 본 적 없을 것 같은 흔한 질문 몇 가지를 짚고 넘어가겠다.

삶에 적용하기

1. 지난 며칠 동안 어떤 질문을 떠올렸는가? 옳고 그름을 판단하지 않고 머릿속에 떠오른 질문을 적어 내려가라. 질문지를 다시 한번 살펴보는 시간을 갖겠다. 그중에는 이번 장에서 언급한 주제에 맞지 않은 질문도 있을 것이다. "열쇠를 어디에 뒀을까?", "오리너구리라는 이름은 어떻게 붙여졌을까?" 등 불필요한 질문을 제외하고 남은 질문을 각각 효율성 질문, 자기 인식 질문, 자기 초월 질문으로 분류하라. "이메일에 답장하는 데 들이는 시간을 줄이는 방법이 무엇일까?", "저번에 나는 왜 그렇게 화가 났을까?", "육식을 그만둬야 할까?" 등이 여기에 해당할 것이다. 여러분은 어떤 질문을 가장 많이 떠올렸는가? 가장 많은 관심과 시간을 투자하고 싶은 질문은 무엇인가?

2. 스스로를 객관적으로 돌아봤을 때 여러분은 어떤 단계에서 가장 편안함을 느끼는가? 또한, 어떤 단계에서 가장 오래 머무르고 싶은가? 유독 성찰이 어렵게 느껴지는 단계가 있는가?

3. '의문'에 진실한 답이 존재한다고 생각하는가? 여러분은 스스로의 답이 진실에 가깝다고 생각하는가, 아니면 모든 답이 동등한 무게를 지닌다고 생각하는가?

2장

어디서부터
시작해야 하는가?

어느 날, '가치 있는 삶' 강의를 듣던 중년 여성 한 명이 마태에게 고해성사를 하듯 자신이 저지른 실수를 털어놨다. 10대 딸이 학교 스포츠 팀 매니저로 활동하면 어떨지 조언을 구하는 말에 여성은 이렇게 대답했다고 한다.

"글쎄, 대학 입시에 도움이 될지 잘 생각해보렴."

딸은 맥이 풀린다는 듯 재빨리 대화를 마무리하고 학교 상담사를 찾아갔다. 상담사는 어머니와 다르게 대답했다.

"어떻게 하는 편이 행복하겠니?"

앞서도 이야기했지만 여성은 스스로를 탓하고 있었다. 상담사의 조언을 전해 들은 여성은 낙담했다.

"저는 도대체 왜 이 모양일까요? 의미 있는 삶을 살겠다고 그렇게 노력했는데 소용이 없네요. 평생 교회에 다니고도 딸한테 제대로 된 조언 한마디를 못 해줬어요."

여성이 낙담한 이유는 다들 알 것이다. 행복을 찾으라는 상담사의 조언은 어머니의 입시 전략보다 딸에게 큰 힘을 줬다. 상담사의 '지혜'는 좋은 삶에 대한 보다 심오하고 전체적인 비전에서 나왔다. 게다가 이런 비전은 오늘날 큰 인기를 끌고 있다. 저속한 직업주의, 물질주의, 명예를 향한 갈망이 판치는 세상에서 행복을 좇으라는 상담사의 조언은 깊고, 진실하고, 인간적이라는 느낌을 준다. 그 이유는 무엇일까?

행복과 건강이 만나는 곳

우리는 이를 '월그린 비전(Walgreens vision)'이라고 부르기로 했다.

오래전 약국 체인 월그린(Walgreens)에서 "행복과 건강이 만나는 곳, 월그린"이라는 슬로건을 내세운 적이 있다. 행복과 건강이라니, 많은 사람이 이상적이라 생각할 만한 삶이다. 행복하고 건강한 삶만큼 좋은 삶이 어디 있겠는가.

긴 삶도 빼놓을 수 없다. 오래 사는 것도 중요하다. 행복한 삶이 좋은 삶이라면 길고 행복한 삶은 더 좋은 삶이 될 것이다. 따지자면 건강은 긴 삶을 누리는 데 잊지 말아야 할 필수 조건과 같다. 건강하지 않고 긴 삶을 바라는 사람은 아무도 없다. 또한, 오랜 세월 동안 행복하게 살아야 하니 길고 행복하고 건강한 삶 중 무엇 하나 빠뜨릴 수 없다.

현대인은 가치 있는 삶에 '길고 행복하고 건강한 삶'이라는 독특한 슬로건을 붙였다.

하지만 전통과 역사를 자랑하는 위대한 사상은 '길고 행복하고 건강하기만' 한 삶을 지지하지 않는다. 오늘날 수십억 명에 이르는, 부처, 예수, 힌두교 현자, 예언자 무함마드의 추종자 또한 마찬가지다. 오히려 이런 종교는 월그린 비전이 여러 가지 측면에서 문제를 야기한다고 주장한다. 그렇다면 월그린 비전이 이토록 선풍적인 인기를 누리게 된 원인은 어디에 있을까?

우선, 우리는 '길고 행복하고 건강한 삶'이 좋은 삶이라는 암시에 끊임없이 노출돼 있다. 의사와 친구가 선의로 건네는 말, 어떻게든 이익을 올리려는 기업의 광고, 심리학자의 분석 등 사방에서 '길고 행복하고 건강한 삶'을 강조한다. 현재 전 세계적으로 1조 5천억 달러의 가치를 지닌다고 추정되는 '웰빙' 산업은 물론이고, 〈뉴욕 타임스〉 지면 곳곳에서 월그린 비전을 향해 찬사를 보내고 있다. 최근 인터넷 매체에 게시된 건강 기사 목록이나 심리학 논문을 훑어보면 직접적인 표현은 사용하지 않았을지언정 '길고 행복하고 건강한 삶'을 암시하는 내용을 어렵지 않게 찾아볼 수 있을 것이다. 무분별한 충동이 판치는 현대 문화에서 월그린 비전은 깊은 가치를 지닌 지혜처럼 여겨진다.

'길고 행복하고 건강한 삶'을 얻는 정확한 방법은 알려지지 않왔다. 그리고 심리학, 행동경제학, 각종 생활의 지혜, 수없이 많은 소비재는 그 틈을 비집고 들어온다. '길고 행복하고 건강한 삶'을 판매하는 산업은 좋은 삶에 대한 비전을 제시하는 데 그치지 않고 우리가 개인적 차원에서, 공동체 차원에서, 전 세계적인 차원에서 진정으로 원하는 삶이 어떤 삶인지 생각할 여지를 빼앗고 있다. 비전을 좇느라 바빠 정작 그 비전이 어떤 가치를 품고 있는지 고민해볼 겨를이 없기 때문이다.

게다가 '길고 행복하고 건강한 삶'은 잘 팔린다. 이 세상에 길고 행복하고 건강한 삶을 원하지 않는 사람이 어디 있겠는가? 누가 짧고 불행하고 병약한 삶을 꿈꾸겠는가?

비교하자면 좋은 삶이라는 식당 메뉴판에서 월그린 비전은 목초를 먹여 키운 소고기로 만든 유기농 햄버거와 같다. 별다른 요청 사항이 없으면 샐러드가 곁들여져 나오지만 원한다면 감자튀김으로 바꾸거나 햄버거에 베이컨, 치즈를 추가하는 미덕을 발휘할 수 있다. 얼마나 편리한가! 게다가 이름 옆에 조그마한 풀잎이 그려진 채식 메뉴라면 얼마든지 추가로 주문해도 좋다. 사치와 명예를 추구하는 삶의 방식에 비하면 아주 합리적인 요구처럼 느껴진다. 전용 헬리콥터나 요트, 인스타그램 팔로워 5천만 명처럼 대단한 것을 바라는 것도 아니다. 주문을 받은 종업원은 당신에게 탁월한 선택이라며 칭찬하고 미덕에 감탄하는 듯한 눈빛을 보낸다. 하지만 사실 손님이 어떤 메뉴를 주문해도 종업원은 똑같은 반응을 보일 것이다. 결국 좋은 삶 식당에서는 무엇을 고르든 정말 좋은 선택이라며 서로 격려해주기 바쁘다.

그렇게 '길고 행복하고 건강한 삶'이 유행하게 됐다. 월그린 비전은 어떤 선택을 해도 칭찬받을 것이라는 기대와 우리의 욕망이 맞물린 피드백 순환이 빚은 결과이자 고객에게 모자라지도 과하지도 않은 '미덕'을 제공하는 마케팅 산업이 일군 성공이라고 할 수 있다. 따지고 보면 누구도 월그린 비전을 강매한 적이 없다. 모두 우리가 직접 선택한 메뉴이지만 어쨌든 이제는 환불을 요구할 때가 된 것 같다.

그중 최고는 행복

'길고 행복하고 건강한 삶'을 구성하는 세 가지 조건 중 무엇이 가장 큰 우위를 점하고 있는지에 관해서는 따로 설명하지 않아도 될 듯하다. 당연히 행복이다. 사람은 직관적으로 자신이 원하는 감정이 충만한 삶을 좋은 삶이라고 생각한다. 그리고 선택할 수 있다면 누가 행복 아닌 다른 감정을 원하겠는가? 프랑스 철학자이자 수학자인 블레즈 파스칼(Blaise Pascal, 1623~1662)은 인상적인 말을 남겼다. "모든 인간은 행복을 추구한다. (중략) 행복은 모든 행동의 동기이다. 스스로 목숨을 끊는 행동조차 그러하다." 결국 인간은 더 행복할 수 있는 행동을 선택한다. 당연하지 않은가? 우리는 이유가 무엇이든 선호하는 쪽을 선택하며, 선호하는 쪽을 선택하는 이유는 그 선택이 우리를 더욱 행복하게 만들어줄 것이기 때문이다. 우리는 4장에서 만족이 얼마나 중요한지, 또 만족과 행복이 같은 감정인지 자세히 살펴볼 예정이다. 하지만 일단은 월그린 비전에 사로잡힌 사람이 행복을 추구해야 한다는 직관을 떨쳐버리기가 얼마나 어려운지 이야기하는 것만으로 충분하다.

행복이 곧 좋은 삶이라는 생각은 다양한 문제를 일으킨다. 이 장에서는 한 가지 문제를 먼저 짚고 넘어가겠다. 도대체 어떻게 스스로가 특정한 감정을 느끼도록 유도할 수 있는가? 더 나아가, 타인이 좋은 삶을 누리고 행복을 느끼기를 바란다면 어떻게 그 사람이 특정한 감정을 느끼도록 유도할 수 있는가?

아무 이유 없이 행복해질 수는 없는 듯하다. 행복을 느끼게 하는 알약이 개발된다면 또 모르지만 아직까지는 특별한 방법이 없기에 우리는 스스로가 행복할 수 있도록 세상을 변화시키는 간접적인 방식으로 행복을 추구한다. 행복을 바란다면 행복할 수 있는 세상을 만들어야 한다. 다른 누군가가 행복하기를 바란다면 그 사람이 행복할 수 있는 세상을 만들어야 한다. 더 나아가 모든 사람의 행복을 극대화하고 싶다면 모두가 행복할 수 있는 세상을 만들어야 한다.

행복의 극대화를 원한다면 우리는 최대한 많은 사람이 행복할 수 있는 세상을 만들어야 한다. 즉, 토머스 제퍼슨(Thomas Jefferson, 1743~1826)이 이야기한 '행복의 추구'가 우리 삶, 더 나아가 삶 자체에 질서를 부여할 것이다. 우리 삶의 목표가 곧 행복이고, 이상적인 세상은 최대한 많은 사람이 행복할 수 있는 세상이다. 그렇다면 우리는 어떻게 살아야 하는가? 나 자신과 내가 사랑하는 사람들이 행복할 수 있는 세상이 되도록 열심히 노력해야 할 것이다.

좋은 삶이라는 실타래

'길고 행복하고 무엇보다 행복한 삶'이라는 세 가지 조건은 우리가 추구할 가치가 있다고 여기는 삶의 핵심을 차지한다. 하지만 핵심이 전부는 아니다. 윌그린 비전이 지닌 가장 큰 힘은 만족스러운 직업, 일과 휴식이 적절하게 균형을 이룬 일상, 건강한 식단과 적당한 운동, 의미 있는 인간관계, 능숙한 감정 조절, 회복, 심지어 미덕과 성격까지 삶을 구성하는 모든 요소가 장수, 행복, 건강 세 가지를 위주로 이루어진다는 데 있다. 장수, 행복, 건강이 좋은 삶에 대한 비전 전체는 아니다. 이 세 가지 조건은 털실 뭉치 한가운데에 자리한 작은 매듭과 같다. 나머지는 매듭을 둘러싼 털실에 불과하다.

애초에 긍정심리학자와는 길고 행복하고 건강한 삶을 추구해야 하는 이유를 놓고 논쟁을 벌일 수가 없다. 하지만 심리학자 또한 결국에는 과학자일 뿐이다. 엄밀히 따지자면 과학은 현상을 연구할 뿐, 당위성을 추구하지 않는다. 당위는 철학과 신학의 영역에 해당한다. 현대 과학은 상관관계에 초점을 맞추고 있다. 예컨대 과학자는 돌을 떨어뜨리는 행위와 떨어지는 돌 사이에는 어떤 관계가 있는지, 수소와 산소의 연소가 폭발에 어떤 영향을 미치는지를 연구한다. 하루 일곱 시간 수면과 감사 표현, 요가 수련이 행복도 조사 점수와 갖는 상관관계 역시 마찬가지다. 또한, 행복은 건강 증진과 수명 연장에 도움이 되니 행복, 건강, 수명은 얽히고설킨 상관관계를 가진다.

기본적으로 심리학자는 이렇게 얽히고설킨 상관관계로 나타나는 결과를 다른 무언가보다 선호해야 할 이유를 알려주지 않는다. 그저 거대한 상관관계의 구름을 만들어나갈 뿐이다. 하지만 누가 건강, 행복, 장수, 감사, 요가, 단잠이 엉킨 거대한 실타래에서 빠져나가길 바라겠는가?

게다가 좋은 삶을 얽히고설킨 실타래로 바라보는 시각에는 몇 가지 큰 이점이 있다. 첫째, 우리 목적은 '좋은 삶이라는 실타래'에 들어가는 것이기에 어디서부터 시작해야 할지 고민할 필요가 없다. 실타래에서는 어디서든, 무엇이든 시작이 된다. 건강한 음식을 먹든, 감사 일기를 쓰든, 요가 학원에 등록하든, 노숙자를 돕는 봉사활동에 참가하든, 수면 시간을 늘리든, 테드 강연을 시청하고 실천하든, 더 많은 사람과 친밀한 관계를 맺든, 어차피 죄다 엉켜 있으니 뭐가 됐든 일단 실타래에 감긴 실을 따라가기만 하면 마침내 좋은 삶으로 향하는 길에 접어들게 돼 있다.

둘째, 좋은 삶이라는 실타래에서는 어느 하나를 선택하지 않아도 된다. 가치 있어 보이는 모든 요소는 상관관계에 있기 때문이다. 행복하면 건강해지고, 건강하면 더 오래 살 것이다. 건강하면 행복하고, 따라서 장수를 누릴 것이다. 선한 사람이 되면 행복해지고, 결국에는 건강하고 오래 살게 될 것이다. 월그린 비전이 선행을 강조하는 이유도 이와 같다. 올바른 일을 행하면 행복해질 것이기 때문이다. 또한, 궁극적으로 행복을 주는 일이 올바른 일이라고 생각할 수도 있다. 적어도 올바른 행동이 불행을 가져오지는 않을 것이다. 좋은 삶이라는 실타래에서는 어떤 실을 선택해도 다른 하나를 포기할 필요가 없다.

물론 잘하고, 좋아하고, 올바른 일을 모두 누리며 살아가는 사람도 있을 것이다. 하지만 이는 대단한 운이 따라준 덕분이다. 타인과 깊은 관계를 맺음으로써 강력한 정서적 지지를 얻는 사례처럼 우리가 추구하던 가치들이 함께 찾아올 때도 있다. 하지만 우리 인생에서는 절충안을 찾아야 하는 경우가 훨씬 많다. 일에 더 많은 시간을 투자할수록 가족과 함께하는 시간은 줄어든다. 심지어 앞서 이야기한 긍정적 피드백 순환은 종종 심각한 부작용을 동반한다. 예를 들어 강력한 정서적 지지를 얻을 만큼 깊은 관계를 맺은 사람과 갈등이 생기면 우리는 관계의 깊이만큼 큰 상처를 입을 수밖에 없다.

지구에 터를 잡고 살아가는 인간 대부분은 이 지구상에 어떤 선택도 절충도 필요 없는 유토피아는 없다는 사실을 잘 알고 있다. 우리는 인생을 살면서 어려운 선택을 여러 번 마주한다. 옳은 일을 옹호한다고 반드시 칭찬받는 것은 아니다. 오히려 옳은 일을 행했다는 이유로 박해를 받을 수도 있다. 새로운 밀레니엄에 접어들며 사람들은 '옳은 일을 행하면 복을 받을 것'이라며 떠들어댔지만 인류 역사에 남은 여러 사건이 꼭 그렇지만은 않음을 증명했다. 흔한 믿음과 반대로 선행이 불운을 가져올 때도 많으며, 길고 행복하고 건강한 삶이 곧 좋은 삶은 아니라는 사실을 보여준 사례 또한 적지 않다. 실제로 우리가 가장 존경하는 삶의 형태는 우리가 추구하는 삶의 형태와 거리가 멀다.

삶은 길지 않다

마틴 루서 킹(Martin Luther King, 1929~1968)는 서른아홉 살에 테네시주 멤피스에서 암살당했다. 킹은 안전한 근무 환경과 정당한 임금을 요구하며 파업에 나선 흑인 청소부를 지지하기 위해 멤피스를 찾았다. 1964년 노벨평화상 수상 후 킹의 행보는 대중에게 좋은 평가를 받지 못했다. 남부에서 시행하던 짐 크로법(Jim Crow Laws, 공공장소에서 흑인과 백인 분리를 강제한 법 – 옮긴이 주)에 반대했던 킹은 시카고를 비롯한 북부 도시까지 활동 범위를 넓혀 유색인종의 권리 신장에 힘썼고, 베트남 전쟁을 강력하게 비판했으며, '빈민 캠페인'이라는 단체를 설립해 빈민층에 대한 경제적 지원을 요구했다. 이 중 어떤 움직임도 대중의 지지를 받지 못했다. 당시 마틴 루서 킹을 향한 대중의 평가는 형편없었다. 한 여론 조사에서는 응답 대상자의 75퍼센트가 마틴 루터 킹에게 부정적인 견해를 표시했다. 하지만 마틴 루서 킹은 멤피스에서 여전히 약자를 위해 행동하고 있었다.

암살당하기 전날 밤, 마틴 루서 킹은 함께 시위에 나선 동료를 모아놓고 몇 년 전 가슴에 칼을 맞고 죽음의 문턱까지 가게 된 경험을 주제로 연설을 펼쳤다. 그는 그때 목숨을 건진 덕에 거의 10년 가까이 아프리카계 미국인의 권리를 위해 싸울 수 있었으니 얼마나 다행인지 모르겠다고 이야기했다. 또한, 자신의 생명이 여전히 위협받고 있다는 사실을 잘 알고 있다고 덧붙였다. 마틴 루서 킹은 이렇게 말했다.

다들 그렇듯 저도 오래 살고 싶습니다. 장수하길 바라죠. 하지만 이제 상관없습니다. 저는 그저 하나님의 뜻을 따르고 싶을 뿐입니다. 그분이 저를 산에 오르게 하셨습니다. 그리고 저는 산 너머로 약속의 땅을 봤습니다. 저는 여러분과 함께 그곳에 갈 수 없을지도 모릅니다. 하지만 오늘 밤 이 자리에 모인 여러분께 알립니다. 언젠가 우리는 약속의 땅에 이를 겁니다!

마틴 루서 킹은 단명하기를 바라지 않았지만 장수를 누릴 수 있는 삶의 방식을 좇지 않았다. 자신의 견해가 대중에게 지지받지 못한다는 사실을 받아들이고 공인의 자리에서 내려와 조용히

긴 삶을 누릴 수도 있었지만, 그는 자신의 장수보다 중요한 가치를 추구했다.

행복하지 않은 삶

에이브러햄 링컨(Abraham Lincoln, 1809~1865)은 오랜 시간 동안 강한 우울감에 시달렸다. 아홉 살 때 어머니가 사망한 이후 링컨은 심각한 우울증을 앓았다. 친구들은 링컨이 자해를 할까 봐 걱정했다. 대통령직에 올랐을 때쯤에는 깊은 슬픔이 성격 전반에 묻어났다. 한 지인이 당시 링컨에 대해 이렇게 이야기했다. "어깨에서 흘러내린 우울함이 손가락 끝으로 뚝뚝 떨어지는 것 같았다."

링컨의 임기에 미국은 남북으로 나뉘어 끔찍한 폭력과 죽음이 난무하는 전쟁을 치렀다. 조국의 갈등에 불행은 깊어져갔다. 링컨은 "지옥보다 더한 곳이 있다면 지금 내가 있는 이곳"이라고 한탄했다. 하지만 링컨은 대통령으로서 무거운 짐을 지고 살아가기를 선택했다.

물론 다른 길을 선택했다고 해서 링컨이 행복했을지는 알 수 없다. 19세기 의료 기술로는 치료할 수 없는 중증 우울증에 시달렸을지도 모른다. 링컨은 자신이 지닌 재능과 에너지를 행복을 찾는 데 사용할 수도 있었지만 그러지 않았다. 링컨은 불행을 좇지 않았다. 하지만 불행으로부터 달아나지도 않았으며, 미래에 닥칠 불행을 두려워하며 책임을 회피하지도 않았다.

게다가 링컨의 우울은 오늘날 많은 사람이 존경하는 성품을 형성하는 데 기여했다. 죽음이 주는 절망과 영원히 사라지지 않는 슬픔을 경험했기에 링컨은 불완전할지 모르나 깊고, 강하고, 변함없는 연민과 정직함을 갖출 수 있었다.

건강하지 않은 삶

콘스탄스 리턴(Constance Lytton, 1869~1923)의 만성 류머티즘은 심장을 약화시켰다. 리턴의 몸은 단식 투쟁과 같은 극단적인 변화를 견딜 수 없었다. 하지만 그녀는 영국 여성의 참정권을 위해 온몸과 마음을 다해 싸웠다. 여성의 참정권을 보장하라고 부르짖다가 투옥된 리턴은 다른 여성 참정권 운동가가 그랬듯이 음식을 거부했다. 자신의 높은 신분이 여성 참정권 운동을 향한 대중의 관심을 이끌어내는 수단이 될 수 있다는 사실을 알았기 때문이다.

1909년 10월 8일 뉴캐슬에서 열린 시위에 참가했다가 체포당한 리턴은 곧장 단식에 돌입했다. 영국 정부는 그녀의 약한 심장을 핑계로 리턴을 빠르게 석방했다. 이런 결정에는 당국이 영국 상원 의원의 여동생에게 음식 섭취를 강제했다는 추문을 피하려는 목적도 있었다. 하지만 리턴과 함께 체포당한 하위 계급 여성 운동가는 특권을 누리지 못했다. 교도소에서는 철제 기구로 여성 참정권 운동가의 입을 억지로 벌려 목구멍에 호스를 쑤셔 넣고 위에 유동식을 주입했다. 숨이 막혀 헛구역질을 해도 아랑곳 않았다.

분노한 리턴은 정부의 부당한 차별을 폭로하기로 했다. 리턴은 제인 바튼(Jane Warton)이라는 재봉사로 신분을 속여 리버풀에서 열린 시위에 참가했고, 또다시 투옥돼 단식 농성을 벌였다. 콘스탄스 리턴이 아닌 제인 바튼은 강제로 입이 벌려진 채 음식을 삼켜야 했다.

리턴의 정체가 밝혀지자 영국 정부는 추문에 휩싸였다. 정부는 의혹을 부정했지만 언론 보도가 잇달아 터지면서 정책을 변화시켜야 한다는 여론이 높아졌다. (아직 총리 임명 전이었던) 윈스턴 처칠(Winston Churchill, 1874~1965)은 여성 참정권 운동을 하다가 투옥된 죄수를 반정부 인사와 동등하게 대우하라는 새로운 법을 제정했고, 리턴의 오빠는 여성 참정권 관련 법안을 입법하는 데 필요한 타협안을 찾기 위한 위원회를 설립했다. 여성 참정권 운동가를 대우하는 방식이 달라지자 단식 투쟁은 몇 해 동안 중단됐다.

리턴은 두 번의 단식 투쟁이 남긴 후유증을 극복하지 못했다. 단식을 마친 다음 해 영국 전역을 순회하며 시위와 연설을 이어나갔지만 시간이 지날수록 빈번해지는 심장 발작과 깊어지는 병세에 고통받았다. 리턴은 더 이상 예전과 같이 활발하게 활동할 수 없었다.

영국에서는 1928년에 들어서야 21세 이상 여성에게 투표권을 부여했다. (사유재산을 소유한 30세 이상 여성에게는 1918년에 투표권이 주어졌다.) 리턴의 전성기가 한참 지나고서야 겨우 쟁취한 승리였으니, 이야기의 주인공 자리는 리턴이 아닌 다른 인물에게 돌아갔다. 하지만 20세기 가장 위대한 정의를 실현하겠다는 목표로 건강을 포기한 리턴의 이야기는 수많은 사람에게 큰 울림으로 다가온다.

짧고 불행하고 병약한 삶

마틴 루서 킹, 에이브러햄 링컨, 콘스탄스 리턴은 초능력을 지닌 영웅이 아니다. 세 인물 또한 불완전한 인간이었다. 하지만 불완전할지라도 이 세 사람의 이야기는 다시 한번 삶의 가치를 고민하게 만든다. 월그린 비전은 '의문'에 대한 답이 아닌지도 모른다. 또한, 좋은 삶이라는 실타래처럼 모든 일이 간단하지는 않을 수도 있다. 킹, 링컨, 리턴을 비롯해 수많은 인물이 '의문'에 대한 답을 찾기 위해 자신에게 주어진 상당한 현실을 포기했다. 이는 앞서 언급한 두 가지 가설에 의심을 품게 한다. 즉, 옳은 일을 한다고 반드시 복을 받지도, 선을 행한다고 반드시 기분이 좋아지지도 않는다. 좋은 삶이라는 실타래는 거짓된 가설일 뿐 그 자체로 타당성을 지닌 저명한 이치가 아니다. 게다가 언뜻 보기에도 월그린 비전에는 거짓을 암시하는 허점이 눈에 띈다.

먼저 우리가 짧고 불행하고 병약한 삶을 옹호하지 않는다는 사실을 명확히 짚고 넘어가겠다. 적어도 내가 알기로는 이 세상 어떤 종교나 철학도 짧고 불행하고 병약한 삶을 추구하지 않는다. 공자는 장수를 누렸다. 소크라테스는 아테네 법정에 의해 처형당했지만 명랑한 태도로 유쾌한 삶을 살았다. 또한, 부처는 건강하기로 유명했고, 예수는 사방팔방으로 병든 자들을 치료했다. 엄격하기로 악명 높은 스토아학파 철학자들조차 짧고 불행하고 병약한 삶보다는 길고 행복하고 건강한 삶을 선호했다.

하지만 마틴 루서 킹, 에이브러햄 링컨, 콘스탄스 리턴의 삶과 마찬가지로 이런 종교와 철학은 건강, 행복, 심지어 삶 자체를 희생해야 하더라도 우리 삶에서 추구할 만한 가치가 있음을 보여준다. 목표가 되는 가치와 가치를 추구하는 방법에 관해서는 의견이 다를 수 있지만 월그린 비전이 거짓이라는 사실은 변하지 않는다.

월그린 비전은 자연스럽지도, 타당하지도 않다. 모든 사람은 길고 행복하고 건강한 삶을 바라지만 우리 인생에서 추구할 만한 가치가 있는 것 중 반드시 가장 높은 가치를 지닌다고는 할 수 없다. 앞으로 이 책에서 소개할 다양한 인물은 행복, 건강, 장수가 아닌 다른 가치를 우선했다.

또한, 월그린 비전은 중립적이지 않다. 월그린 비전은 '의문'에 대한 수많은 답 중 하나일 뿐, 지금껏 역사를 지나쳐온 수많은 사람이 고민해온 종교, 신화나 철학 용어를 모두가 납득할 만한 단순한 언어로 번역해주는 공용어가 아니다. 그리고 우리는 다른 모든 답에 의문을 품듯 월그린 비전을 심문하고, 시험하고, 고민해야 한다.

그러니 '의문'을 함께 탐구하면서 월그린 비전이 여러분의 분별력에 어떤 영향을 미치는지 깊은 관심을 기울이기를 바란다. 나도 모르게 월그린 비전에 지나치게 의존하고 있는 것 같다는 생각이 들면 메모를 남기고 다른 선택지를 찾으려고 노력하라. 그 과정에서 여러분이 장수, 행복, 건강이 아닌 다른 삶의 요소에서 노력과 시간을 투자할 만한 가장 큰 가치를 찾았다면 여러분의 비전은 어두운 환경 속에서도 찬란한 빛을 발할 것이다.

물론 월그린 비전에 장악당한 사람도 있을 것이다. 고난의 길에 들어선 것을 환영한다.

삶에 적용하기

우리는 여전히 탐색 단계에 머물며 '의문'에 대한 저마다의 답에 가까워지려고 노력하고 있다. 스스로가 어디에 가치를 두고 무엇을 추구하는지 깨닫는 가장 쉬운 방법은 다른 인물, 특히 자신이 생각하기에 번성한 삶을 살고 있거나 살았던 인물을 떠올리는 것이다.

여러분이 진심으로 존경하는 인물 한두 명을 떠올려보라. 직접 아는 사람도 좋고, 유명한 업적을 남긴 위인도 좋다.

- 그 사람을 존경하는 이유가 무엇인가? 업적, 성품, 행운, 행복 무엇이든 괜찮다.
- 그 사람은 '길고 행복하고 건강한 삶'을 누렸는가?
- '길고 행복하고 건강한 삶'이 그 사람이 '의문'에 내놓은 대답이라고 생각하는가?

이번에는 여러분이 부럽다고 생각하는 인물 한두 명을 떠올려보라. 이번에도 마찬가지로 직접 아는 사람도 좋고, 유명인도 좋다. 못난 질투일지라도 욕구와 바람을 파악하는 데 많은 도움이 되니 솔직하게 답하기를 바란다.

- 그 사람이 부러운 이유가 무엇인가?
- 그 사람은 '길고 행복하고 건강한 삶'을 누렸는가?
- '길고 행복하고 건강한 삶'이 그 사람이 '의문'에 내놓은

대답이라고 생각하는가?

오늘날 우리 사회에는 월그린 비전이 만연하다. 그렇기에 자신이 월그린 비전을 어떻게 생각하는지, 또 번성한 삶에 어떤 비전을 지니고 있는지 고민하는 시간을 충분히 가지기를 조언한다.

- 만약 여러분이 '길고 행복하고 건강한 삶'을 선호한다면 그 이유는 무엇인가?
- 만약 '길고 행복하고 건강한 삶'에 부족한 점이 있다면 무엇이라고 생각하는가? 월그린 비전은 여러분이 깊고, 풍부하고, 온전한 가치를 추구하는 데 어떤 영향을 미치는가?
- 여러분이 '길고 행복하고 건강한 삶'보다 더 큰 가치를 두는 요소는 무엇인가?

2부

♦

심해

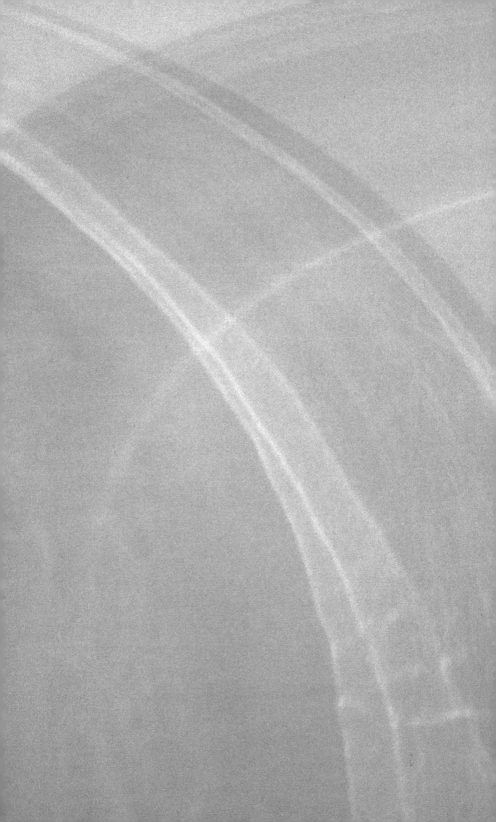

3장

우리의 대답은
누구를 향하는가?

서론에서 이야기했듯 안타깝지만 우리 삶은 비판에 노출돼 있다. 애초에 이 책 자체가 가치 있는 삶을 주제로 삼고 있는데 이는 결국 인간의 삶을 성공 또는 실패로 판단할 수 있다는 가정을 바탕으로 한다.

이 장에서 우리는 누가 다른 사람의 삶을 판단할 자격이 있는지, 또 우리의 대답이 누구를 향하는지에 관해 이야기할 예정이다.

우리가 처음 '가치 있는 삶' 강의를 시작했을 때, 우리는 이런 질문을 화두에 올릴 필요를 못 느꼈다. 하지만 첫 학기 중반에 미로슬라브와 라이언에게 수업을 듣는 학생 한 명이 그 중요성을 일깨워줬다. ('레아 사르나'라는 젊은 유대인 여성이었는데, 여담이지만 레아는 훗날 여성으로서는 드물게 정통 랍비로 임명됐다.) 투명하리만치 맑은 어느 겨울날, 우리는 한적한 코네티컷주 해안에 자리한 주택에서 수업을 진행했다. 각자 삶에 접근하는 방식을 주제로 발표를 하는 날이었는데, 동료 수강생의 의견을 귀 기울여 듣던 레아는 발표가 끝나자 이런 질문을 던졌다.

"당신은 어디에 책임을 느끼나요?"

동료는 어리둥절한 표정을 지었다. 무슨 의미인지 제대로 이해하지 못한 것 같았다. 그러자 레아는 주저하지 않고 자신의 이야기를 공유했다. 레아는 자신에게 유대인으로서 율법을 따를 책임이 주어진다고 설명했다. 율법을 따르고 말고는 선택의 문제가 아니었다. 레아는 유대인에게 율법을 선사한 신(하나님)◆과 유대인 공동체에 책임을 느낀다고 이야기했다. 원칙을 따지자면 안식일을 지키지 않거나 율법을 어기는 행위는 곧 유대인 공동체와 하나님에 대한 책임을 저버리고 모두를 실망시키는 것과 같다. 그렇기에 레아는 책임감이 우리 삶에 큰 영향을 미친다고 주장했다. 그 대상이 뭐가 됐든 우리가 인생을 살면서 느끼는 책임감은 가치 있는 삶을 추구하려는 태도에 절박함을 더한다. 책임감이 없으면 우리가 삶에서 추구하는 가치는 선호의 문제가 되기 때문이다. 그리고 가치 있는 삶에서 선호는 위험할 만큼 변덕스럽다. 레아는 단호하게 번성한 삶이 무엇인지 진지하게 탐구하기에 앞서 자신에게 주어진 책임을 고민해야 한다고 이야기했다.

하지만 모든 책임감이 절박함을 더하지는 않는다.

스모키 베어가 알려주는 책임감

우리는 다양한 상황에서 책임감이라는 표현을 사용한다. 그리고 이 책에서는 책임감의 세 가지 개념을 다룬다. 이 세 가지 책임은 가치 있는 삶을 탐구하는 데 중요한 역할을 하니 개념을 구별해두면 큰 도움이 될 것이다. 본격적인 이야기에 들어가기에 앞서 '의문'을 조금 더 명확하게 살펴보자.

이해를 돕기 위해 미국 산불 방지 캠페인 마스코트인 '스모키 베어'를 예시로 들겠다. 스모키 베어를 잘 모르는 독자를 위해 설명을 덧붙이자면, 스모키 베어는 1944년 미국 산림청에서 산불 예방을 목적으로 만든 곰 캐릭터로, 청바지를 입고 챙이 둥근 모자를 쓰고 있다. 스모키 베어는 표지판, 인쇄물, 토요일 아침 방영되는 만화영화 중간에 송출되는 텔레비전 공익 광고에 등장한다. 2001년까지 스모키 베어의 대표 대사는 "오직 당신이 산불을 예방할 수 있습니다"였다. (지금은 "오직 당신이 들불을 예방할 수 있습니다"로 바뀌었다. 산과 들 말고도 불이 나면 안 되는 장소가 얼마나 많은데!)

이 곰이 보내는 경고 안에는 우리가 이야기하려는 세 가지 책임감 개념이 모두 포함돼 있다.

첫째, '오직 당신'이라는 표현은 책임감을 품는 주체를 가리킨다. 스모키 베어의 대사를 듣고 전 세계를 통틀어 산불을 예방할 수 있는 사람이 오직 나 하나뿐이라고 생각하는 사람은 없을 것이다. 이는 서론에서 언급한 것과 같이 삶에 책임감을 가지라는 강한 표현일 뿐이다. 우리는 모두 각자의 삶, 선택, 행동에 피할 수 없는 책임을 지닌다. 캠프파이어가 끝나고 확실히 불을 끄는 행동 또한 그중 하나일 것이다. 자신에게 주어진 책임을 타인에게 떠넘기려는 시도 또한 책임을 행사하는 방법에 해당한다. 어쨌든 자신의 삶에 주어진 특별한 책임을 포기할 수 있는 사람은 그 삶의 주인뿐이기 때문이다.

이제 '산불'이라는 표현으로 넘어가보겠다. 스모키 베어의 대사 속에서 산불이라는 단어는 책임의 범위를 나타낸다. 책임이라는 단어를 떠올렸을 때 우리가 가장 먼저 생각하는 부분은 바로 범위의 개념일 것이다. 우리에게 주어진 책임이 무엇인지, 우리가 무엇을 해야 하는지, 어떤 사람의 안위를 걱정해야 하는지가 모두 여기에 포함된다. 자신에게 주어진 책임을 온전히 파악하려면 '산이 얼마나 큰지'를 질문해야 한다. 자기 자신만을 책임지며 살겠다는 사람도 있을 것이고 과거, 현재, 미래를 통틀어 의식을 지닌 모든 존재의 행복을 책임지려는 사람도 있을 것이다. 책임의 범위는 중요한 질문이다. 우리는 6장 '어떻게 살아야 하는가?'에서 이 질문을 자세히 다룰 예정이니 '산불' 부분은 그때를 위해 미뤄두겠다.

마지막으로 양심을 쿡쿡 찔러대는 주인공, '스모키 베어'가 있다. 스모키 베어는 산불 예방에 책임감을 가지기를 유도하는 권위의 원천이자 우리에게 책임감을 부여하는 대상을 상징한다. 스모키 베어는 책임감 있게 불을 다루는 규칙을 정의하고 우리가 실제로 산불 예방에 도움을 주는 행동을 실천하고 있는지 판단한다. 이런 점에서 스모키 베어는 법률을 제정하는 입법자이자, 법률을 적용하는 판사이자, 법률을 집행하는 정부라고 할 수 있다. (스모키 베어가 어떻게, 왜 권위의 원천을 상징하는지에 관해서는 이번 장의 나머지 부분에서 자세히 이야기할 예정이니 여기서는 일단 넘어가겠다.) 이번 장에서는 스모키 베어에 해당하는 책임감, 즉 '특정한 삶의 가치를 추구하도록 유도하는 책임감은 어디에서 비롯되는가?'라는 질문에 초점을 맞추겠다.

당신도 스모키 베어가 될 수 있다

스모키 베어에 해당하는 책임감 개념을 고민하는 데 긴 시간을 투자하는 사람은 드물다. 자신이 아닌 다른 누군가, 또는 무언가가 삶의 규칙을 결정한다는 사실을 불편하게 느끼기에 애초에 생각을 하지 않는 경우가 많기 때문이다.

물론 스스로 자기 삶의 스모키 베어가 될 수도 있다. 우리에게 주어진 모든 책임이 '오직 당신' 개념에 국한돼 있다면 책임감의 원천 또한 변덕스러운 선택에 따라 결정될 것이다. 어쨌든 인간은 자유롭고 독립적인 존재다. 적어도 스스로는 그렇다고 생각한다. 우리는 다양한 인물과 명분에 헌신하는 삶을 살고 있다. 그리고 이런 헌신은 스스로의 자유의지와 나름의 근거에 따른 행동이라고 믿는다.

하지만 오직 자기 자신만을 가치 있게 여기는 삶을 추구하는 사람은 제멋대로 살아가기 쉽다. 카드 게임을 할 때 양측 참가자가 모두 임의로 승패를 판단한다면 게임을 재미있게 만드는 긴장감은 사라질 것이다. 마찬가지로 노래를 부르는 당사자가 노래를 잘 부르고 못 부르고를 판단한다면 이 세상에는 음치도 몇 없을 테지만, 스스로가 뛰어난 재능을 타고났다고 판단하는 사람도 드물 것이다.♦ 자신을 관대하게 판단하는 것은 사실 큰 문제가 안 된다. (게다가 완벽주의 성향을 지닌 사람이라면 그보다 엄격한 심판이 어디 있겠는가.) 여기에서 더 나아가 스스로를 심판으로 여기는 데 그치지 않고 책임감의 원천으로 생각한다면 마음껏 변덕을 부릴 수는 있다. 하지만 우리 인생이 단순한 변덕의 산물인지도 모른다는 의심으로부터 삶을 구제할 수는 없을 것이다. 어떤 직업을 가져야 하는지, 가정을 꾸려야 할 것인지, 은퇴 후 어떻게 살 것인지 등 우리가 살면서 마주하는 중요한 갈림길에서 방향을 결정하기는 쉽지 않다. 양립할 수 없는 가치 중 무엇을 선택해야 할지 몰라서가 아니다. 그럴듯하고 매력적인 데다가 원한다면 언제든 바꿀 수 있는 선택지가 지나치게 많이 주어지기 때문이다.

우리는 스스로에게 큰 책임을 지닌다. 스스로에 대한 책임에 초점을 맞춰 조심스럽게 '의문'에 접근하는 방법도 있지만 이는 3장 '내면의 규칙'과 6장에서 자세히 이야기할 예정이다. 다시 본론으로 돌아와, 우리가 맞닥뜨리는 삶의 중요한 순간이 단순한 선호의 집합일 뿐이라는 느낌을 피하고 싶다면 개인의 선택이 책임감의 궁극적 원천이 될 수 없다는 사실을 받아들여야 한다. 모든 사람은 저마다의 양심을 지니며, 우리는 양심에 귀 기울여야 한다. 하지만 양심이 제 역할을 하려면 객관적이고 외부적인 책임감의 원천을 마음속에 선명히 새겨야 한다. 그렇지 않으면 우리가 극복해야 할 신경증과 양심을 구별하기 어려울 것이다. (안타깝게도 자신이 앓고 있는 신경증이 너무 마음에 든 나머지 굳이 극복하려 애쓰지 않는 사람도 있다.)

삶에서 내리는 선택이 의미 있기를 바란다면 스모키 베어를 외면해서는 안 된다. 우리에게는 각자의 선택을 넘어선 책임감의 궁극적 원천이 필요하다. 그러니 머지않은 시일 내에 여러분에게 주어진 책임감의 원천에 친숙해지기를 바란다.

근본을 잊지 말 것

조지 R. R. 마틴(George R. R. Martin, 1948~)의 소설 시리즈 '얼음과 불의 노래'와 HBO 방영 드라마 〈왕좌의 게임〉의 배경이 되는 신비한 세계 웨스테로스에서는 외부 세력의 압력으로 중앙 권력이 약화되자 군주들이 스스로를 왕이라 칭하며 혼란이 찾아왔다. 공자(孔子, 기원전 551~479)가 살던 시대가 이와 같았다.

공자가 태어나기 약 반세기 전, 주공이 건국했을 당시 주나라는 하나의 봉건적 질서를 따르는 강력한 통일 국가였다. 하지만 공자가 등장했을 무렵 주나라는 뿔뿔이 흩어져가고 있었다. 모든 제후국 군주가 권력을 두고 경쟁하는 가운데, '우리의 대답은 누구를 향하는가'라는 질문이 현실적이고 실질적인 문제로 떠올랐다. 하지만 이는 단순히 충성의 대상을 묻는 질문이 아니다. 여기에는 '무엇이 사회를 하나로 유지하는가?', '정치적 혼란과 관계없이 올바른 삶이란 어떤 형태를 취하는가?', '모든 것이 손에 잡힐 듯 말 듯 느껴질 때 우리가 마땅히 추구해야 할 삶을 사는 이유가 되는 인물은 누구인가?'와 같은 근본적 물음이 담겨 있다.

공자의 제자는 공자와 관련된 일화와 가르침을 《논어》라는 책으로 엮었다. 우리는 《논어》의 첫 장에서 공자가 생각하는 삶의 비전을 찾을 수 있다.

부모에 효도하고 어른을 공경하면서 윗사람에게 반항하는 사람은 드물다. 윗사람에게 반항하지 않는 사람은 결코 반란을 일으키지 않을 것이다. 군자는 근본에 힘쓰고 근본이 바로서면 도를 얻는다. 부모를 효도하고 웃어른을 공경하는 것이 인(仁)의 근본이다.

여기에서 '군자'는 남성을 일컫는 단어가 아니라 유교에서 교양 있고 번영한 사람을 가리키는 표현이니 오해하지 않기를 바란다. 라틴어를 비롯한 고대 언어가 성별을 지니는 것과 같은 맥락이다. 이 글의 요점은 가치 있는 삶을 추구하고 싶다면 진정으로 인간다운 인간의 근본을 함양해야 한다는 데 있다. 그리고 근본은 부모와 웃어른에게 책임을 다하는 데서 시작된다.

공자는 스스로를 이렇게 표현했다. 우리는 공자를 유교의 창시자로 생각하지만 공자는 "나는 혁신가가 아닌 전달자이며, 옛것을 믿고 좋아한다"라고 이야기했다.＊ 또한, 온고지신을 중요하게 여겨 "남몰래 나를 노팽과 비교해본다"라며 오래전 세상을 떠난 현자를 기리는 모습을 보였다. 공자는 이런 말도 남겼다. "나는 옛것을 좋아해 부지런히 과거에서 지식을 찾는다."

먼저 역사를 지나쳐 간 인물을 향한 깊은 애정과 믿음은 어디에서 오는 것일까? 단순히 상상 속 황금기에 품은 향수 때문만은 아니다.

인간의 자신의 의지에 따라 전통을 선택해서 태어날 수 없다. 우리는 관계 속에 태어나 관계 속에 살아간다. 우리 몸은 생물학적 부모에게서 왔으며, 타인의 돌봄 덕분에 신생아기와 유아기를 지나 지금과 같이 성장했다.

우리의 언어 또한 전통에 속한다. 우리는 언어를 발명하지 않았을 뿐더러 발명할 수도 없다. 그저 주어진 언어를 익히고 창의적으로 사용함으로써 다음 세대의 언어에 기여할 수 있을 뿐이다. 우리가 하는 모든 말, 우리가 묻는 모든 질문, 심지어 '개인주의'를 주장하는 현대인의 외침조차 지난 세대에서 물려받은 언어가 끊임없이 진화를 거듭하며 엮어내는 태피스트리의 일부를 구성한다.

현대사회를 살아가는 서구인은 자신이 굉장히 독립적인 존재라고 착각하지만 사실 그렇지 않다. 우리는 과거로부터 이어져 내려온 전통과 삶을 이어받고 또 이어주는 관계의 일원을 구성한다. 그렇기에 우리는 제멋대로 살아서는 안 된다. 우리의 대답은 우리에게 생을 선사한 수많은 인물과 우리 삶에 의미를 더할 수 있도록 수단을 제공해주는 문화를 향해야 한다. 우리는 우리에게 삶을 준 사람들에게 책임을 다하는 삶을 살아야 한다. 공자의 표현을 빌리자면 선대에 책임을 다하는 삶은 '하늘(天)'로 향하는 길이자 사물의 우주적 질서로, 이는 인간이 번성하고 존엄성을 확립하고 나와 이웃을 넘어 모두의 평화를 유지하는 근본이 된다. 이는 자아를 함양하고, 공동체를 번성케 하고, 정치적 질서를 확립하고 지속하는 방법이다.

하지만 뿌리가 썩거나 누군가 또는 무언가가 뿌리와 가지를 잇는 줄기를 베어버리면 어떻게 될까? 인류 역사는 가문을 향한 충성심에서 비롯된 강도와 살인으로 얼룩져 있다. 게다가 공자가 그토록 두려워하던 반란과 사회 붕괴 또한 흔하다. 가문뿐 아니라 정부 또한 잘못된 길을 걷곤 한다. 문명 전체가 '도(道)'에서 벗어나는 일은 없을 것이라 누가 장담할 수 있는가? 공자에게 가문, 정부와 같은 부차적인 책임감의 원천은 목적지로 향하는 여정에서 잠시 들러 가는 길일뿐이니 결코 궁극적 책임감의 원천, 즉 하늘로 향하는 도(道)를 대신할 수는 없다.

우리의 최종 목적지가 하늘이라면 나머지는 배제하고 하늘의 소리에만 귀를 기울이는 것이 최선 아닐까?

기억하지 못하는 약속

무함마드는 잠을 자던 중 꿈의 형태로 첫 계시를 받았다. 그저 그런 꿈이 아니었다. 낮이면 꿈에서 본 장면이 현실에 그대로 재현됐다. 신기한 노릇이었다. 게다가 시간이 흐를수록 혼자 있고 싶다는 열망이 강해졌다. 무함마드는 아내를 두고 외진 곳에서 혼자 며칠씩 신을 숭배하곤 했다. 그러던 어느 날, 그 사건이 일어났다. 히라 동굴에서 참선을 할 때 천사가 나타나 무함마드에게 명령했다. "읽어라!" 무함마드 이전에 존재했던 겸손한 예언자들이 그랬듯 무함마드 또한 천사의 명령을 두 번 거절했다. 하지만 세 번째 명령을 들었을 때 이전과 다른 벅차오름을 느꼈다. 계시가 시작됐다. "읽어라! 창조주이신 주님의 이름으로, 그분은 응혈로 인간을 창조하셨다."

무함마드는 혼란스러움에 덜덜 떨며 동굴을 나섰다. 그리고 아내 카디자에게 이렇게 물었다. "내가 뭔가에 홀린 걸까?" 카디자는 신이 선한 사람을 곤경에 빠뜨릴 리 없다고 무함마드를 안심시키고 자신의 사촌에게 남편을 데려갔다. 사촌 또한 무함마드를 격려했다. 점점 더 많은 사람에게 무함마드가 계시를 받았다는 사실이 알려졌다. 이제 무함마드의 삶은 더 이상 자신만의 것이 아니었다. 어쩌면 애초부터 자신만의 삶은 없었는지도 모른다.

무함마드가 긴 세월에 걸쳐 받은 계시를 집대성한 경전인《코란》에는 스모키 베어에 해당하는 책임감 개념을 담은 놀라운 일화가 담겨 있다. 태초에 신이 인간을 창조해서 세상에 내려보내기 전, 신은 최초의 인간에게 이렇게 물었다. "나는 너희 주인이 아니냐?" 모든 인간이 그렇다고 대답했다. 그러자 신은 어떤 인간도 지상에서 삶을 누리며 무지를 평계로 내세울 수 없도록 기록을 남겼다.

우리가 이 세상에 나기 한참 전 천사의 계시를 받은 무함마드는 인간은 신의 종이니 신의 뜻에 따르는 삶을 살아야 한다고 믿었다. 우리가 기억하지 못하더라도《코란》에 기록돼 있다. 그리고 우리가 기억하든 못하든 우리는 그에 책임을 지며 살아가야 한다. 심판의 날이 다가왔을 때 기억이 나지 않는다는 변명으로 책임을 무마할 수 없다.

《코란》에 따르면 인간은 주권을 가진 존재가 아니다. 인간은 자신이 원하는 대로만 살아갈 수 없다. 신은 인간을 창조했고, 인간은 그 사실을 인정했기에 심판인 창조주에게 책임을 다해야 한다. 게다가 주류에 속하는 무슬림의《코란》해석에 따르면 사실 인간은 희미하게나마 과거의 기억을 간직하고 있다. 양심과 옳고 그름을 구분하는 감각은 신의 뜻에 따라 살겠다는 맹세가 남긴 어렴풋한 흔적이니, 잊은 것 같아도 사실 마음속 깊은 곳에서는 대답이 누구를 향해야 할지 알고 있다고 무슬림은 주장한다. 우리는 이 대담하고 자극적인 주장에서 어떤 교훈을 얻을 수 있을까?

특정한 삶의 방식에 대한 우리의 책임이 기억에 없는 약속처럼 느껴진다면 결정적인 통찰을 얻었다고 생각해도 좋다. 이것이 스모키 베어에 해당하는 책임감의 밑바탕을 구성하기 때문이다. 이런 책임감은 스스로의 선택이 아닌 외부에서 비롯된다. 우리가 원하든 원치 않든, 기꺼이 받아들이든 달갑지 않게 여기든 우리에게 주어진 책임을 피할 수는 없다. 인간이라면 받아들여야 할 진실이다.

앞서도 이야기했지만 자신에게 답하는 삶을 살아가는 사람이 많다. 열망을 실현할 수는 없더라도 꿈을 꿀 자유가 주어지니 스스로가 운명의 주인이라고 생각하기 때문이다. 삶이 주어지기 전 실제로 우리가 신에게 맹세를 했는지는 중요하지 않다. 이번 기회로 '주권'이라는 개념을 심각하게 받아들이게 됐다면 그것만으로 충분하다.

우리는 '가치 있는 삶'을 강의할 때 무함마드의 이야기를 꼭 언급하고 더 나아가 학생들이 고민하는 시간을 갖도록 조언한다. 여러분도 마찬가지다. 《코란》에서 이야기했듯 우리가 오래전 신에게 헌신을 맹세하고 신의 뜻에 따라 살기로 약속했다면 우리 삶은 어떻게 변해야 할 것인가? 새로운 시각으로 삶을 바라보기는 쉽지 않다. 하지만 '가치 있는 삶' 강의를 가르치면서 얻은 경험에서 보장하는데, 어려운 만큼 더 큰 보상이 따를 것이다. 그러니 무함마드의 일화뿐 아니라 이 책에서 앞으로 소개할 다양한 관점에 관해서도 진지하게 고민해보기를 바란다. 끊임없이 스스로에게 질문하라. 만약 이 이야기가 사실이라면, 우리 삶은 어떻게 변해야 할 것인가?

내면의 규칙

공자는 전통에 책임을 다하는 삶을 살라고 이야기했고, 무함마드는 창조주인 신에게 책임을 다하는 삶을 살라고 이야기했다. 공자와 무함마드가 찾은 외부의 스모키 베어는 삶이 제멋대로 흘러가지 않도록 규범을 제공한다. 하지만 삶이 제멋대로 흘러가지 않으면서 스스로에게 책임을 다하는 삶을 살 수는 없을까? 조상이나 신에 의지하지 않고 인간으로서 스스로의 내면에서 책임을 다하며 살 만한 단단한 무언가를 찾을 수는 없을까?

이마누엘 칸트(Immanuel Kant, 1724~1804)는 내면에서 책임감을 찾았다. 칸트는 이성(理性)이 인간을 규정하는 특징이라고 생각했으며, 내면의 이성에 답하는 삶을 살아야 한다고 믿었다. 칸트에게 도덕적인 삶이란 이성을 따르는 삶이었다. 칸트에 따르면 이성은 보편적이므로 이성에서 비롯된 책임감은 모든 인간에게 동등하게 적용된다. 여기에 독단이 끼어들 틈은 없다.

칸트는 이성이 감정이나 선호, 욕구와 구별되는 상위 개념이라고 이야기했다. 하지만 이성은 외부가 아닌 내면에 존재한다. 인간은 근본적으로 이성적인 존재이니 이성 또한 우리의 일부나 마찬가지다. '진실을 말하라', '약속을 지켜라' 등 이성의 명령은 사실 스스로에게 내리는 명령과 같다. 칸트의 표현에 따르면 인간은 '자율적'인 존재이므로 내면의 규칙에 따라 살아간다.

칸트의 도덕적 자율성 개념은 현대사회에 큰 영향을 줬다. 하지만 여기에는 중요한 문제가 있다. 일례로 인간은 본질적으로 이성적인 존재이며 인간의 존엄성이 이성에서 비롯된다는 주장은 인지능력이 부족한 사람의 존엄성을 부정한다고 오해받기 쉽다. 또한, 칸트가 이야기하는 보편적 이성은 수준 높은 교육을 받은 부유한 유럽 남성의 습관과 성향처럼 편협해 보일 수 있다.

칸트의 주장은 그럴듯해 보이지만 반발의 여지가 많다. 하지만 이는 우리의 대답이 누구를 향하든 다르지 않다. 공자는 우리가 전통에 답하는 삶을 살아야 한다고 이야기했지만 앞서 이야기했듯 뒤틀린 전통이 이에 반박하고 있으며, 무함마드는 신에게 답하는 삶을 살아야 한다고 이야기했지만 인간이 신에게 한 맹세를 기억하지 못하는 이유는 그런 약속을 한 적이 없기 때문인지도 모른다.

내 안의 스모키 베어 받아들이기

스모키 베어를 찾는 일은 매우 낯설고 까다롭다. 마음 편하게 회피하고 싶을 수도 있겠지만 무언가 또는 누군가를 향한 책임은 우리가 깨닫지 못한다고 해도 사라지지 않는다. 책임감이란 그런 것이다.

스모키 베어가 없는 삶은 독단적으로 흘러갈 위험이 크다. 무슨 일이든 '자유롭게' 할 수 있지만 마음 가는 대로 하는 행동이 항상 가치 있는 행동은 아니다. 이런 느낌을 받은 적이 있는 사람이라면 이미 어렴풋하게나마 '의문'을 떠올려봤다고 해도 좋다. 진정한 책임감의 원천이 존재한다는 의견에 절대 동의하지 못하는 사람도 있을 것이다. 이 경우, 과연 '의문'을 찾을 의미가 존재하는지부터 고민해봐야 할 것이다. 반면, 삶에서 추구하는 가장 큰 가치가 제멋대로일 수는 없다는 사실을 본능적으로 알고 있는 사람이라면 책임감의 원천 개념을 받아들여야 한다. 사람은 누구나 스스로의 삶에 책임지는 주체적인 인생을 살아간다. (이는 '오직 당신'만이 할 수 있는 일이다.) 하지만 책임감의 원천 개념을 받아들인 사람은 자신의 삶에 아무리 무시하려 애써도 사라지지 않는 책임이 주어진다는 사실을 잘 알고 있다. 또한, 책임감의 원천은 스스로가 어떤 사람인지, 신은 어떤 존재인지, 인간은 어디에서 왔는지, 또 어디를 향해 가는지(이는 8장에서 자세히 이야기할 예정이다)를 고민하고 삶의 큰 그림을 그리는 데 도움을 준다. 그러므로 책임감의 원천 개념이 조금 더 명확해지면 같은 질문으로 되돌아와 조금 더 깊이 있는 깨달음을 얻을 수도 있다. 하지만 일단은 지금 '우리의 대답이 누구를 향할 것인가'라는 물음에 여러분이 내놓은 대답을 바탕으로 다음 질문을 이어가도록 하겠다.

스모키 베어는 우리가 원하는 삶과 추구할 가치가 있는 삶을 구별한다. 책임감이 없는 삶에는 욕구만이 남는다. 가문이든, 신이든, 이성이든, 완전히 다른 무엇이든 우리가 욕구를 넘어선 무언가 혹은 누군가에 진지하게 답할 때 비로소 가치와 의미를 지닌 질문을 떠올릴 수 있다. 스모키 베어는 우리가 앞으로 마주할 질문에 '당위'를 부여한다.

그러므로 진정으로 좋은 삶이란 무엇인지 묻기 전에 '우리의 대답은 누구를 향하는지'를 충분히 고민해보기를 바란다.

삶에 적용하기

1. 프롤로그의 '삶에 적용하기'에서 이야기한 삶의 재고를 다시 한번 살펴보자. 여러분의 대답은 누구를 향하고 있는 것 같은가? 재고 목록에서 수집한 자료를 단번에 취합하기는 어렵겠지만 지금 여러분의 삶에서 '스모키 베어' 역할을 하는 책임감의 원천은 무엇이라고 생각하는가?

2. 여러분의 대답은 누구를 향해야 하는가? 여러분의 궁극적 책임은 누구를, 또 무엇을 위하는가? 단지 눈앞에 놓인 선택지가 아니라 삶 전체를 고려했을 때, 여러분이 보편적 인간성이라는 측면에서 가치 있는 삶을 살고 있는지 판단하는 기준을 제시하는 인물은 누구인가?

3. 여러분이 앞의 두 질문에 내놓은 답변은 일관성을 지니는가? 여러분은 자신에게 주어진 책임을 다하는 삶을 살고 있는가? 만약 그렇지 않다면 여러분이 책임을 다하는 삶은 지금과 어떻게 다를 것 같은가? 새해 다짐을 떠올릴 때처럼 단순하게 질문에 답하지 않도록 주의하라. 15장에서 이야기하겠지만 다짐만으로는 '의문'에 관한 가장 깊은 통찰에 부합하는 삶을 살 수 없다. 그러므로 해야 할 일 목록을 작성하기보다 여러분이 추구하는 삶의 형태를 떠올리는 데 집중하라.

4장

좋은 삶은
어떤 느낌인가?

이 질문은 고민할 거리조차 안 되는 질문이라고 생각할 것이다. 좋은 삶을 사는 느낌이야 좋지 않겠는가? 가끔 몸이 아플 때도 있고, 마음이 힘들 때도 있겠지만 인간은 대체적으로 느낌이 좋은 삶을 추구한다.

그렇다면 좋은 삶을 사는 느낌이 좋을 것이라고 가정해보자. 좋은 느낌이란 무엇인가? 이 또한 고민할 거리조차 안 되는 질문이라고 생각할 것이다. 좋은 느낌과 나쁜 느낌은 빛과 어둠처럼 차이가 명백하고 뚜렷하다. 미국 연방대법원 판사 포터 스튜어트(Potter Stewart, 1915~1985)는 포르노그래피를 이렇게 정의했다. "척 보면 안다." 좋은 느낌도 마찬가지다. 느껴보면 안다. 스스로 느끼기에 어떤 느낌이 좋다고 생각하면 그것이 좋은 느낌이다. 나 아닌 다른 누가 느낌의 좋고 나쁨을 판단하는 기준이 될 수 있는가?

그렇다고 하더라도 '유쾌하고 즐거워 좋은 느낌'이라고 간단히 정의를 내려두면 도움이 될 것이다. 이와 같이 좋은 느낌을 '쾌락'이라고, 그 반대를 '고통'이라고 부르겠다.

쾌락과 고통이라는 관점에서 좋은 삶이란 쾌락이 많고 고통이 적은 삶인 듯하다. 하지만 한 번에 모든 쾌락을 누리고 나머지 인생을 단조롭게 흘려보내기를 바라는 사람은 없다. 우리는 오래도록 행복한 삶을 살기를 바란다. 그리고 이는 좋은 삶을 사는 느낌을 묻는 질문에 내놓을 수 있는 가장 상식적인 대답일 것이다. 심오한 철학적 근거가 이를 뒷받침한다.

푸시핀 게임과 시 짓기

1822년 여름, 제러미 벤담(Jeremy Bentham, 1748~1832)은 세계 각국 정부에 자신이 여전히 건재함을 알리기로 했다. 벤담은 스스로가 당대에 가장 날카롭고, 논리적이고, 뛰어난 철학적 이해를 갖춘 사람이라고 자신했다. 게다가 이를 증명할 추천서도 넉넉히 준비해뒀다.

벤담은 자신의 뛰어남을 증명하려는 목적으로 〈제러미 벤담이 진보를 주장하는 모든 국가에 보내는 성문화(成文化) 제안: 포괄적 법률에 관한 아이디어 제안과 그 근거〉(이하 〈성문화 제안〉)라는 글을 발표했다. 미치광이가 그럴듯한 단어를 마구잡이로 이어붙인 것처럼 보일지도 모르지만 당시 벤담은 시대를 대표하는 지식인이자 진지한 연구에 몰두하는 진지한 사상가로 이름을 떨치고 있었다.

〈성문화 제안〉을 출간한 일흔넷의 벤담은 노예제와 사형에 반대하고 여성의 동등한 법적 권리를 주장하는 사회 개혁가로 유명했다. 벤담은 뛰어난 평가를 받은 책과 논문을 통해 자신의 견해를 세상에 알렸다.

벤담은 공리주의를 주장했다. 영어권에서 엄청난 지지를 얻은 공리주의는 오늘날까지 깊은 영향력을 미치고 있다. 텔레비전에 출연하는 경제 전문가는 자신도 모르는 사이 공리주의가 사실이라는 가정을 바탕으로 주장을 펼친다. 성장의 극대화라는 안건 뒤에는 공리주의 철학이 자리하고 있다. 공리주의는 '좋은 삶을 사는 느낌은 좋을 것'이라는 대중적인 견해에 지적 정당성을 부여하는 철학이다.

벤담의 공리주의의 중심에는 "선이란 쾌락은 증가하고 고통은 감소하는 것이며 (중략) 악이란 고통 또는 쾌락의 부재를 의미한다"라는 단순한 원리가 자리하고 있다. 이 단순한 원리를 더욱 단순히 정리하자면 '쾌락이 곧 선'이라고 할 수 있다. 쾌락을 주는 것은 선한 것이고, 쾌락을 빼앗는 것은 악한 것이다. 마찬가지로 고통을 주는 것은 악한 것이고, 고통을 피하게 하는 것은 선한 것이다. 이외에는 선한 것도 악한 것도 없다.

벤담은 여기에서 한 걸음 더 나아가 쾌락은 쾌락일 뿐이라며 당대에 만연한 문화적 편견에 반대하는 주장을 펼쳤다. 벤담은 부유한 가문에서 태어나 악명 높은 속물 문화 속에서 성장했다. 동료 사상가 대부분은 일부 쾌락이 나머지보다 '높은' 가치를 지닌다고 믿었다. 이들은 시, 오케스트라 음악, 회화, 정원 가꾸기와 같이 '지적'이고 '정숙'한 예술은 대중이 즐기는 저속한 즐거움보다 질적으로 우위에 있다고 주장했다. 벤담의 생각은 달랐다. "편견 없이 본다면 푸시핀 게임(19세기 영국 아이들 사이에 유행하던 간단한 놀이 - 옮긴이 주)은 음악을 즐기고 시를 짓는 것과 동등한 가치를 지닌다." 굳이 따지자면 핀을 찔러대는 이 단순한 놀이에서 즐거움을 얻은 사람이 시에서 기쁨을 얻은 사람보다 훨씬 많을 것이다. 요즘 영화에 비교하자면 평론가에게 〈배트맨 대 슈퍼맨: 저스티스의 시작〉이 코엔(Coen) 형제의 〈헤일, 시저!〉보다 훨씬 낫다고 주장하는 셈이다. 〈배트맨 대 슈퍼맨: 저스티스의 시작〉은 로튼 토마토(Rotten Tomatoes)에서 관객 지수 63퍼센트, 평론가 지수 29퍼센트를 받았으며 전 세계적으로 8억 7,400만 달러에 이르는 흥행 수익을 올렸다. 반면, 〈헤일, 시저!〉는 로튼 토마토에서 평론가 지수 86퍼센트를 기록했지만 관객 지수는 44퍼센트에 그쳤으며 흥행 수익 또한 6,400만 달러 언저리를 맴돌았다. 평론가의 평가는 중요하지 않다. 중요한 것은 관객이 영화를 보면서 얻은 쾌락의 총량이다. 벤담에게 모든 쾌락은 동등하다. 이를 '푸시핀 원칙'이라고 부른다.

이는 우리가 앞서 이야기한 견해와 비슷하다. 무엇이 좋은 느끔을 가져오는가? 쾌락의 경험이 좋은 느낌을 가져온다. 누가 쾌락을 판단하는가? 쾌락을 경험한 사람이 판단한다. 벤담은 쾌락에 '최대한 많이, 최대한 길게' 원리를 적용했다. 벤담이 어떤 행동의 선한 정도를 계산하는 방법은 간단하다. 쾌락이 강력하고 오래 지속될수록 좋다. 또한, 벤담은 빠르게 쾌락을 느낄 수 있는 행동, 약속한 쾌락이 분명히 주어지는 행동, 즉각적인 효과가 지나고 미래에 쾌락을 가져올 행동, 미래에 고통을 가져오지 않는 행동에 추가 점수를 줬다.

공리주의의 기본적인 접근법은 우아할 정도로 간단하다. 공리주의는 모든 선을 쾌락의 경험이라는 한 가지 기준으로 정리했다. 문제는 얼마나 많은 쾌락을 얻을 수 있는지에 달렸다. 좋은 삶은 산술적으로 계산이 가능하다. 선을 모두 더하고, 악을 모두 빼면 된다. 개인이든, 새로운 헌법을 찾는 국가든, 선을 더하고 악을 뺀 합계가 커지도록 쾌락과 고통을 조정하면 좋은 삶을 누릴 수 있다. 벤담은 이를 '최대 행복 원칙'이라고 부르며 무엇이든 행복을 최대화하는 행동을 선택해야 한다고 주장했다.

좋은 삶을 사는 느낌은 어떨까? 벤담은 오늘날 많은 사람이 대답하듯 좋은 삶을 사는 느낌은 좋다고 이야기했다. 좋은 삶이란 최소한의 고통을 느끼는 즐거운 삶이며 저마다 다른 행동에서 쾌락을 얻는다.

단순한 대답처럼 보이지만 이 질문을 진지하게 고민해본 후에도 벤담의 의견에 동의하는 사람은 소수뿐이다.

수바가 자신의 눈을 내어준 이유

아주 오래전, 부처가 아직 살아 있던 시절에 '수바'라는 이름의
비구니가 명상을 하러 숲으로 향하던 중 불온한 뜻을 품고 길을
가로막는 남자를 만났다. 수바는 남자를 꾸짖었지만 남자는 아
랑곳 않고 작업 멘트를 날려댔다. 고대 남아시아라는 배경을 고
려하더라도 진부하기 짝이 없었다. 꽃다발과 보석을 안겨주겠다,
숲은 위험하다, 같이 으리으리한 궁전에서 호사를 누리자, 향긋
한 침대를 준비해뒀다, 아름다운 외모를 타고나서 비구니로 살다
니 아깝지 않냐 등 온갖 감언이설을 총동원했지만 혹할 만한 내
용은 조금도 없었다. 남자는 듣는 사람이 다 민망해질 만큼 촌스
러운 발언도 서슴지 않았다. "나무를 뒤덮은 꽃송이가 바람에 흩
날리는 모습이 마치 기쁨에 신음하는 것 같군요."

이 과장스러운 유혹은 '숲에서 외로이 비구니의 삶을 사는 것
보다 나와 함께하는 삶이 훨씬 즐거울 것'이라고 요약된다. "혼자
숲에 들어가서 무슨 사랑의 기쁨을 누리겠소?" 남자가 느끼하게
윙크를 날려댔다고 해도 크게 놀랍지는 않을 듯하다.

수바는 아름다운 몸은 머지않아 썩어 문드러질 육신의 조각일
뿐이라며 온갖 유혹을 남발하는 남자를 질책했다.

수바는 남자가 줄줄이 읊어대는 성희롱 발언을 단호히 끊어냈
다. 그러자 남자는 수바의 아름다운 눈을 칭찬하는 새로운 작전
을 펼치기로 했다. 여성의 눈을 칭찬하는 작업 방식은 예나 지금

이나 여전한 것 같다.

남자의 칭찬에도 수바는 시큰둥했다. 남자의 매력이 부족해서는 아니었다. 남자가 멋지다고 생각한 것들이 수바에게는 큰 의미가 없었기 때문이다. 수바는 이렇게 타일렀다. "나는 외딴곳에서 행복을 찾았습니다." 수바는 쾌락을 좇지 않았다. 수면에서 무슨 일이 일어나도 언제나 고요함을 유지하는 깊은 바다와 같은 마음의 평정을 추구했다. "내 마음은 힐난과 칭찬, 행복과 고통 사이에 굳건히 자리하고 있습니다." 수바는 남자가 매료된 아름다운 눈을 눈물로 가득한 '점액 덩어리'라고 묘사했다.

수바는 육신의 고통과 쾌락에 연연하지 않았다. 또한, 아름다움을 향한 남자의 집착이 우습다고 생각했다. 그래서 수바는 자신의 눈을 뽑아서 남자에게 내밀었다. 믿기 힘들겠지만 사실이다. "그렇게 내 눈을 원한다면 가지세요." 남자는 즉시 잘못을 뉘우치고 용서를 구했다. 수바는 부처에게 가서 하나 남은 눈으로 위대한 스승을 바라봤다. 그러자 잃어버린 한쪽 눈이 회복됐다.

수바의 이야기는 '테리가타' 또는 '장로니게경'이라고 불리는 경전을 통해 전해져 내려온다. 이는 초기 불교에서 여성 출가 수행자의 이야기를 시의 형태로 기록한 경전으로 부처에게 가르침을 받아 깨달음을 얻은 여성의 일화와 경험을 담고 있다. 《테리가타》에는 '최대한 큰 쾌락을 최대한 오래 유지'한다는 원칙이 밑바탕이 되는 세속적 행복을 거부하는 여성이 흔히 등장한다. 이들은 섹스, 부, 안전, 사랑으로 유혹하는 상대를 "당신이 쾌락이라고 생각하는 것들은 나에게 아무런 감흥을 주지 못한다"라며 거절한다.

부처를 따르던 여성 수행자는 깨달음에서 오는 만족과 욕구의 순환에서 해방된 상태가 주는 높은 차원의 감정이 존재한다는 이치에 눈을 떴다. 이는 단순히 더 강렬한 쾌락이 아닌 완전히 다른 느낌을 선사한다. 보통 사람이 욕망하는 쾌락은 탈 듯이 뜨겁고 열정적이다. 하지만 깨달음에서 오는 만족은 차가울 만큼 잔잔하고 평화롭다.

깨달음이 주는 만족은 평범한 쾌락 또는 고통과 전혀 다른 정신적 차원에 존재한다. 깨달음으로 얻은 만족은 즉각적인 감각을 초월하는 고요함이니 이런 경지에 오른 사람은 당장 눈앞의 감정에 연연하거나 집착하지 않는다. 그러므로 수바 또한 눈을 뽑는 고통을 그대로 경험했다. 고통이 평온을 방해하지 않았을 뿐이다. 쾌락으로부터 느끼는 즐거움은 문제가 되지 않는다. 문제는 쾌락 때문에 진정 중요한 것에서 멀어지는 데 있다. 쾌락은 걱정을 부풀리고 욕망을 자극한다. 심지어 쾌락에 눈이 멀어 수바를 괴롭힌 남자가 그랬듯 타인을 자신의 욕망을 충족하는 도구로 여기는 사람도 있다.

무엇보다 수바를 비롯해《테리가타》에 등장하는 여성 수행자가 구혼자, 가족, 추파를 던져대는 남성을 뒤로하는 이유가 다른 곳에서 다른 종류의 '좋은 느낌'을 찾기 위함이 아니라는 사실을 명심하기 바란다. 이들은 깨달음으로 얻은 만족이 쾌락보다 인간에게 더욱 적합하다고 이야기한다.

부처의 가르침에 따르면 뭔가를 욕망하고, 찾고, 얻고, 또다시 욕망하는 과정의 반복은 괴로움과 번뇌를 가져온다. 게다가 욕망은 업보를 쌓는다. 선한 행동은 선으로, 악한 행동은 악으로 돌아온다. 인간이 죽으면 업보에 따라 다음 생에 짐승으로 환생할 수도, 왕자로 환생할 수도 있다. 신이 될지, 귀신이 될지, 또는 지옥에 갇힐지는 모두 업보에 달려 있다. 이렇게 인간은 죽고 환생하기를 영원히 반복한다. 부처는 이렇듯 끝없는 순환을 '고(苦)'라고 불렀다. 업보의 고리를 끊는 방법은 부처의 길을 따라 깨달음을 얻는 것뿐이다. 물론 업보의 고리 속에서 때때로 쾌락을 느낄 수도 있지만 쾌락은 지속되지 않는다. 그러니 《테리가타》에 등장한 여성 수행자에게는 부처의 길을 따르며 얻은 깨달음과 만족이 좋은 삶이 주는 느낌이 될 것이다.

오스카 와일드가 생각했던 '최고의 감정'

1895년 2월 18일, 퀸즈베리의 존 숄토 더글러스(John Sholto Douglas, 1844~1900) 남작이 런던의 앨버말 사교 클럽에 들이닥쳐 오스카 와일드(Oscar Wilde, 1854~1900)를 찾았다. 입장을 거부당하자 더글러스 남작은 '오스카 와일드에게 남색 혐의를 제기한다'◆라는 경고 쪽지를 남겼다. 당시 영국에서 동성애는 중죄였기에 이 쪽지는 범죄를 저지른 와일드를 향한 공공연한 모욕이나 마찬가지였다. 따라서 쪽지에 적힌 내용이 사실이 아니라면 남작은 명예훼손죄를 저지른 범죄자가 된다.

분노한 와일드는 퀸즈베리 남작을 기소했다. 하지만 퀸즈베리 남작의 변호인단이 와일드가 범죄 행위에 관여했다는 증거를 제시했다. 몇 번의 재판 끝에 와일드는 풍기 문란이라는 죄목으로 노동형 2년을 선고받았다. 그렇게 유럽 최고의 작가로 명성을 떨치던 와일드는 범죄자로 전락해 철창신세를 지게 됐다. 그가 평범한 죄수와 다른 점은 온 세상에 죄목이 알려졌다는 사실 하나뿐이었다.

이 모든 소란은 퀸즈베리 남작의 아들인 알프레드 더글러스 (Alfred Douglas, 1870~1945) 경과 맺은 관계에서 시작했다. 리딩 감옥에 갇힌 와일드는 차갑고 딱딱한 의자에 앉아 길고 두서없는 글을 써내려갔다. 원래는 더글러스 경에게 보내는 편지였지만 어느 정도는 출간을 염두에 뒀는지도 모른다. 실제로 이 글은 와일드가 죽은 후 《심연으로부터》라는 제목으로 출간됐다.

오스카 와일드는 더글러스 경과의 관계를 되돌아보며 쾌락에 빠져 살던 자신을 탓했다. 와일드가 쓴 희곡에는 한 인물이 "나는 유혹을 제외하면 무엇이든 이겨낼 수 있다"라며 혼잣말하는 장면이 나온다. 아마 와일드는 이 등장인물과 비슷한 결점을 지녔던 듯하다. 어쨌든 와일드와 더글러스 경은 세 시간 동안 이어지는 식사와 양을 가늠할 수 없을 정도로 많은 샴페인, 연주회, 무의미한 농담으로 하루하루를 보냈다.

감옥에 갇히기 전까지 순수하고 단순한 쾌락주의자였던 와일드는 나름대로 자신의 철학에 걸맞은 인생을 살고 있었다. 그는 이런 말을 남겼다. "나는 이 세상 정원의 모든 나무에 열리는 과일을 맛보고 싶다." "나는 포도주를 잔 가장자리까지 가득 채우듯 내 삶을 즐거움으로 가득 채웠다."

누군가는 오스카 와일드가 감옥에서 전환점을 맞이해 "한때 나는 쾌락에 젖어 살았지만 이제야 내 잘못을 깨달았다! 이제 나는 내 지난 삶의 마지막 한 방울까지 모두 비워버렸다!"라며 과거를 후회했을 것이라 생각할 수도 있다. 하지만 와일드는 상류층이 누리는 쾌락에 나름대로 좋은 점이 있다는 사실을 부정하지 않았다. "나는 쾌락을 좇으며 살던 삶을 단 한 순간도 후회하지 않는다." 와일드는 이렇게도 이야기했다. "내 모든 행동이 그렇듯 쾌락에 충실했을 뿐이다."

와일드는 석방된 이후의 삶을 기대했지만 지난날처럼 밤낮으로 사치와 향락을 즐기겠다는 마음은 조금도 없었다. 쾌락의 나날은 지나갔다. 와일드는 자유를 누리고, 좋은 책을 읽고, 자연의 아름다움을 만끽하며 완벽하게 행복한 삶을 살 예정이었다. 자신이 감옥에서 풀려날 때쯤 라일락이 만개했을 것이라는 생각에 흥분을 감추지 못했다.

이는 조용하고 억제됐지만 더욱 깊은 종류의 쾌락이었다. 와일드는 모든 쾌락이 동등하지 않음을 깨달았다. '의미 없는' 쾌락은 가볍게 스쳐 지나갔다. 즉흥적인 쾌락에 알맞은 시간과 장소도 있지만 좋은 삶을 사는 느낌을 묘사하기에 적합한 감정은 아니었다. 석방 후 와일드가 추구하던 행복에는 '의미'가 있었다. 적당한 삶의 질서가 주는 긴장 속에 스스로의 존재에서 비롯되는 울림이 즐거움을 더했다. 와일드에게 푸시핀 게임과 시 짓기는 동등한 가치를 지닌 쾌락이 아니었다. 또한, 제아무리 높은 명성을 떨친다 하더라도 명예가 주는 쾌락은 만개한 들꽃에 비할 바가 못 됐다.

오스카 와일드는 여기에서 그치지 않았다. 대중문화에 익숙한 일반인, 벤담, 수바는 좋은 삶이 주는 느낌이 어떤 형태이든 좋다는 데 동의한다. 나쁜 느낌을 주는 삶이 좋은 삶은 아닐 것이다. 하지만 와일드의 생각은 달랐다.

와일드는 인간이 느낄 수 있는 '최고의 감정'이 슬픔이라고 주장했다. 과거 쾌락을 좇던 삶이 잘못된 이유는 쾌락의 추구 그 자체가 아니라 슬픔을 무시한 데 있었다. 와일드는 최고의 감정을 배제한 채 살아왔다.

와일드의 쉽고 성공적인 삶은 순식간에 무너졌다. 감방에서 삶의 잔해를 들여다보던 와일드는 삶의 곳곳에 깊은 괴로움이 깔려 있다는 놀라운 사실을 발견했다. "삶의 비밀은 괴로움이다.♦ 생의 모든 측면 뒤에는 괴로움이 숨겨져 있다." 삶은 실망, 실패, 소원해진 인간관계, 바라지 않은 부상의 연속이다. 와일드는 이 모든 고통에서 벗어나기란 불가능하다고 생각했다. 고통으로 가득한 생에 우리가 느껴야 할 올바른 감정은 슬픔이며, 슬픔은 세상에 흐르는 괴로움과 맞닿아 있기에 성스럽다.

즉, 슬픔은 진실이다. 슬픔은 인간의 마음속에 울리는 진실이며, 진실이야말로 아름다움의 핵심이므로 슬픔은 곧 아름다움과 같다. 그리고 와일드가 세상을 이해하는 새로운 방식에서 좋은 삶의 중심에는 슬픔이 자리하고 있었다.

오스카 와일드는 더글러스 경에게 보낸 편지의 마지막 줄에 이런 글을 썼다. "당신은 삶의 쾌락과 예술의 기쁨을 배우러 나에게 왔다. 어쩌면 나는 그보다 훨씬 멋진 것, 슬픔의 의미와 아름다움을 가르치기 위해 선택된 사람인지도 모른다."

와일드는 슬픔이 즐겁다고 이야기하지 않는다. 슬픔이 주는 느낌은 좋지 않다. 하지만 슬픔은 멋지며, 좋은 삶에는 상당한 고통이 따를 수밖에 없다. 오스카 와일드는 좋은 삶을 사는 느낌을 묻는 질문에 '삶의 화려함과 고통, 그 사이에 자리한 모든 진실한 느낌'이라고 대답할 것이다.

그래서 좋은 삶을 사는 느낌은 어떨까?

벤담, 수바, 와일드는 '좋은 삶을 사는 느낌은 어떨까?'라는 질문에 각각 다르게 대답했다. 이 질문은 고민할 거리조차 안 되는 질문은 아닌 듯하다. 우리는 이 질문을 진지하게 고민해봐야 한다.

우리가 여러분을 대신해 대답할 수는 없다. 우리는 어떤 질문도 여러분을 대신해 대답할 수 없다. 앞 장에서도 이야기했지만, '오직 당신'만이 할 수 있는 일이 존재한다. 하지만 대답을 찾는 데 조언을 해줄 수는 있다. 중요한 흐름을 놓치지 않으려면 반드시 고려해야 하는 부분이 있기 때문이다.

우리는 수바와 와일드의 일화에서 좋은 삶이 주는 느낌이 꼭 좋지만은 않을 수도 있다는 교훈을 얻었다. 두 사람은 욕구의 충족만으로는 좋은 삶을 누릴 수 없다고 이야기했다. 좋은 삶이 주는 느낌은 단순히 우리가 원하는 것을 얻는 데 그치지 않고 더 나아가 심오한 세상의 흐름과 조화를 이루는 데에서 온다.

따라서 흔히 말하는 부정적인 감정이 좋은 삶의 일부가 될 수도 있다. 이를 염두에 두기를 바란다. 살면서 가끔 슬픔에 잠기는 시간도 필요하다. 오히려 슬픔이 도움이 될 때도 있다. 사랑하는 사람을 잃고 슬퍼하는 친구가 있으면 같이 애도해줘야 하듯, 특정한 감정을 느끼는 것보다 상황에 맞는 감정을 느끼는 것이 중요하기 때문이다.

물론 이에 반대할 수도 있다. 어떤 의견이든 괜찮으니 자유롭게 반박해도 좋다. 다시 말하지만 질문에 대답할 수 있는 사람은 자신뿐이다. 벤담과 같은 편에 서서 '좋은 감정'을 느끼는 삶이 좋은 삶이라고 주장하더라도 이해한다. 실제로 그렇게 생각하는 똑똑한 사람도 많다. 하지만 그렇다고 하더라도 스스로가 무엇을 포기하는지는 알아야 한다. 쾌락만을 추구하는 사람은 아무리 의미 있는 슬픔이라도 절대 경험하지 않는 삶을 선택할 것이다. 단순하게 생각해서 슬픔이 나쁘다면, 모든 슬픔의 원인 또한 나쁘고, 슬픔을 피하겠다고 결정한 사람에게는 슬픔의 잠재적인 원인을 예방해야 할 막대한 책임이 주어진다. 앞으로 이야기하겠지만 이는 도덕적인 삶을 추구하는 강력한 동기가 되기도 한다. 하지만 완벽한 세상이 아니라면 이상적인 감정만을 느끼고 살 수는 없다.

아니, 그럴 수 있을지도 모른다. 푸시핀 원칙을 강력히 적용한다면 어디에서 쾌락을 느끼는지는 중요하지 않다. 무엇이든 쾌락의 원천이 될 수 있다. 어떤 부정적인 결과도 없이 놀라울 만큼 좋은 느낌을 주는 약이 있다면 이 약은 아이를 처음으로 품에 안은 기쁨만큼이나 좋을 것이다. 어떤 일을 경험하든 이 약을 먹으면 오랜 시간에 걸쳐 꾸준히 쾌락을 느낄 수 있다고 가정해보자. 일자리를 잃든, 깊이 신뢰하던 친구에게 배신당하든, 자녀가 연을 끊고 입을 닫든, 소중한 친구가 사랑하는 사람을 잃든, 어떤 상황에도 기분은 끝내준다. 좋은 삶이 주는 좋은 느낌은 절대 사라지지 않는다. 여러분이 푸시핀 원칙을 사실이라고 믿는다면 이를 부정할 수 없을 것이다.

그러므로 쾌락에 대해 곰곰이 생각해본 다음, 진정으로 무엇을 원하는지 대답하기를 바란다. 좋은 느낌은 추구할 가치가 있는 것인가? 아니면 진정으로 가치 있는 좋은 느낌은 좋은 것에서 오는 느낌인가? 화학적으로 완벽하게 조제된 약물이 오랫동안 짝 사랑해온 상대와 나누는 첫 입맞춤, 중요한 임무를 완수하고 느끼는 만족감, 단잠에 빠진 아기를 품에 안은 행복과 질적으로 같다고 할 수 있을까?

삶에 적용하기

1. 프롤로그에서 이야기한 '삶의 재고'로 다시 한번 돌아가
   보겠다.
   - 여러분의 세상 또는 여러분의 삶에서 마주하는 상황
     과 여러분의 지속 감정은 어떤 연관성을 지니는가?
   - 여러분은 어떤 장소에서 감정적 반응이 변화하기를
     바라는가?
   - 여러분이 더 자주, 더 깊이 느끼고 싶은 감정은 무엇
     인가?

2. 진정으로 좋은 삶이 주는 감정은 무엇이라고 생각하
   는가?
   - 쾌락을 더하고 고통을 빼는 계산 방식으로 감정을 계
     산할 수 있다고 생각하는가? 만약 그렇다면 그 이유
     는 무엇인가? 또, 그렇지 않다면 그 이유는 무엇인가?
   - 이 세상의 진정한 가치와 연관되는 감정을 느끼는 것
     이 얼마나 중요하다고 생각하는가?

5장
무엇을 바라며
살아야 하는가?

우리 동료 중에는 예일대학교에서 교수로 일하기 전 '좋은 삶'이라는 강의를 가르친 사람이 있다. 동료는 위대한 철학자들이 남긴 글을 읽고, 저마다의 소명을 되돌아보고, 옳고 그름을 토론하고, 인간의 삶에서 무엇이 중요하고 또 무엇이 중요하지 않은지를 이야기하는 방식으로 수업을 진행했다.

학기가 끝나고 동료는 학생들이 남긴 강의 평가를 꼼꼼히 확인했다. 훌륭한 교사라면 모두 그렇듯 개선점을 찾기 위해서였다. 농담이었는지 모르겠지만, 한 학생이 남긴 평가 글에 동료는 머리를 얻어맞은 것 같았다고 한다. "요트에 관한 내용을 더 많이 다룰 줄 알았다."

많은 사람이 좋은 삶과 부유한 삶을 동일시한다. 좋은 삶이란 무엇인지를 묻는 질문에 대개는 동료의 학생이 언급한 요트와 맥락이 비슷한 대답을 내놓는다. 우리는 멋진 집'들'과 화려한 보트를 소유하고 기억에 길이 남을 휴가를 즐기는 삶을 꿈꾼다. 가볍게 웃고 넘어갈 이야기라고 생각하겠지만 이 대답을 자세히 들여다보면 심오한 질문을 찾을 수 있다.

'좋은 삶' 강의를 들은 학생이 남긴 평가는 물질적인 조건이 우리에게 얼마나 많은 영향을 미치는지 보여준다. 사람은 모두 세상에 무언가를 바라며 살아간다. 많든 적든 가지고 싶은 것도 있을 것이다. 그리고 욕망이 고개를 들 때면 우리는 자기 초월 단계로 내려가 진정한 가치를 놓고 고민한다. 추구할 가치가 있는 상황이란 무엇인가? 진정으로 잘 풀리는 삶이란 어떤 삶을 의미하는가? 또한, 살다 보면 예상치 못한 상황에 처하기도 하고 우리가 원한다고 세상을 마음대로 바꿀 수도 없으니 완벽히 통제할 수 없는 욕망은 희망의 영역에 속한다. 그래서 우리는 스스로에게 '무엇을 바라며 살아야 하는지' 물어봐야 한다.

실제로 우리가 추구하는 많은 가치가 상황이라는 영역에 속해 있다. 사실 4장에서 이야기한 감정과 6장에서 이야기할 의지를 제외한 모두가 여기에 속한다.

돈을 예시로 들어보겠다. 2017년, 미국에서 대학 신입생을 대상으로 실시한 설문 조사에서 '재정적으로 매우 부유한 삶'이 꼭 필요한지 묻는 질문에 82.5퍼센트가 '꼭 필요하다' 또는 '매우 중요하다'라고 대답했다. 그리고 다른 어떤 질문도 이만큼 압도적인 대답을 이끌어내지는 못했다.

돈은 중요하다. 거의 모든 것을 얻을 수 있는 수단이기 때문이다. 이 세상 어디를 가든 돈으로 살 수 없는 것은 많지 않다. 사회학자 하르트무트 로자(Hartmut Rosa, 1965~)는 현대인이 돈과 같이 거의 모든 상황에 효과적인 수단으로 사용되는 물질을 지나치게 좋아한다고 지적했다. '의문'에 대한 대답을 찾는 데는 어떨지 모르겠지만, 돈이 있으면 살면서 맞닥뜨리는 실질적인 문제를 한결 수월하게 해결할 수 있다.

맛있는 음식을 먹고 싶은가? 돈을 내고 사 먹으면 된다. 좋은 교육을 받고 싶은가? 돈을 주고 교사를 구해서 그럴듯한 학력을 쌓으면 된다. 건강하고 싶은가? 건강도 공짜가 아니다. 아름다움을 원하는가? 성형수술을 받고 트레이너를 고용하면 된다. 요트가 갖고 싶은가? 돈만 내면 된다. 비용이 얼마나 많이 나올지 걱정된다면 돈이 부족하다는 뜻이다.

권력 또한 돈과 비슷하다. 권력, 순화된 표현으로 영향력은 목적을 이루기 위한 본질적인 수단으로 이용된다. 따지고 보면 돈은 영향력의 한 형태에 불과하다. 종잇조각과 작은 플라스틱 네모는 다른 사람이 뭔가를 주거나 해주도록 유도할 뿐, 그 자체로는 아무런 힘이 없다. 오늘날 수백만 명이 인플루언서를 꿈꾸며 인스타그램과 틱톡에서 네트워크를 구축하고 있다. 인플루언서가 지니는 영향력은 새로운 가능성의 문을 열어주기 때문이다. 사업가와 정치인이 네트워크를 구축하는 이유도 이와 다르지 않다. 연줄을 만들어뒀다가 필요할 때 도움을 받거나 압력을 행사하면 일이 해결되니 사업가와 정치인에게는 영향력만큼 좋은 게 없을 것이다.

최근 들어 교육 분야에서도 비슷한 흐름이 나타나고 있다. 최악의 경우 교육은 돈과 권력을 얻는 수단으로 전락한다. 2019년, 부유한 학부모 39명이 자녀를 최상위 대학에 입학시키려고 돈을 건넸다가 사기와 뇌물 수수 혐의로 기소됐다. 무슨 수를 써서라도 미래 소득, 인맥, 영향력 등 엘리트 교육이 주는 기회를 자녀의 손에 쥐어주고 싶었던 것 같다. 게다가 솔직히 말해서 자녀가 좋은 대학에 입학하면 부모의 평판도 어느 정도 올라가지 않겠는가?

부정 입학을 할 만큼은 아니더라도 교육이 훗날 유용한 도구로 사용될 것이라 생각하는 사람도 많다. 하지만 이 경우에도 교육은 가능한 많은 목적을 달성하는 데 도움이 되는 수단일 뿐, 목적 그 자체로 받아들여지지 않는다.

그래서 우리는 무엇을 바라면 살아야 하는가? 대부분이 이 질문에 순수한 효율, 즉 무엇이든 원하는 것을 얻을 수 있는 능력을 바라며 살아야 한다고 대답할 것이다. '의문'에 대응하는 방식은 변할 수도 있지만 충분한 '좋아요'와 돈, 영향력이 주어지면 우리가 원하는 삶을 얻는 능력만큼은 변하지 않을 것이다. 하르트무트 로자는 이를 인생의 '3A 비전'이라고 불렀다. 구할 수 있고(Available), 접근할 수 있고(Accessible), 얻을 수 있는(Attainable) 것에 집중하기 때문이다. 그래서 이 비전으로 우리는 무엇을 얻을 수 있는가? 3A 비전을 따르는 삶 속에서 우리는 수단을 확보하는 데 대부분의 시간을 소비한다. 수단의 변장술은 대단해서 많은 사람이 수단을 목적으로 착각한다.

좋은 삶을 사는 느낌은 좋을 것이라는 시각과 마찬가지로 3A 비전과 비슷한 면을 지닌 종교와 사상 또한 존재한다. 이쯤이면 대충 눈치챘겠지만, 물론 이를 반박하는 의견도 있다.

축복의 빛

아리스토텔레스는 10대 때 지혜를 찾아 작은 고향 마을 스타기라를 떠나 대도시 아테네로 향했다. 아테네에 도착한 아리스토텔레스는 플라톤이 세운 학교에서 20년을 보냈다. 그리고 이 시기 동안 그리스는 정치적, 문화적으로 격동의 시기를 지나왔다. 여러 도시국가가 영향력, 부, 명예를 놓고 싸움을 벌였으며 정부 체계는 끊임없이 변화했다. 아리스토텔레스의 고향과 멀지 않은 북쪽의 마케도니아 지방에서는 새로운 군사 세력이 힘을 키우고 있었다.

아리스토텔레스가 좋은 삶에 관한 성숙한 사상을《니코마코스 윤리학》이라는 책으로 엮어낼 무렵 마케도니아는 그리스 전체를 집어삼켰다. 지나간 도시의 생활 방식은 이제 불확실해졌다. 어린 시절 아리스토텔레스의 가르침을 받았던 알렉산더 대왕은 대규모 병력을 이끌고 동쪽에 페르시아 제국 정복에 나섰다. 그리스 문화가 서아시아, 이집트 문명과 전례 없이 가까워지면서 혼란과 변화는 커져갔다.

'의문'은 언제나 대답을 요구했다.

그리고 아리스토텔레스는 당대 그리스 철학자 대부분이 그랬듯 '에우다이모니아(eudaimonia)'라는 그리스어 단어 하나로 '의문'에 대답할 수 있다고 믿었다.♦ 에우다이모니아를 굳이 번역하자면 '행복'이 될 것이다. 그래서 행복이란 무엇인가? 아리스토텔레스는《니코마코스 윤리학》에서 행복이 무엇인지 대답한다. 아리스토텔레스가 책 한 권 분량에 걸쳐 길게 설명한 내용을 한마디로 축약하자면 에우다이모니아는 행동의 특정한 형태라고 할 수 있다. 즉, 행복이란 근본적으로 행동에서 비롯된다.♦

하지만 아리스토텔레스는 오직 행동에 국한해서 에우다이모니아를 논해서는 안 된다고 이야기했다. 아리스토텔레스가 주장하기를 에우다이모니아를 얻으려면 '외부 선(善)'이 필요하다. 실제로 어떤 외부 요인은 우리가 올바른 행동을 선택하는 데 큰 도움을 준다. 우정, 돈, 정치적 영향력은 모두 행복한 행동을 돕는 '적절한 도구'로 사용된다. 테니스 챔피언 라파엘 나달(Rafael Nadal, 1986~)조차 제대로 된 라켓과 신발 없이는 경기에서 승리하지 못할 것이다. 마찬가지로 아무리 도덕적인 사람이라도 적절한 자원이 없으면 올바르게 행동하기 어려울 것이다. 그러니 우리가 좇는 목적이 추구할 만한 가치를 지닌다면 목적 달성에 필요한 수단 또한 추구할 만한 가치를 지닌다. 따라서 아리스토텔레스는 우정, 돈, 영향력을 바라는 삶도 나름의 가치를 지닌다고 주장한다.

아리스토텔레스의 에우다이모니아와 3A 비전은 훌륭한 환경이 더 좋은 기회를 제공한다는 점에서 유사성을 띤다. 하지만 아리스토텔레스의 시각은 두 가지 부분에서 3A 비전과 차이점을 지닌다. 첫째, 아리스토텔레스는 덕스러운 행동만이 좋은 행동이라고 생각했다. 그러므로 명확한 목적 없이 수단만을 좇거나 수단에 집착한 나머지 수단을 얻으려는 목적을 잊어서는 안 된다. 둘째, 아리스토텔레스는 환경이 행복을 위한 수단 이상이라고 생각했다.

아리스토텔레스는 어떤 환경은 단순히 덕스러운 행동을 추구하는 수단에서 그치지 않고 행복에 직접적인 영향을 미친다고 이야기했다. 이런 환경은 행복을 가져오고 광채를 더해 '축복의 빛'을 밝힌다. 아리스토텔레스는 부, 존경받는 가문, 자랑스러운 자녀, 아름다움을 예로 들며 이런 조건 없이 행복한 삶을 살기가 얼마나 어려운지 이야기했다. 평판이 나쁜 가문에서 태어난 추하고 고독한 남성이 꼭 비참한 삶을 살라는 법은 없다. 주어진 환경을 최대한 활용해 행복을 누리고 선을 행할 수도 있을 것이다. 하지만 이 남성이 누릴 수 있는 에우다이모니아에는 한계가 있다. 불행한 환경은 언제나 걸림돌이 될 것이다.

아리스토텔레스가 이야기하는 외부 선은 꽤나 명백하다. 아리스토텔레스는 원활하게 작동하는 사회에서 현명한 구성원이 평범하고 적당하며 인간적인 선을 바라며 살아야 한다고 이야기했다. 여러분의 아이가 훗날 어떤 삶을 살았으면 좋겠냐는 질문에 떠오르는 그림이 있을 것이다. 요트까지는 바라지 않더라도 친구와 이웃에게 도움을 받기보다는 도움을 줄 수 있는 재산과 안락한 집, 건강한 가족, 좋은 평판, 여유로운 여가 시간을 마다하는 사람이 어디 있겠는가?

누구나 이렇게 풍족하고 여유로운 삶을 바랄 것이다. 하지만 부처는 다르게 생각했다.

"장애물이 깨달음을 얻었구나!"

부처의 인생관은 시간이 흐르면서 변화했다. 처음 깨달음을 쫓기 시작했을 때 부처는 아리스토텔레스가 외부 선이라고 표현한 모든 것이 진정으로 중요한 가치의 추구를 방해하는 장애물이라고 생각했다. 부처는 깨달음을 얻는 과정에서 이런 생각이 지나친 비약이었음을 알아챘지만 부와 권력이 마음을 흩뜨린다는 의견에는 변함이 없었다. 부처와 그 아들의 관계는 부처의 마음가짐이 어떻게 변화했는지, 또 마침내 어떤 결론에 이르렀는지 보여준다.

고타마 싯다르타가 왕자의 삶을 버리고 깨달음을 추구하는 삶을 따르기로 결심한 날, 왕은 전령을 통해 아들에게 손자가 태어났다는 기쁜 소식을 전했다. 소식을 들은 싯다르타는 이렇게 탄식했다. "장애물(라홀라)이 태어났구나. 또 다른 인연이 나를 속박한다." 아들의 반응을 전해들은 왕은 손자에게 라홀라라는 이름을 붙였다.

보다시피 싯다르타는 갓 태어난 아들을 달갑게 여기지 않았다. 당시 싯다르타는 과도한 애착의 끈을 끊고 깨달음을 얻고자 노력하고 있었다. 그리고 자녀는 애착 그 자체나 마찬가지였다. 싯다르타는 라홀라를 뒤로하고 속세를 떠나 선을 추구하기로 했다. 잠깐이라도 수행을 멈추고 아들에게 짧은 입맞춤이라도 남겼다가는 굳은 다짐이 흔들릴 것 같았다.

6년 후, 싯다르타는 깨달음을 얻고 부처가 됐다. 부처는 가르침을 구하는 모든 이에게 스승이 돼주기로 했다.

아들이 위대한 업적을 세웠다는 소식을 들은 왕은 자식을 사랑하는 평범한 아버지가 그러듯 부처에게 고국으로 돌아오라는 전갈을 보냈다. 사실 왕은 열두 번이나 전갈을 보냈다. 하지만 앞서 보낸 전령 열한 명은 부처의 가르침을 듣고 세상의 참모습을 깨달아 부처에게 왕이 보낸 전갈을 전달하지 않았다. 마침내 전갈을 전달받은 부처는 왕의 초대에 응해 고국으로 돌아갔다.

부처가 돌아온 지 이레째 되는 날, 부처의 아내 야쇼다라는 아들 라홀라에게 아버지가 버리고 떠난 상당한 유산을 물려달라고 청하는 것은 외동아들로서 마땅히 요구할 수 있는 권리이니 부처를 찾아가라고 일렀다. 어쨌든 싯다르타가 부와 권력을 버리고 떠났다고 해서 가족까지 그러라는 법은 없다.

라훌라 왕자는 유산을 요구하며 부처를 따라 도시를 떠돌았다. 부처는 어린 아들의 부탁을 곰곰이 생각해봤다. 아들의 요구는 정당했다. 자신이 원치 않아 거부한 유산을 아들이 물려받는다는데 주지 않을 명분이 없었다. 하지만 부처는 엄청난 부가 아들을 갈망과 고통으로 몰아넣을 것이라고 생각했다. 라훌라에게 지우는 짐은 삶에 장애물이 될 것이 뻔했다. 그래서 부처는 결심했다. "라훌라에게 모든 것을 초월하는 유산을 물려줘야겠다." 부처가 이야기한 유산은 깨달음이었다. 부처는 라훌라 왕자를 출가시켰다.

고국으로 돌아온 부처의 관점은 아들을 두고 떠날 때와는 달랐다. 부처는 더 이상 라훌라를 장애물로 여기지 않았다. 애초에 부처가 아들을 장애물이라 여겼던 이유는 자신이 찾던 깨달음을 제대로 이해하지 못했기 때문이다. 깨달음을 얻은 부처는 마침내 라훌라를 있는 모습 그대로 받아들였다. 라훌라 또한 깨달음을 얻고 업보의 고리에서 해방되어야 할 한 사람일 뿐이었다.

하지만 부와 권력은 장애물이자 걸림돌이라는 믿음은 변하지 않았다. 부와 권력은 삶에 나쁜 영향을 미친다. 따라서 부와 권력을 자식에게 물려주면 자식의 삶에도 나쁜 영향을 미칠 것이다. 부와 권력은 소유할 가치가 없으며, 바라거나 추구할 가치는 더욱이 없다. 부와 권력은 상한 달걀과 같아 쓸모가 전혀 없으니 버려야만 한다.

하지만 부처는 삶에 나쁜 영향을 미치는 환경을 이야기하는 데서 그치지 않았다. 부처는 분명 라훌라에게 유산을 남겼다. 단지 라훌라가 원하던 유산이 아니었을 뿐이다. 부처는 라훌라에게 부와 권력 대신 수도원에 머물 자리를 마련해줬다. 조금 더 정확히 이야기하자면 진리에 접근할 수단, 함께 진실한 삶을 탐구할 동료, 충분한 음식과 적당한 숙소, 몸을 가릴 옷을 줬다. 부처는 밥 한 그릇, 법복 한 벌, 비를 가릴 지붕, 진정한 친구, 진정한 가르침이야말로 진정 좋은 삶을 만드는 진정 좋은 환경이라고 생각했다.

싯다르타는 어떤 환경에서 깨달음을 얻을 수 있는지 생각하는 데서 고민을 시작해 마침내 라훌라뿐 아니라 자신이 마주치는 모든 사람의 환경을 고려하기에 이르렀다. 부처의 일화는 중요한 질문을 제기한다. 무엇을 바라야 하는지 고민할 때 염두에 두는 환경은 누구의 환경인가?

호화로운 크루즈 여행의 이면

1990년대 중반, 유명한 작가였던 프랭크 콘로이(Frank Conroy, 1936~2005)는 크루즈 여행 회사에 돈을 받고 멋진 여행 후기를 써주기로 했다.◆ '셀러브리티 크루즈' 팸플릿에 에세이 형식으로 실린 후기에는 이런 내용이 포함됐다.

　설거지, 요리, 장보기, 집안일 등 조금이라도 몸과 머리를 써야 하는 노동에서 손을 뗀 지 일주일이 넘었다. 〈미세스 다웃파이어〉 영화 시청과 빙고 게임 중 무엇을 하며 오후를 보낼지 결정해야 한다는 점을 빼면 고민이랄 게 없었다.

콘로이는 여행을 하는 동안에는 힘들게 일하거나 귀찮은 집안 일에 시달리거나 머리 아픈 결정을 내릴 필요가 없다며 크루즈선 생활을 매력적으로 묘사했다. 하지만 크루즈 여행을 떠난 승객이 어떻게 이런 경험을 할 수 있는지 잠시 생각해보기를 바란다. 콘로이는 여행을 즐기는 동안 설거지, 식사 준비, 장보기, 집안일, 고민에서 벗어나 여유로운 시간을 보냈다. 그렇지만 누군가는 분명 승객을 대신해 온갖 귀찮은 일을 도맡아 하고 있었다.

보통 크루즈선에 승선한 선원 수백 명은 일주일 내내 쉬는 날 없이 짧게는 일주일에서 길게는 몇 달씩 일한다. 하루에 10시간에서 12시간을 근무하지만 2018년 기준 평균 연봉은 2만 달러에 못 미쳤다.◆

크루즈 여행은 장단점이 뚜렷한 만큼 누구나 좋아할 만한 여행 상품은 못 된다. 게다가 2020년에 증명됐듯 크루즈선은 전염성 바이러스 전파에 완벽한 조건을 갖추고 있다. 하지만 이런저런 사정을 다 고려하더라도 콘로이의 여행 경험은 소수만이 누릴 수 있는 좋은 환경을 훌륭하게 묘사해냈다.

콘로이의 크루즈 경험은 아리스토텔레스가 이야기한 '외부선'과 비슷한 점이 많다. 아리스토텔레스는 자유롭고 부유한 사람이 번성한 삶을 누릴 것이라 주장했다. 아리스토텔레스는 한 사람이 여유로운 삶을 누리기 위해서는 많은 사람의 노동이 필요하다는 사실을 받아들였을 뿐 아니라 이를 정당화했다. 소수의 사회 구성원이 부를 축적하면 다수는 빈곤에 시달린다. 모두가 명예를 얻는다면 누구도 명예로울 수 없다. 즉, 누군가 번성하려면 나머지는 모자라야 한다.

좋은 환경이라는 구조에 희소성의 규칙을 극한으로 적용하는 행위는 계급, 배척, 경쟁을 지나치게 미화하는 결과를 낳을 수 있다. 철학자 프리드리히 니체(Friedrich Nietzsche, 1844~1900)를 예로 들어보겠다. 젊은 시절 니체는 유명한 작곡가 리하르트 바그너(Richard Wagner, 1813~1883)의 아내이자 자신의 친구였던 코지마 바그너(Cosima Wagner, 1837~1930)에게 생일 선물로 글을 한 편 써줬다. 이 글에서 니체는 예술적 천재성의 개발을 인생의 가장 높은 목표로 삼아야 한다고 주장했다. 하지만 예술적 천재성을 개발하려면 하루하루 살아갈 걱정 없이 예술에 몰두하는 시간이 넉넉히 주어져야 한다.

니체는 이런 결론을 내렸다. "예술의 발전을 가져오는 넓고, 깊고, 비옥한 토양을 마련하려면 압도적 다수가 소수를 위해 노예처럼 봉사하는 삶을 살아야 한다. (중략) 그들의 노력과 노동이 있기에 특권 계급은 생존을 위한 투쟁에서 벗어나 새로운 필요의 세계를 창조하고 즐길 수 있다." 여기에서 니체가 이야기하는 필요의 세계란 문화를 의미한다.

니체처럼 극단적인 입장을 취하지 않더라도 모두가 좋은 환경을 누릴 수는 없으니, 냉정하게 보일 수도 있지만 경쟁에서 이긴 사람만이 희소한 자원을 손에 넣을 수 있다는 생각이 오히려 현실적이고 합리적인지도 모른다. '세상이 원래 그런 거지'라고 생각하는 사람도 많을 것이다. 현실 부정은 아무런 도움이 되지 않는다. 현상을 정확히 직시하는 태도에는 용기가 필요하다. 모른 척 눈을 감고 있다가는 피라미드의 맨 아래층에 깔리는 신세가 될 수도 있다.

하지만 이 모든 믿음이 이념일 뿐이라면 어떻게 해야 할까? 다른 사람이야 어떻게 되든 스스로에게 주어진 좋은 환경을 마음 편히 누리려는 합리화가 아니라고 확신할 수 있을까? 자신과 주변 사람이 좋은 환경을 누렸으면 하는 바람이 너무 소박한 것은 아닐까? 나뿐 아니라 모두가 행복한 세상을 꿈꿔야 하지 않을까?

희망의 지평선

타르수스의 사울(Saul)은 종교적 경험을 통해 새로운 삶을 살게 된 인물로 역사에 이름을 남겼다. 스스로 이와 관련해 남긴 말은 거의 없지만 〈사도행전〉에 기록된 내용에 따르면 눈부신 빛 속에서 나타난 예수가 사울을 말에서 떨어뜨렸다고 한다. 기독교 도를 박해하던 사울은 이 경험 이후 예수의 추종자 무리에 합류 해 '키가 작은 사람'이라는 뜻을 지닌 별명 바울(Baul)로 불리기 시작했다. 바울은 초기 기독교에서 중요한 역할을 했다. 바울이 쓴 편지는 기독교 신약성서의 6분의 1에서 4분의 1을 차지한다.

바울은 하나님이 은혜롭게 자신의 죄를 사하고 예수를 통해 새로운 삶을 선물했다고 믿었다. 또한, 자신에게 로마 제국에 복 음을 전파하라는 사명이 주어졌다고 확신했다. 새로운 삶은 고난 과 역경의 연속이었지만 바울은 자신의 부활과 '예수와 함께하 는' 인생을 꿈꿨다.

오늘날 일부 기독교인이 그러듯 바울이 예수를 '나만의 주님 이자 구세주'로 여겼다면 얼마든지 임무를 완수하고 구원을 얻은 후 편히 쉴 수 있었을 것이다. 하지만 바울이 다른 사람을 외면하 지 못한 데는 두 가지 이유가 있었다.

첫째, 바울은 초기 예수 추종자 대부분이 그렇듯 유대교를 믿 다가 개종했다. 바울은 유대인을 사랑했고, 그렇기에 예수를 따 르는 유대인이 얼마 없음을 걱정했다. 하나님이 유대인을 버리 신 것은 아닐까? 만약 그렇다면 나 혼자 구원을 얻고 새로운 삶 을 사는 의미가 있을까? 바울은 "나의 사람이 구원받을 수 있다 면 나는 주님에게 버림받아도 좋다"라는 글을 남겼다.

둘째, 바울이 주위를 둘러보니 구원을 구하는 사람뿐 아니라

온 세계가 관절에서 빠져나온 팔다리처럼 제자리를 못 찾고 망가진 채 고통받으며 변화를 갈망하고 있었다. 폭력, 갈등, 죽음이 번성한 삶과 평화가 있어야 할 자리를 차지했다. 개개인이 새롭고 좋은 삶을 얻는 데 만족해서는 안 됐다. '정의, 평화, 기쁨'이 모든 것을 정의하는 하나님의 나라가 온 세상에 강림해야 했다.

바울은 스스로에게 이 두 가지 문제를 해결할 힘이 없음을 잘 알고 있었다. 유대인을 향한 하나님의 믿음과 하나님을 향한 유대인의 신앙은 바울이 어떻게 할 수 없는 일이었다. 바울에게는 부서지고 썩어가는 세상을 치유할 능력이 없었다. 하지만 이는 바울에게 중요한 문제로 남았다. 언젠가 이런 문제가 해결될 것이라는 희망이 지평선 안에 보이지 않았더라면 아무리 좋은 환경이 주어진다고 하더라도 바울은 중요한 무언가를 잃은 채 오염되고 썩은 세상에서 살아갈 수밖에 없었을 것이다.

바울과 바울의 의견에 동의하는 많은 기독교인은 진정으로 좋은 환경은 진정으로 좋은 세상 속에만 존재할 수 있다고 믿었다. 그리고 진정으로 좋은 세상에서는 인간을 포함한 모든 생명체가 질서 속에 안녕히 살아간다.

수많은 혁명가와 개혁가가 정의로운 사회를 꿈꿨다. 카를 마르크스(Karl Marx, 1818~1883)는 공산주의를 "인간과 자연의, 또 인간과 인간의 항쟁을 해결하는 참된 방법이자 (중략) 존재와 본질, 대상화와 자기 확신, 자유와 필연, 개인과 종(種)의 다툼을 해결하는 진정한 방안"이라고 이야기했다. 또한, 해리 트루먼(Harry Truman,

1884~1972) 미국 전 대통령은 "모든 국가와 모든 국민이 스스로에게 적합한 방식으로 자유롭게 스스로를 통치하며 남부럽지 않게 행복한 삶을 누리는 세상"을 바랐다.

생태중심주의 사상가와 활동가는 인류와 지구가 조화 속에서 번영을 이루기를 희망했다.

유교 철학자는 다시 한번 '도(道)'가 인간의 규범이 되기를 원했다.

공리주의자는 모든 사람이 행복할 수 있는 세상을 꿈꿨다.

이외에도 수많은 사람이 개인의 삶이라는 섬을 벗어나 더 나은 모습으로 변화된 세상의 지평선을 향해 걸어갔다. 이런 관점은 우리가 품은 희망이 너무 편협하지는 않은지, 또 모든 존재가 번성하지 않은 세상에서 개인이 번성할 수 있는지 고민을 안겨준다.

그래서 우리는 무엇을 바라며 살아야 하는가?

아리스토텔레스와 부처는 좋은 환경이 무엇인지를 두고 반대되는 의견을 제시했다. 특히 부처의 주장은 우리가 당연히 좋을 것이라 생각했던 조건에 의심을 품게 한다. 돈, 권력, 명예를 가진 삶이 좋은 삶이라 생각했다면 다시 한번 고민해보기를 바란다. 이는 우리를 옭아매는 사슬일 뿐인지도 모른다. 〈파이트 클럽〉에서 브래드 피트가 연기한 타일러 더든은 부처의 가르침을 받지 않았음에도 불구하고 "내가 소유하려는 것이 결국 나를 소유할 것"이라는 명언을 남겼다.

우리는 이 심오한 문제를 정면으로 마주해야 한다. 여러분이 부와 명예를 거머쥐고 소득의 경사나 명성의 사다리를 오르는 중이든, 그저 먹고살기 위해 고군분투하는 중이든 지금 여러분이 소유한 것, 또는 소유하기를 원하는 것이 진정 번성한 삶을 가져올 것인지 진지하게 고민해보기를 바란다.

이 질문에 대답을 찾았다면 이제 희망의 범위를 생각해볼 시간이다. 여러분이 바라는 것을 모든 사람이 함께 누릴 수 있는가, 또는 경쟁을 통해 얻어야 하는가? 만약 여러분이 영향력이나 명성을 좇는다면 경쟁은 불가피하다. 여러분은 고된 노동에 시달리는 선원을 냉담하게 무시한 채 한가히 크루즈를 즐기는 프랭크 콘로이와 같은 삶을 추구하는가? 그래도 괜찮다고 생각하는가? 아니면 여러분은 더 넓은 희망을 품고 있는가? 넓은 희망을 품고 있다면 그 희망은 얼마나 넓은가? 온 세상이 변화하길 원하지만 세상을 변화시킬 힘이 없다면 우리는 무엇을 바라며 살아야 하는가?

삶에 적용하기

1. 프롤로그에서 작성한 '삶의 재고'를 다시 한번 펼쳐보겠다.
   - 여러분이 시간을 투자하는 활동 중 돈, 권력, 또는 목적을 이루기 위한 도구를 얻기 위한 활동은 몇이나 되는가?
   - 여러분이 환경을 개선하기 위해 구매한 물품은 어떤 우선순위를 보여주는가?

2. 우리는 무엇을 바라야 하는가? 진정으로 좋은 환경이란 무엇인가? 이런 환경이 얼마나 주어져야 충분함을 느낄 것 같은가?

3. 우리는 어디에 희망의 지평선을 설정해야 하는가? 즉, 좋은 환경이 온전한 선이 되려면 얼마나 보편적인 범위까지 적용돼야 하는가?
   - 여러분이 설정한 넓은 지평선 속에서 자신의 좋은 환경을 위해 타인을 희생시키는 부분이 있는가? 여러분이 설정한 넓은 지평선에 속한 모든 사람이 좋은 환경을 누리려면 어떤 바람을 품어야 하는가?
   - 소수가 대단히 번성하는 환경을 누릴 수 있도록 다수가 희생하는 구조를 받아들여야 한다고 생각하는가? 만약 그렇다면 그렇게 생각하는 이유는 무엇인가?

6장

어떻게 살아야 하는가?

난민 수용소에 갇힌 매부를 만나기 전까지 모하마드 하페즈(Mohamad Hafez, 1984~)가 향하는 삶의 방향은 분명했다.◆ 하페즈는 위를 향했다. 그는 직접 설계한 휴스턴의 64층짜리 고층 빌딩을 훌쩍 넘어설 정도로 높은 곳을 바라봤다. 시리아에서 태어나 사우디아라비아에서 성장한 하페즈는 미국에서 수준 높은 교육을 받고 업계 최고로 손꼽히는 건축사에 취업해 소위 큰손이라 불리는 고객의 의뢰를 받아 대규모 프로젝트를 지휘하며 성공한 삶을 누렸다.

하페즈가 안락한 여객기를 타고 이 나라 저 나라를 오가며 고객사와 미팅을 할 때, 시리아 국민 수백만 명은 하늘에서 쏟아지는 폭격을 피해 정든 고향을 떠나 타국으로 달아나고 있었다. 하페즈의 경력이 무르익는 동안 시리아 내전도 심각해져갔다. 하루가 멀다 하고 고국에서 들려오는 비보에 성공을 온전히 즐길 수도 없었다. 얼마 후 존재하는지조차 몰랐던 매부의 소식이 전해졌다. 시리아에서 건축가로 일하던 하페즈의 매부는 어떻게든 가족에게 더 나은 미래를 주겠다고 고향을 떠났다가 결국 스웨덴의 난민 수용소에 갇히는 신세가 됐다. 스웨덴 난민 수용소로 매부를 만나러 간 하페즈의 삶은 이전과 완전히 달라졌다. 삶의 불확실성이 날카롭게 하페즈를 찔렀다. 시리아에서 내전이 일어나기 한참 전, 하페즈를 대서양 건너 미국으로 데려온 운명의 실은 너무나 위태로워 보였다. 수천, 수만 가지 가능성 중 한 가지라도 어긋났더라면 하페즈 또한 다른 동포처럼 난민이 됐을 수도 있다. 지금까지 하페즈가 지나온 모든 삶의 과정이 축복이자, 책임이자, 과제이자, 시험처럼 느껴졌다.

무슬림인 하페즈는 태어났을 때부터 항상 신을 믿었으며 늘 종교에 충실했다. 하지만 하페즈에게 종교는 습관이었을 뿐, 단한 번도 삶을 통째로 뒤흔들 만큼 깊은 곳까지 닿은 적이 없었다.

난민 수용소에서 매부를 만나고 마침내 하페즈의 종교는 생명을 얻었다. 이슬람교에서는 모두가 신의 앞에 서서 지난 삶을 고하는 심판의 날이 올 것이라 가르친다. 그날 하페즈는 신 앞에 선자신의 모습을 상상했다. 신은 이렇게 물었다. "나는 너에게 안전한 삶, 우수한 교육, 뛰어난 재능까지 모든 것을 주었다. 너는 그것을 어떻게 사용했느냐? 시리아가 불에 타고 있을 때 너는 무엇을 했느냐?" 하페즈는 이렇게 대답할 수밖에 없었다. "부유한 회사를 위해 빛나는 건물을 지었습니다." 우스운 소리였다.

모든 것이 변해야 했다. 건축가로서의 성공은 더 이상 하페즈의 삶을 규정할 수 없었다. 하페즈는 다른 사람, 특히 도움이 절실한 사람에게 의미 있는 무언가를 해야만 했다. 그래서 일하는 시간을 줄이고 시리아의 아름다운 풍경을 재현하는 데 점점 더 많은 시간을 투자했다. 하페즈의 작품은 다마스쿠스 구(舊) 시가지에 담긴 놀라운 아름다움을 그대로 담고 있었다. 모자이크, 아주 오랜 과거에 만들어진 포르티코, 복잡하게 조각된 문이 살아 숨 쉬는 듯했다. 반면, 전쟁의 참상을 포착한 작품도 있었다. 폭격에 무너진 건물, 산산조각 난 유리가 시리아의 상처를 보여줬다. 전쟁의 잔해 속에 남은 아름다움은 비극을 강조했다. 하페즈는 작품 제작에 그치지 않고 워크숍과 강의를 통해 난민의 이야기를 서양에 전했다. ('가치 있는 삶' 강의도 그중 하나였다.) 그렇게 종교는 새로운 임무를 수행하는 원동력이자 삶의 중심이 됐다.

하페즈는 여전히 건축가였다. 하지만 하페즈의 삶을 설계하는 존재는 따로 있었다. 하페즈는 스스로를 위대한 건축가에 봉사하는 도구로 여겼다. 그러자 변하지 않은 것조차 완전히 변했다. 하페즈의 삶은 완전히 새로운 방향과 완전히 새로운 형태로 다시 태어났다.

이번 장에서는 행복해지는 방법을 다루지 않는다. 행복한 삶을 사는 방법을 알려주는 특별한 조언도, 하루 여덟 시간 숙면이 삶에 어떤 긍정적인 영향을 미치는지 증명하는 멋진 연구 결과도 없다. '무엇이 나를 행복하게 하는가?'라는 질문은 수단, 즉 행복이라는 목적을 달성하는 방법을 이야기한다. 반면, '어떻게 살아야 하는가?'라는 질문은 목적, 즉 우리가 추구해야 할 결말을 이야기한다. 곧장 수단을 묻는 질문으로 건너뛰었다가는 목적에 대한 제대로 된 고민 없이 '어떻게든 행복할 수 있는 삶을 살 것'이라는 대답을 내놓게 될 것이다.

이번 장에서는 도덕적 딜레마를 해결하는 방법을 다루지 않는다. 인도를 향해 돌진하는 트럭도, 물이 새는 구명보트도 없다. 어려운 선택에만 집중하면 더 큰 그림을 보지 못한다. 살면서 영웅과 같이 도덕적인 행동을 실천해야 할 위기가 몇 번이나 닥치겠는가? 삶은 대부분 그다지 중요할 것 같지 않은 사소한 선택과 비선택으로 이루어져 있다. 습관, 가정, 점진적 변화가 인생을 결정한다. 우리가 어떤 사람인지, 또 어떤 삶을 사는지는 스톤헨지처럼 거대한 바위 몇 개로 만들어지지 않는다. 우리 삶은 시간을 들여 차곡차곡 쌓아 올린 수많은 벽돌로 이루어져 있다.

또한, 이번 장에서는 삶의 계획을 이야기하지 않는다. 어떤 경력을 추구해야 할지, 언제쯤 은퇴해야 할지, 아이를 낳아야 할지 말아야 할지 고민하는 질문 또한 무척 중요하지만 '계획할 가치가 있는 삶'이라는 큰 그림을 먼저 그려야 한다. 게다가 우리 책에서 다루기에 이런 질문은 지나치게 구체적이어서 모든 독자에게 꼭 맞는 대답을 제시해줄 수도 없다.

이번 장은 삶의 방향과 형태를 다룬다. '어떻게 살아야 할 것인가?'라는 심오한 질문에 대답을 찾는 과정에서 우리는 가장 높은 이상과 가장 깊은 가치를 고민하고 사소한 일상 속에서 이상과 가치가 실현되는 방법을 알아보려고 한다. 제대로 된 방향으로 잘 나아가는 삶의 비전이란 무엇일까? 우리의 모든 행동은 올바른 방향을 가리키고 있을까? 소설가이자 수필가인 제임스 볼드윈(James Baldwin, 1924~1987)이 '윤리의 중심'이라고 부른 가치가 우리 행동의 기준을 차지하고 있는가?

스모키 베어는 우리 가슴을 쿡쿡 찔러대며 질문에 대답을 요구한다. 이 질문에 대답할 수 있는 사람은 '오직 당신'뿐이다. 이번 장에서 다루는 질문은 방대한 질문 중에서도 무척 방대하다. 그러므로 책 한 권도 모자라 도서관 전체를 가지고 와도 이 질문 전체를 담기에는 역부족이다. 따라서 온 삶을 다해야 그 크기를 감당할 수 있을 것이다. 행동하고, 행동을 돌아볼 수 있는 한 '어떻게 살아야 하는가'라는 질문은 평생 우리 곁을 맴돌 것이다. 평생을 바쳐도 완벽한 대답을 찾을 수는 없겠지만 어쨌든 언젠가는 대답을 찾기 시작해야 한다.

여러분은 이 질문에 대답을 찾을 준비가 됐는가?

이기심으로 정의를 구현하는 도덕적 연금술

제임스 매디슨(James Madison, 1751~1836)에게는 고민이 있었

다. 영국 식민지였던 북아메리카 13개 주가 독립을 선언하고 전쟁에서 승리한 지도 벌써 4년이 지났는데, 새로운 정부를 수립하려는 시도는 실패했으니 대안을 세워야 했다. 매디슨은 나머지 대표 54명과 필라델피아에서 조항을 작성하기로 했다.

특별히 선하지 않은 사람들이 모여 어떻게 선한 사회를 만들 것인가? 매디슨은 미국인이 천사가 아니라는 사실을 잘 알고 있었다. 타국인과 마찬가지로 미국인 또한 거짓말과 속임수로 서로에게 상처를 입히는 신뢰하지 못할 인간일 뿐이었다. 매디슨 또한 노예를 부릴 만큼 도덕관념이 부족했으니 이는 본인도 예외가 아니었다. 실제로 미국인은 같은 인간에게 선을 베푸는 방법조차 몰랐다. 노예제도가 이를 증명한다.

필라델피아 회의에 참석한 대표 55인은 거의 네 달에 걸친 토론 끝에 미국 헌법 초안을 작성했다. 이들은 '견제와 균형'을 바탕으로 문제를 해결하고자 했다.

천사가 아니라도 괜찮았다. 매디슨을 비롯한 대표 55인은 평범하고 이기적인 인간이 충분히 감당할 수 있는 체계를 만들었다. 실제로 이 체계는 인간의 이기심에 의존했다. 야망은 야망을 상쇄한다. 특권을 손에 쥔 의회는 대통령의 탈선을 방지할 것이다. 각 주는 다른 주가 국익을 독점할 수 없도록 견제할 것이고, 유권자는 말도 안 되게 우스운 일이 일어나지 않도록 하원 의원을 주시할 것이다. 간단히 말해 '상반되고 상충되는 이익'이 선한 인성을 대신해 제 할 일을 할 것이다. 각자 맡은 역할에 충실하다면 체계는 저절로 유지된다.

현대인은 이렇듯 '도덕적 연금술'을 약속하는 해결 방법을 선호한다. 이기심이라는 인간의 흔하디흔한 성정을 이용해 기능적인 사회를 넘어 '정의로운' 사회라는 만들어내다니, 연금술이 아니면 무엇이란 말인가.

우리는 이러 연금술을 어디에서나 찾을 수 있다. 가치를 예로 들어보겠다. 다수가 동의할 수 있는 진정한 가치를 찾기는 무척 어렵다. 어디에서부터 시작해야 될지 짐작조차 할 수 없다. 하지만 자본주의 사회는 시장이 모든 문제를 해결해줄 것이라고 이야기한다. 돈은 편의, 유용성, 안전, 건강, 아름다움 등 헤아릴 수 없이 다양한 형태를 지닌 가치를 계량 가능한 하나의 가치로 변환하고 수요와 공급 법칙을 적용해 값어치를 매긴다. 그렇게 우리는 이 세상에 존재하는 모든 가치를 비교한다. '이것은 얼마만큼의 가치를 지녔나?'라는 질문은 '이것은 얼마인가?'로 탈바꿈한다. 무엇이 진정한 가치를 지녔는지는 더 이상 중요하지 않다. 주머니 사정만 허락한다면 누구든 원하는 것을 손에 넣을 수 있다. 시장에서 이루어지는 복잡한 상호작용을 통해 가격이 매겨진다. 이렇게 매겨진 가격으로 진정한 가치를 가늠할 수는 없지만 그럭저럭 쓸 만하다.

도덕적 연금술은 법체계에도 적용된다. 피고인 측 변호사의 역할은 진실을 찾는 것이 아니다. 변호사는 고객의 이익을 대변한다. 이는 고객이 범죄를 저질렀을 때도 변하지 않는다. 변호사에게는 진실을 밝힐 직접적인 책임이 없지만 재판 과정에서 자연스럽게 진실이 밝혀지거나 진실에 가까운 사정이 드러나고는 한다.

정치적 이해관계로 얽힌 집단에서도 같은 현상이 관찰된다. 유권자의 역할은 올바르고 정의로운 사회를 실현하는 것이 아니다. 유권자는 자신의 이익을 대변한다. 투표로 선출된 정치인은 자신의 지역구가 원하는 이익을 두고 싸운다. 그리고 다툼의 과정에서 공정함과 정의에 가까운 결과가 나타나고는 한다.

도덕적 연금술이 매력적인 이유를 짐작하기는 어렵지 않다. '오직 당신'에게 주어지는 책임감은 부담스러울 수 있다. 가치, 진실, 정의처럼 일상 속에서 끝없이 마주쳐야만 하는 선을 분별하기도 버거운데 예상치 못하게 맞닥뜨리는 위기, 수수께끼, 딜레마를 어떻게 혼자 헤쳐나가란 말인가?

하지만 도덕적 연금술을 향한 믿음에는 근거가 부족한 데다가 체계가 붕괴되면 각자 맡은 역할을 수행할 수 있을지도 불확실하다. 요즘 들어 교활한 구성원의 악행에도 불구하고 민주주의와 자유 시장이 선을 실현할 수 있다는 주장에 금이 가고 있다. 한때 민주주의를 선으로, 독재를 악으로 규정하던 서구 세계는 이제 민주적 절차를 거쳐 직접 선출한 대표의 독재를 걱정하고 있다.♦ 게다가 대립되는 의견을 지닌 양측 모두가 진실을 밝히려고 노력하지 않는다면 논쟁을 통해 진실을 규명하기는 쉽지 않다. 또한, 자유 시장은 가치 방정식을 계산하는 데 이산화탄소 배출과 같이 중요한 변수를 놓친 듯하다. 안타깝게도 도덕적 연금술에 기대는 시간이 길어질수록 의존도는 점점 높아지고 도덕적 분별력은 퇴화한다. 그리고 진실과 가치를 스스로 판단해야만 하는 순간, 그럴 만한 능력은 이미 사라졌음을 깨달을 것이다.

우리는 도덕적 연금술을 신뢰하기로 결정했다. 이 또한 우리의 책임에서 나온 선택이다. 하지만 도덕적 연금술이 좋은 선택이라고 확신할 수 있는가? 잘 인도된 삶은 어떤 형태인가? 제한적이고 의존적이지만 그럼에도 불구하고 진실한 의지를 행사할 가치가 있는 것이란 무엇인가?

흔적을 남기지 않는 삶

예일대학교에서 '가치 있는 삶' 강의를 수강하던 학생 한 명이 기말고사 대체 리포트와 관련해 의견을 구하러 마태를 찾아왔다. 가치 있는 삶에 대한 비전이 뚜렷했던 학생은 간결하지만 고무적인 슬로건을 떠올렸다. '흔적을 남기지 않는 삶'. 이 한 문장에 학생이 하고 싶은 말이 모두 담겨 있었다.

'흔적을 남기지 않는 삶'이라는 슬로건은 미국 산림청에서 시작됐다. 야생을 유지하고 싶은 사람에게 흔적 없는 삶은 큰 의미를 지닐 것이다. 예를 들어 쉽게 무너지는 모래언덕 위로 차를 몰고 달리거나 농어를 씨가 마를 때까지 무리하게 낚시를 해서는 안 된다. 이외에도 흔적을 남기지 않는 방법은 무궁무진하다. 마태를 찾아온 학생은 흔적 없는 삶을 모든 생명체에 적용하기를 바랐다.

학생은 인간이 자원을 빨아들이는 거대한 구멍이라고 생각했다. 실제로 인간은 매년 25억 톤이 넘는 철광석을 채굴하고 150억 그루가 넘는 나무를 벌목한다. 또한, 인간 때문에 멸종 위기에 처한 동물만 수천 종에 이른다. 인간은 도시를 건설하고 농장을 짓기 위해 생태계 전체를 위협한다. 이뿐 아니라 인간은 서로를 경쟁하고 배신하면서 박탈감과 고통과 상처를 주고받는다.

프리드리히 니체가 이야기하길, "삶은 곧 부조리이니 둘은 조금도 다르지 않다." 이 문장은 어떤 생명이든 본질적으로 다른 생명을 파괴하며 살아간다는 의미를 담고 있다. 작은 물고기는 플랑크톤을 먹는다. 큰 물고기는 작은 물고기를 먹는다. 물개는 큰 물고기를 먹는다. 그리고 박테리아는 이 모든 생명체의 시체를 먹는다. 밀이 자라는 자리에는 나무가 자랄 수 없다. 경쟁과 정복은 어디에서나 관찰된다.

니체는 우리가 이렇게 '해롭고, 폭력적이고, 부당하고, 파괴적인' 생명의 특성을 인정하고 포용해야 한다고 생각했다.

학생의 생각은 달랐다. 학생은 부조리에서 벗어나기를 원했다. 주변을 둘러보니 자신이 생태계에 미치는 악영향이 속속 눈에 들어왔다. 최소한의 삶을 사는 것이 최선일 듯했다.

학생은 점점 당연하게 받아들여지는 행동에 이의를 제기했다. 인간에게 세계를 점령하고 자연을 착취하고, 빼앗고, 차지할 권리가 있는가? 애초에 인간이 다른 생명체보다 특별해야 할 이유가 있는가? 의지는 위험하다. 누군가를 해칠 수 있기 때문이다. 그러니 의지를 제한할 수 없다면 의지가 미치는 영향이라도 줄여야 할 것이다. 어쩌면 인간이 할 수 있는 최선은 다른 존재에 관여하지 않는 것인지도 모른다.

기원전 제1천년기에 작성된 힌두교 경전 《바가바드 기타》의 주인공 아르주나도 이와 같은 고민에 주저한 적이 있다. 《바가바드 기타》는 대체로 전사 아르주나와 화신 크리슈나가 나눈 철학적 대화로 구성돼 있다. 아르주나와 크리슈나의 대화는 극적인 상황을 배경으로 이루어진다. 아르주나는 세상의 운명을 판가름할 전투를 앞두고 있다. 어벤저스가 그랬듯, 아르주나는 선의 편에 서서 사악한 세력과 맞서 싸웠다. 이 세상에 정의로운 전쟁이 있다면 아르주나가 참전한 전쟁일 것이다.

하지만 전쟁은 전쟁일 뿐이다. 전장에 나간 아르주나는 적군 병력 사이에 자리한 자신의 혈육을 발견했다. 전투에 승리하려면 직접 사촌을 목을 베야 했다. 아르주나는 무엇이 옳은 행동일지 고민했다.

전차병으로 위장한 크리슈나는 아르주나를 재촉했다. "위기의 순간에 왜 겁쟁이처럼 구는 것이냐?" 크리슈나는 간단하지만 위압적인 조언을 건넸다. "의무를 지켜라." 《바가바드 기타》는 이외에도 많은 질문과 대화를 담고 있다. 하지만 당장은 크리슈나의 조언에 집중하겠다. 세상이 어지럽고 결과가 불분명할 때도 의무는 우리에게 행동할 용기를 가지라고 부추긴다.

'흔적을 남기지 않는 삶'이라는 슬로건은 분명 나름의 논리를 품고 있다. 하지만 세상에 미치는 영향을 기준으로 가치 있는 삶을 판단한다면 극단적인 관점에서 아예 존재하지 않는 삶이야말로 가장 가치 있는 삶인지도 모른다. 결국 아르주나는 자신에게 주어진 의무를 따르기로 했다. 그리고 마태를 찾아온 학생은 리포트 주제를 바꿨다. '흔적을 남기지 않는 삶'이라는 슬로건이 마음에 들지 않는다면, 다음의 두 가지 질문에 답을 내놔야 할 것이다. 첫째, 어떻게 해야 의지를 올바르게 행사할 수 있는가? 둘째, 의지를 행사할 때 누구를 고려해야 하는가? 지금부터 이 두 가지 질문을 순서대로 다뤄보겠다.

결과, 명령, 성품

제레미 벤담은 의지를 행사하는 올바른 방법을 간단하게 정리했다. 벤담의 주장에 따르면 선 그 자체라고 할 수 있는 가치는 고통이 부재한 쾌락뿐이니 잘 인도된 삶이란 쾌락은 증가하고 고통은 감소하는 삶을 의미한다.

원리는 간단하다. 인간은 무언가 결과를 얻기 위해 행동한다. 선한 인간은 선한 결과를 낳는다. 그 자체로 선한 것은 쾌락뿐이다. 누구의 쾌락이든, 쾌락은 클수록 좋다. 쾌락은 아무리 커도 지나치지 않다. 따라서 최대한 많은 사람이 최대한 많은 쾌락을 누릴 수 있게 만드는 의지는 모두 선하다. 그러니 이 세상에 존재하는 쾌락을 최대화하고 고통을 최소화하도록 행동하면 저절로 도덕적인 삶을 살게 될 것이다.

'어떻게 살 것인가'라는 질문에 대한 이 대답은 결과에 초점을 맞춘다. 얼마나 많은 쾌락을 생산하고, 얼마나 적은 고통을 유발하는지가 중요하다. 결국 마지막에는 결과가 남는다. 철학자는 이런 윤리 관념을 믿는 사람을 '결과주의자'라고 부른다. 행동이 일으키는 결과에 집중하기 때문이다.

결과주의는 분명 매력적이다. 자기 합리화를 허용하지 않기에 선한 의도만으로는 어떤 공로도 인정받지 못한다. 그저 세상에 쾌락을 더하면 칭찬을 받고, 고통을 더하면 비난을 받을 뿐이다.

하지만 결과주의에는 한 가지 문제점이 있다. 현재 우리가 살아가는 복잡한 세상에서 원인과 결과를 연결하기는 쉽지 않다. 심지어 사건이 일어난 후에도 정확히 어떤 원인 때문에 그런 결과가 나타났는지 밝히기 어려울 때도 많다. 그러니 자신의 행동이 어떤 결과를 가져올지 미리 예측하기는 불가능에 가깝다. 분석 마비(지나친 분석으로 결정을 내리지 못하는 상태 – 옮긴이 주)는 심각한 위협이 될 수 있다.

게다가 결과론적 관점에서는 분석 마비로 인해 초래되는 결과까지 당사자의 책임으로 돌아온다. 즉, 어떻게 하면 이 세상의 쾌락을 최대화하는 데 기여할 수 있을지 필사적으로 고민할 시간이 있다면 어떤 행동이든 실제로 쾌락을 증가시키기 위해 행동했어야 한다. 하지만 어떻게 행동해야 한단 말인가? 이쯤 되면 머리가 지끈지끈 아파온다.

이렇게 곤란한 상황이 눈앞에 닥치면 자신의 행동이 어떤 결과를 가져올지 미리 걱정하지 않고 의지를 행사할 수 있는 방법을 찾고 싶을 것이다. 몇 가지 대안이 있지만 이 책에서는 두 가지를 다룰 예정이다. 첫째, 아브라함의 하나님이 한 말씀을 따른다. 둘째, 덕을 실천한다.◆

유대인의 이야기는 이렇게 시작된다. "하나님께서 아브라함에게 '너의 고향과 친척을 떠나 내가 네게 보일 땅으로 가라' 하셨다. (중략) 아브라함은 하나님이 명하신 대로 길을 떠났다."

신은 명령했고, 인간은 순종했다. 신은 명령을 따른 인간에게 축복과 명성과 무수히 많은 자손을 주겠다는 약속을 지켰다. 하지만 설명은 없었다.

이후에도 비슷한 사례가 여러 번 반복됐다. 하나님이 지시하자 아브라함이 들었다. 하나님이 인도하자 아브라함이 따랐다.

그로부터 수백 년 후, 하나님은 이집트에서 노예로 부려지던 아브라함의 자손을 해방시켰다. 이들을 이끌던 모세는 구름에 휩싸인 어두운 산에 올라 하나님의 음성에 귀를 기울였다. 하나님은 모세를 통해 율법 613가지를 내렸다. 그때부터 하나님을 믿는 이들에게 잘 사는 삶이란 하나님의 율법에 순종하는 삶을 의미했다.

하지만 이 때문에 종교를 잘못 이해하는 사람도 많다. 무엇을 먹을지, 무엇을 입을지, 적의 나귀를 어떻게 다룰지, 모든 행동에 하나님의 명령을 따른다면 종교는 삶의 일부가 아닌 전부가 된다. 적당히 주어진 일을 끝내고 다른 할 일을 찾을 수는 없다. 인생의 모든 결정은 하나님의 명령에 따라 이루어진다. 고대 유대교 랍비 엘르아살(Eleazar, 1~2세기)은 "너와 네가 가진 모든 것이 하나님의 소유이니, 하나님께 모두를 드려라"라고 이야기했다. (이는 3장에서 언급한 《코란》의 권위와 일맥상통한다.) 어떤 환경이나 인간사도 하나님의 뜻보다 우선시될 수는 없다.

유대계 영국인 작가 그레이스 아길라(Grace Aguilar, 1816~1847)는 "우리를 둘러싼 모든 것이 웃음을 지을 때나, 먹구름이 그늘을 드리울 때나" 하나님의 명령에 순종해야 한다고 주장했다. 어떤 면에서는 순종 그 자체가 행동의 내용보다 중요하게 여겨진다. 의로운 행동을 명령받고 행하는 자가 명령을 받지 않고 행하는 자보다 위대하다는 말도 있다.◆

많은 기독교인이 하나님의 명령 또는 의지에 따르는 삶에 큰 비중을 둔다. 잘 알겠지만 예수와 초기 추종자 모두가 유대인이었으니 기독교 또한 유대교에서 시작됐다. 유대교를 믿지 않는 사람을 기독교로 개종시키려 노력한 초기 사도 중 한 사람인 바울은 그리스의 교도에게 이런 편지를 보냈다. "하나님의 계명에 따르는 것이 전부다."

이런 삶을 원하는 이유는 무엇일까?

우선, 하나님의 뜻에 따르는 삶에서는 우리의 행동이 어떤 결과를 가져올지 미리 고민하지 않아도 된다. 즉, '비(非)결과주의자'가 될 수 있다. 어떻게 행동해야 최선의 결과를 낳을 수 있을지 걱정하지 않아도 괜찮다니, 얼마나 다행인가! 우리는 그저 계율을 따르고 나머지는 하나님의 뜻에 맡겨놓으면 된다.♦

많은 현대인이 의아하게 생각하겠지만 신의 뜻에 따르는 삶은 엄청난 자유를 선사한다. 모세에게 전달된 율법은 석판에 새겨졌다고 한다. 고대 히브리어는 자음만으로 기록됐기에 '각인(charut)'과 '자유(cherut)'를 적는 방식에는 조금도 차이가 없다. 랍비 요슈아 벤 레비(Joshua ben Levi, 기원후 3세기)는 이런 언어적 특성을 이용해 하나님의 율법을 공부하고 따르지 않는 사람은 진정으로 자유로워질 수 없으니 반드시 '자유'를 읽어야 한다고 이야기했다.

하지만 하나님의 율법을 통해 주어진 자유는 원하는 대로 행동할 수 있는 자유를 의미하지 않는다. 이는 독단으로부터 자유, 즉흥적 결정에서 비롯되는 찜찜함으로부터 자유를 뜻한다. 창조주이신 하나님이 규칙을 정해뒀으니 뭐든지 스스로 결정하지 않아도 된다. 또한, 우리에게는 태어날 때부터 정해진 운명에 따라 살아갈 자유가 주어진다. 그러니 하나님의 계율에 따르면 행동에 따른 결과 예측이라는 불가능한 짐으로부터 자유를 얻을 수 있을 뿐 아니라 독단적으로 선택을 내리는 삶을 살 때보다 행동에 더 큰 무게를 신게 된다.

이는 쉬운 삶의 방식이 아니다. 욕망을 희생해야 하기 때문이다. 어느 모범적인 기독교인의 일화를 예로 들어보겠다. 목숨을 잃기 하루 전날 밤, 병사에게 붙잡히기 직전 예수는 기도했다. 예수는 자신이 하나님에 대한 신앙 때문에 죽을 것이라는 사실을 이미 알고 있었다. 하지만 예수는 죽고 싶지 않았다. 그래서 기도를 올렸다. "아버지, 아버지께는 모든 것이 가능하오니 이 잔을 제게서 옮기시되 저의 바람이 아닌 아버지의 바람대로 하십시오." 이렇듯 삶을 향한 열망처럼 강렬하고, 선량하고, 당연한 욕구조차 하나님의 의지에 따라 결정됐다.

이런 삶의 방식은 위험하다. 성경에는 죽음을 앞두고 기도를 올리는 예수보다 충격적인 일화가 기록돼 있다. 하나님이 아브라함에게 급작스럽게 명령을 내리면서 이야기가 시작된다. "네가 사랑하는 유일한 아들 이삭을 데리고 모리아 땅으로 가서 내가 알려주는 산에 올라 아들을 번제 헌물로 바쳐라." 혹시 헷갈리는 독자가 있을까 봐 정확히 짚어주겠다. 하나님은 아브라함에게 아들을 죽이라고 명했다.

이삭은 하나님이 약속한 자녀로, 아브라함은 하나님의 명령에 순종한 대가로 아들을 받았다. 하지만 시간이 지나고 하나님은 아이를 "돌려달라"고 요구했다. 놀랍게도 아브라함은 하나님의 뜻에 따라 모리아로 향했다. 산에 올라 아들을 향해 칼을 휘두르려는 순간, 천사가 나타나 이삭 대신 제물로 바칠 양을 보여줬다.

아브라함과 이삭의 일화는 많은 의문을 떠올리게 한다. 제아무리 하나님이라 하더라도 아이를 희생시키는 것이 옳다고 결정할 수 있는가? 하나님의 명령이 도덕적 규율보다 우선하는가? 하나님은 이미 살인하지 말라는 신성한 명령을 내렸는데, 새로운 명령이 앞선 명령을 대체할 수 있는가? 하나님의 명령에 따른 아브라함이 정말 옳다고 생각하는가? 그렇다면 그 이유는 무엇인가?

핵심은 하나님의 뜻에 따라 살아가는 삶의 방식에 내재한 위험에 있다. 아브라함이 하나님의 명을 받들어 아들을 죽였는데 하나님이 그런 명령을 내린 적이 없다면 그때는 어떻게 해야 하는가? 생각만으로도 끔찍하다.

어떤 삶의 방식을 선택하든 하나님의 뜻을 가장 우선시하는 사람은 하나님의 명령을 잘못 해석하고 오해할 수 있다는 위험을 안고 살아간다. 하나님과 하나님의 명령에 따르는 삶에는 연습이 필요하다. 그리고 이런 연습은 대개 집단적으로 이루어진다. 그 단위가 교회든, 회당이든, 독실한 친구 몇 명으로 구성된 작은 모임이든, 온 백성이든, 문제는 하나님의 뜻을 어떻게 해석하는지에 달려 있다.

613가지 율법과 같이 내용이 확실한 명령조차 위험에서 완전히 자유로울 수는 없다. 모든 명령에는 해석의 여지가 존재한다. 어떤 규율도 모든 상황을 미리 해결하지 못한다. 그렇기에 지난 2,000년 동안 유대인은 하나님의 뜻을 해석하는 데 많은 시간과 공을 들여왔다. 연구와 토론이 이루어졌고, 연구에 대한 연구와 토론에 대한 토론이 이어졌다. 모두가 하나님의 명령을 이해하고 주어진 공간과 시간에서 하나님의 명령이 어떤 의미를 지니는지 알기 위한 노력이었다.

그러니 수많은 유대인과 기독교인, 그리고 아브라함에 뿌리를 두는 이슬람교도에게 잘 인도된 삶이란 신의 뜻을 해석하고 그에 따라 살아가는 삶을 의미한다.

위대한 유교 사상가 맹자(孟子, 기원전 372~289)는 인간을 비옥한 토양으로 바라봤다. 이 땅에서는 네 가지 씨앗이 싹을 틔운다. 모든 일이 잘 풀리면 싹은 단단한 나무로 자랄 것이고, 그 사람은 풍성한 정원이 될 것이다.

맹자는 인간이 네 가지 감정을 타고난다고 이야기했다.

1. 첫 번째는 측은함이다. 우물에 빠지려는 어린아이를 보면 걱정스러운 마음이 든다. 이렇듯 곤경에 빠진 아이는 측은함이라는 감정을 끌어낸다.

2. 두 번째는 부끄러움이다. 누구인지는 밝히지 않겠지만 어린 시절 저자 중 한 명은 안타깝게도 〈돌연변이 특공대 닌자 거북이〉가 방영하는 날 텔레비전 시청을 금지당했다. 30분 동안 끔찍한 박탈감에 시달리던 중 번뜩이는 아이디어가 떠올랐다. 텔레비전을 켰는데 엄마가 야단을 치면 까먹었다고 둘러대면 될 것이고, 야단을 치지 않으면 현란한 무술을 선보이는 파충류를 즐

겁게 감상할 수 있을 것이다. 텔레비전을 켰다. 코와붕가! 엄마는 아무런 말도 하지 않았다. 그날 오후, 엄마는 아이를 불러 그렇게 행동해도 괜찮다고 생각하는지 차분히 물어봤다. 정신이 번쩍 드는 것 같았다. 이렇듯 마땅히 지켜야 하는 의무를 다하지 못했을 때 느끼는 감정을 맹자는 부끄러움이라고 불렀다.

3. 세 번째는 겸손함이다. 우리는 높은 권위와 지위를 가진 사람을 따른다. 어린아이는 어른을 공경한다. 환자는 의사의 질문에 자연스럽게 대답한다. 이렇듯 겸양을 갖추는 감정을 겸손함이라고 한다.

4. 네 번째는 옳고 그름의 판단이다. 인간은 날 때부터 해도 되는 행동과 해서는 안 되는 행동을 구분할 줄 안다. 네 살짜리 언니를 둔 아기에게서 인형을 빼앗으려고 하면 언니는 어떻게든 동생에게 인형을 돌려주려고 난리법석을 피울 것이다. 이렇듯 인간은 옳고 그름을 판단하는 능력을 타고난다.

맹자는 이런 네 가지 감정이 네 가지 미덕이자 성품으로 발전한다고 생각했다. 측은함은 인(仁), 즉 자신에게 책임이 있는 사람이 안녕을 추구하는 성품으로 발전한다. 부끄러움은 의(義), 즉 상황에 맞게 행동하는 성품으로 발전한다. 겸손함은 예(禮), 즉 사회적 상호작용에서 상대방을 올바르게 대하는 성품으로 발전한다.

옳고 그름의 판단은 지(智), 즉 진정으로 인간답고, 올바르고, 예의 있는 행동이 무엇인지 분별할 줄 아는 성품으로 발전한다.

- 측은함　　　　➡　인
- 부끄러움　　　➡　의
- 겸손함　　　　➡　예
- 옳고 그름의 판단 ➡　지

맹자에 따르면 인간은 모두 네 가지 싹을 품고 태어나지만 네 가지 싹이 모두 무럭무럭 자라날 것이라는 보장은 없다. 주변을 둘러보라. 모든 사람이 인간답고, 의롭고, 예의 바르며, 지혜롭다고 생각하는가? 아무래도 아닌 것 같다. 싹에 햇빛을 너무 많이 쬐이거나, 주변에 잡초가 무성히 자라나도록 내버려두거나, 물을 충분히 주지 않으면 싹은 시들어 죽고 말 것이다. 감정의 싹 또한 이와 다르지 않다. 싹이 성장하는 데 필요한 요소가 모자라지 않도록 충분히 돌봐주지 않는다면 감정의 싹은 미덕으로 자라나지 못할 것이다.

무엇보다 우리는 감정의 싹에 관심을 기울여야 한다. 감정을 인식하고 강화해야 하기 때문이다. 새롭고 놀라운 상황에 네 가지 감정이 어떻게 적용되는지 살펴보고, 감정이 어떤 의미를 지니는지 곰곰이 생각해봐야 한다. 이런 노력 없이 그저 원하는 대로 살아가다 보면 싹은 결국 시들고 말 것이다.

따라서 맹자에게 잘 인도된 삶이란 타고난 감정의 싹을 미덕으로 키워낸 삶을 의미한다. 이런 삶 속에서 우리는 맹자가 이야기한 네 가지 성품을 추구하고, 확립하고, 행동으로 옮긴다. 해악이 될 수도 있는 의지를 최소화할 필요도, 세상에 흔적을 남기지 않으려고 노력할 필요도 없다. 자신의 행동이 어떤 결과를 가져올지 미리 걱정하지 않아도 된다. 우리의 목표는 신뢰할 수 있는 의지를 지녔기에 언제나 올바르게 행동할 것이라 믿을 수 있는 사람이 되는 데 있다.

맹자는 네 가지 미덕 중에서도 특히 사회적 관계를 원활하게 유지하는 데 도움이 된다고 생각한 미덕에 큰 비중을 뒀다. 모든 인간은 타인과 관계를 맺으며 살아간다. 아이는 부모, 조부모, 형제자매와 관계를 맺으며 살아간다. 농부는 상인, 군인, 공무원과 관계를 맺으며 살아간다. 인간의 삶은 관계 그 자체라고 할 수 있으며, 관계의 질이 곧 삶의 질을 결정한다. 그러니 우리는 어떻게 살아야 하는가? 좋은 관계에 기여하는 사람이 될 수 있도록 노력하는 삶을 살아야 한다.

유학자가 대개 그렇듯, 맹자 역시 가정에서부터 미덕을 갖춰야 한다고 이야기했다. 덕스러운 삶은 가장 가까운 사람에게 덕스럽게 시작하는 데서 시작된다. 맹자가 주장하는 올바른 삶이란 결국 부모를 중심으로 밖으로 뻗어나가는 유교적 도리와 일맥상통한다. 그리고 이는 또 다른 의문으로 이어진다. 올바른 행동이 무엇이든, 올바르게 행동할 때 우리는 누구를 염두에 둬야 하는가?

스모키 베어 개념에 빗대 이야기하자면 우리의 '숲'은 얼마나 커야 하는가?

당신의 숲은 어디까지인가?

어느 날 아침, 출근길에 호숫가를 지나가다가 물에 빠진 채 가라앉지 않으려고 허우적거리는 어린아이를 발견했다고 생각해보라. 수심이 깊지 않아서 손쉽게 아이를 구조할 수 있는 상황이라면 여러분은 어떻게 행동하겠는가?

주저 없이 아이를 구해줄 것이다. 우리는 당연히 아이를 구해야 한다. 그대로 지나쳐서는 안 된다. 이런 본능적인 대답은 우리 숲에 타인이 자리 잡고 있음을 의미한다. 정도의 차이는 있겠지만, 우리는 자신뿐 아니라 타인에게 책임감을 느끼는 삶을 살아간다. 극단적인 가정을 앞세운 실험치고 결과는 그다지 극단적이지 않다.

하지만 (우물에 빠지려는 아이를 예시로 든 맹자와 별개로) 이 실험을 생각해낸 호주 출신 공리주의자 피터 싱어(Peter Singer, 1946~)는 아이를 구해야 한다는 단순한 대답보다 훨씬 날카로운 결과를 도출했다.

길을 가다 위험에 처한 아이를 발견한다면 마땅히 도와야 한다. 그렇다면 지구 반대편에서 굶주림과 충분히 예방 가능한 질병 때문에 죽어가는 아이들 또한 마땅히 도와야 옳다. 거리가 멀다고 차등을 두는 것이 옳은가? 가까이 있는 아이보다 멀리 있는 아이를 덜 중요하게 여겨야 할 이유가 있는가? 지리적 근접성과 도덕성에는 어떤 관계가 있는가?

피터 싱어는 이 실험에 모든 인간의 행복은 똑같이 중요하다는 공리주의 신념의 핵심을 적용했다. 공리주의에서 행복의 주체는 중요하지 않다. 벤담의 제자인 존 스튜어트 밀(John Stuart Mill, 1806~1873)은 쾌락은 선하고 고통은 악하다는 개념에서 이렇듯 순수한 공정성이 비롯한다고 생각했다. 누구의 쾌락이든 쾌락은 쾌락일 뿐이니 모든 사람의 쾌락은 똑같이 중요하다. 이런 주장의 바탕에는 "계량 가능한 다른 모든 양적 가치가 그렇듯, 행복의 가치 또한 산술적으로 계산할 수 있다"라는 전제가 깔려 있다. 즉, 행복의 양을 수학적으로 더하고 뺄 수 있다면 특정인의 행복을 다른 사람의 행복보다 우선에 둬서는 안 된다.

피터 싱어와 카타르지나 드 라자리-라덱(Katarzyna de Lazari-Radek, 1975~)은 이 원칙을 '공평무사한 선의 최대화'라고 정리했다. 이 관점은 전 세계를 숲의 범위로 정의한다. 우리는 영향을 미칠 수 있는 모든 것에 책임을 져야 한다. 따라서 어떻게 살아야 할 것인가를 고민할 때는 지금 이 순간부터 영원까지 이 세상에 존재하는 모든 생명의 쾌락과 고통을 고려해야 한다.

오늘날 많은 사람이 이렇게 강력하고 까다로운 이상에 공감한다. 우리가 살아가는 방식은 인간뿐 아니라 세상을 함께 살아가는 무수한 생명에 영향을 미친다. 방문할 일이라고는 없는 지역에서 고통스럽게 살아가는 타인의 삶을 얼마든지 볼 수 있는 사회에서 스스로가 세상에 미치는 영향을 무시하고 살 수는 없다. '나'라는 존재로 태어났다는 이유 하나만으로 자신에게 특권을 부여해서는 안 된다. 세상이라는 거대한 관점에서 객관적으로 판단했을 때 스스로가 다른 사람보다 중요하다고 진심으로 주장할 수 있는가?

하지만 다르게 생각해볼 필요도 있다.

스스로에게 특별한 책임감이 주어진다는 생각을 떨쳐버리기는 어렵다. 어떤 상황에도 오직 자신만을 위하는 극단적인 이기주의자는 많지 않다. 어쨌든 물에 빠진 어린아이가 익사하도록 내버려두지는 않을 것이다.

하지만 이런 이기심이 숲의 중심이 되는 유일한 방법은 아니다. 캐나다 출신 철학자 찰스 테일러(Charles Taylor, 1931~)가 '자기 진실성 윤리'라고 부르는 개념을 살펴보자. 자기 진실성 윤리에 따르면 모든 인간은 저마다 대체할 수 없는 독특함을 타고나며, 그 독특함에 걸맞게 살아가야 한다. 좋은 삶은 프리 사이즈 의류가 아니다. 사람마다 살아가는 방식이 다르니 좋은 삶의 형태 또한 다를 수밖에 없다. '자신에게 충실하라', '스스로가 원하는 삶을 살라'라는 슬로건 뒤에는 자기 진실성 윤리가 자리하고 있다. 자기 진실성 윤리를 옹호하는 몇몇 사람은 모든 생명을 고려하며 살아가야 한다는 얄팍한 이상에 코웃음을 친다. 물론 그렇게 생각할 수도 있지만 이상 그 자체를 그렇게 쉽게 무시할 수는 없다. 이상은 우리에게 각자 자신만이 할 수 있는 방법으로 세상에 기여하라며 도덕적 책임감을 부여한다.

'가치 있는 삶' 강의를 들은 많은 학생이 완전한 이타주의와 개인의 자아실현 사이에서 고민한다. 끝없이 펼쳐진 숲과 나무 한 그루를 함께 아우르고 싶겠지만, 과연 두 가지를 함께 충족할 수 있을까?◆ 각자의 개성을 살려 자아를 실현하는 동시에 모두에게 공정한 선을 베푸는 것이 가능할까? 이 세상 모든 생명체를 고려하는 삶을 살아야 한다는 의무감은 엄청난 부담으로 다가온다. 이에 비하면 자기 진실성은 사소하고 가벼운 문제처럼 느껴질 수 있다.

그리고 이런 갈등은 아주 오랜 과거부터 이어져왔다.

맹자가 살아 있을 당시 중국에서는 두 가지 학설이 큰 인기를 끌었다. 양주(楊朱, 기원전 440~360 추정)는 개인주의 편을 든 반면, 묵자(墨子, 기원전 470~391 추정)는 사회 전체에 관심을 기울여야 한다고 주장했다. 하지만 공자와 같은 방향을 바라보던 맹자는 다르게 생각했다. 맹자는 이렇게 이야기했다. "양주는 자신만을 위하니 이는 군주가 없는 것이고, 묵자는 모두를 똑같이 사랑하니 이는 아버지가 없는 것이다. 아버지가 없고 군주가 없으면 이는 짐승과 다르지 않다."

자신만을 위해 살아가는 사람은 타당한 규제를 가하는 공동체에 속한다고 할 수 없으니 군주가 없다는 말에는 이런 의미가 숨어 있다. 또한, 모두를 똑같이 사랑하는 사람에게는 만인이 동등하기에 누구도 특별하지 못하다. 처음 본 사람도 부모와 같이 대하니 아버지가 없는 것과 마찬가지다. 군주가 없든, 아버지가 없든, 맹자에게는 둘 다 짐승과 같았다. 묵자의 주장대로 모두를 똑같이 사랑하려면 잘못된 상대까지 포용하게 될 수도 있지만 진짜 문제는 따로 있다. 이 세상 모든 생명체에 관심을 기울여야 한다는 관점을 수용해 모두에게 공정한 애정을 기울이려다가는 오히려 인간다움을 잃을지도 모른다.

그렇다면 어떻게 해야 인간다운 삶을 살 수 있을까?

어느 날, 한 지방을 다스리던 사람이 공자에게 이렇게 말했다. "우리 고장에 행실이 곧은 사람이 있는데, 그 아버지가 양을 훔치자 아들이 이 사실을 관청에 고발했다." 이에 공자는 어리둥절해 대답했다. "우리 고장에서는 행실이 곧은 사람을 다르게 생각한다. 아버지는 아들을 숨겨주고, 아들은 아버지를 숨겨준다. 곧음은 그 속에 있다."

공자에게 올바른 사람이란 모두를 공평하게 대하는 사람이 아니었다. 이는 부모가 없는 행동과 같다. 올바름이란 공평함이 아닌 올바르게 차별하는 데 있다. 공자는 가족을 먼저 챙기고 이후에 세상을 챙겨야 한다고 주장했다.

공자가 이야기하는 숲의 범위는 부모에 한정되지 않는다. 하지만 좋은 자녀, 좋은 부모, 좋은 형제, 좋은 조카가 되지 않고는 좋은 시민이 될 수 없다. 숲은 가까운 관계를 중심으로 세상을 향해 뻗어나간다. 가족을 제외할 수도 가족을 버려두고 앞으로 나아갈 수도 없다. 맹자의 숲은 온 세상을 아우를 정도로 광대하지만 이 숲에는 항상, 반드시 중심이 존재한다.

앞서 우리는 세 가지 관점에서 잘 인도된 삶을 이야기했다. 누군가는 행복을 최대화해야 한다고, 누군가는 내면의 미덕을 함양해야 한다고, 누군가는 아브라함의 하나님을 따라야 한다고 주장했다. 또한, 숲의 범위를 묻는 질문에 대답하는 공리주의적 관점과 유교적 관점을 살펴봤다. 아마 여러분은 하나님의 명령이 숲의 범위를 결정하는 데 도움이 되기를 기대하고 있을 것이다. 하지만 아브라함의 하나님은 '이웃을 사랑하라'고 했다. 하지만 이웃은 누구인가?

맹자가 죽고 몇 백 년 후, 중국에서 수천 킬로미터 떨어진 곳에서 한 율법 교사가 예수에게 똑같은 질문을 던졌다.

예수는 이에 이야기로 답했다. (원래 이야기로 답변하기를 워낙 좋아하시는 분이다.) 어떤 사람이 강도를 만나 흠씬 두들겨 맞고 길가에 버려진 채 죽어갔다. 제사장이 남자를 발견했지만 무시했다. 또 다른 종교인 역시 남자를 그냥 지나쳐갔다. 마지막으로, 지나가던 사람이 쓰러진 남자를 발견했다. 이 사람은 남자를 가엾게 여겨 큰돈을 들여 남자를 치료했다. 세 번째 행인은 사마리아인으로 알려진 다른 민족적, 종교적 공동체에 속해 있었다. 죽어가는 상황이 아니었다면 남자는 사마리아인을 경멸했을 것이다.

예수는 이야기를 마무리하며 율법 교사에게 물었다.

"이 셋 중 누가 강도를 만난 남자의 이웃이라고 생각하는가?"

율법 교사가 대답했다.

"남자에게 자비를 베푼 사람입니다."

이에 예수는 조언했다.

"너도 가서 그렇게 행하여라."

예수는 공리주의자나 맹자와 다른 방식으로 숲의 범위에 접근한다. 사마리아인은 강도를 만나 다친 남자와 아무런 관련이 없었다. 이웃은 고정된 사회적 범주에 따라 결정되지 않는다. 예수의 가르침에 따르면 우리는 살면서 우연히 마주치는 사람을 위해 우리가 할 수 있는 일, 마땅히 해야 하는 일을 실천하며 살아야 한다. 이는 숲의 범위를 지나치게 좁게 설정해 타인을 소홀히 여기고 가족만을 소중히 여기는 실수를 줄여준다.

하지만 사마리아인은 이 세상에 존재하는 모든 사람에게 관심을 기울이지도 않았다. 사마리아인은 강도를 만나 쓰러진 남자를 우연히 발견하고 돌봤지만 온 세상 사람의 행복을 추구해야 한다는 책임감을 느끼지는 않았다. 사마리아인은 숲의 범위를 세상 전체로 설정하지 않아도 괜찮다는 사실을 보여준다.

하지만 선한 사마리아인의 이야기 또한 질문에서 자유롭지 못하다. 피터 싱어는 현대 기술을 활용하면 영양실조에 걸린 과테말라 어린이를 충분히 도울 수 있다고 반박할 것이다. 실제로 과테말라에서는 유아 인구의 절반 이상이 영양부족으로 말라가고 있다. 도울 수 있다는 이유만으로 길가에 쓰러진 사람을 도왔다면, 과테말라 어린이 또한 도와야 마땅하다. 그렇다면 선한 사마리아인의 접근법은 결국 공리주의와 같은가? 하지만 전혀 관계 없는 낯선 사람보다 가까이 관계를 맺고 사는 사람을 먼저 챙기는 것이 당연하지 않은가? 어쩌다 한 번 반짝이는 영웅적 이야기도 좋지만 일상을 챙겨야 하지 않겠는가?

숲의 범위를 묻는 질문에 쉬운 대답은 없다. 벤담과 싱어는 모든 사람을 숲의 일원으로 포용해야 한다고 주장했다. 자기 진실성 윤리는 스스로를 가장 중요하게 여겨야 한다고 이야기했다. 맹자와 공자는 특별한 관계를 중심으로 숲이 확장된다고 생각했다. 예수는 누구나 숲의 일원이 될 수 있다고 타일렀다. 어떤 대답을 선택해도 대가가 따른다. 여러분의 숲은 어디까지인가?

그래서 우리는 어떻게 살아야 하는가?

지금쯤이면 여러분도 질문에 직접적인 대답을 얻을 수는 없을 것이라는 사실을 알아챘을 것이다. 우리가 답을 찾기 위해 최선을 다해 노력하듯, 여러분도 최선을 다해 나름의 답을 찾아야 한다.

그렇다면 여러분은 이번 장에서 어떤 조언을 얻을 수 있을 것인가?

첫째, 멀리 바라보라. 잘 사는 삶이란 무엇을 추구하는 삶인지 진지하게 고민해봐야 한다. 행복한 삶이 곧 잘 사는 삶이라고 쉽게 단정 지어서는 안 된다. 마찬가지로 어떤 결과를 좇는 삶이 곧 잘 사는 삶이라고 생각해서도 안 된다. 누군가는 어떤 상황이든 하나님의 율법을 따르는 삶을 잘 사는 삶이라 여길 것이다. 또한, 무엇을 성취하느냐가 아닌 어떤 성품을 함양하느냐를 중시하는 사람도 있을 것이다.

둘째, 숲의 범위를 설정하라. 숲의 범위에 따라서 삶의 목적이 크게 달라질 수 있다. 선한 의지가 행복을 최대화한다고 가정해보자. 숲에 자신만을 포함한 사람은 쾌락을 좇는 나르시시스트가 될 것이고, 세상 모든 생명체를 숲에 포함한 사람은 극단적인 인도주의자가 될 것이다. 이번에는 맹자가 주장했듯 선한 의지가 미덕을 함양하고 좋은 관계를 유지한다고 가정해보자. 우리가 미덕을 함양하도록 장려해야 하는 사람의 범위는 어디까지인가? 나 자신? 가족? 모두? 또, 이런 미덕은 어떤 관계를 지지해야 하는가?

셋째, 불확실성에 익숙해져라. 우리가 소개한 관점 중 무엇을 선택해도 어떻게 살아야 할 것인지 확실한 방법을 깨우칠 수는 없다. 가장 좋은 결과를 얻을 수 있도록 행동하고 싶은가? 정신없이 돌아가는 세상에서 내 행동이 어떤 결과를 가져올지 예측하기는 불가능에 가깝다. 신의 의지에 따라 살고 싶은가? 도저히 이해할 수 없는 신의 뜻을 해석하는 데 엄청난 노력을 바칠 각오가 필요하다. 미덕을 함양하고 싶은가? 온갖 잡초 사이에서 도덕적 가치를 지닌 싹을 발견하는 데 꽤 애를 먹을 것이다. 스스로에게 진실한 삶을 추구하려고 해도 깊은 곳에 숨어 있는 '진정한' 자아를 찾기는 쉽지 않다. 무엇을 선택해도 확실한 대답을 얻을 수는 없다.

마지막으로, 이 책에서 소개하는 질문에 모두 대답하지 않고는 좋은 삶을 사는 방법을 찾을 수 없다. 부처가 이야기했듯 부가 가치 있는 삶에 장애물로 작용한다면 마치 물질적 풍요가 인류에게 번성을 가져다줄 것처럼 부를 추구하는 삶을 살아서는 안 된다. 오스카 와일드가 이야기했듯 슬픔이 좋은 삶의 일부라면 모든 고통을 없애야 한다는 주장은 틀렸다. 복잡하게 얽히고설킨 질문은 꼬여버린 밧줄처럼 서로를 잡아당긴다. 하지만 이렇듯 어지럽게 꼬인 질문은 진실하고 번성하는 삶이 무엇인지 대답을 찾는 데 큰 도움이 된다.

삶에 적용하기

1. 프롤로그에서 정리해둔 '삶의 재고'를 다시 한번 살펴보 겠다.
   - 여러분이 행사하는 의지는 무엇을 추구하는 것 같 은가?
   - 여러분은 어떤 기준에 맞게 행동하는 것 같은가?
   - 여러분이 가꾸는 숲의 범위는 어디까지인가?

2. 어떻게 살아야 하는가?
   - 여러분의 의지는 무엇을 추구해야 하는가?
   - 여러분은 어떤 기준에 맞춰 살기로 했는가?
   - 여러분이 설정한 숲의 범위는 어디까지인가?

3. 1번과 2번 질문의 대답은 어느 정도 일치하는가? 여러분 은 스스로가 추구하는 목적과 인간다움의 기준에 맞게 살고 있는가? 만약 그렇지 않다면 어떤 부분을 변화시켜 야 할 것인가? 앞서도 이야기한 적이 있지만 이 질문에 새해 다짐 같은 대답을 내놓지 않도록 주의하기를 바란 다. 15장에서 자세히 다루겠지만 다짐만으로는 '의문'에 관한 가장 깊은 통찰에 걸맞은 삶을 추구할 수 없다. 이 질문에 대답할 때는 할 일 목록을 작성하는 대신 스스로 가 진정으로 원하는 삶이 어떤 모습인지 고민해보기를 바란다.

3부

◆

해저면

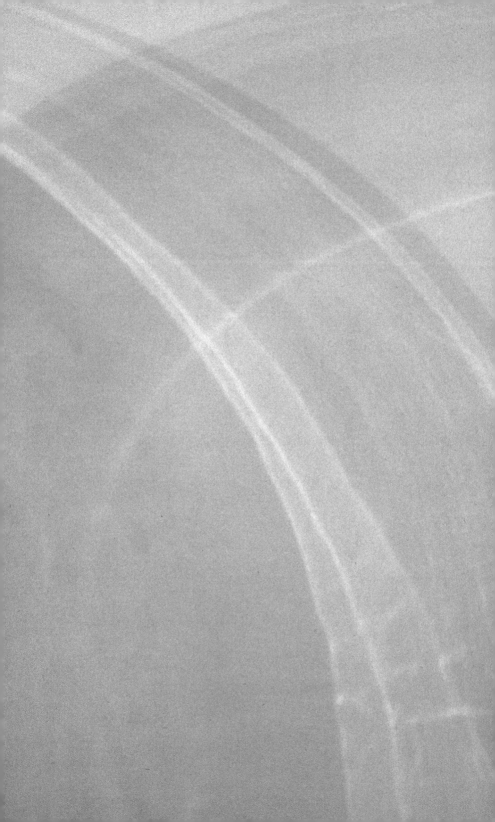

7장
레시피 테스트

앞서 여러 장에 걸쳐 우리는 '의문'이라는 가당찮게 거대한 질문을 그나마 소화할 만한 작은 질문으로 토막 내왔다. 지금까지 다뤄온 질문이 연관성 없는 질문의 나열 같다고 생각하는 독자도 있을 것이다.

하지만 이는 사실이 아니다. '의문'은 하나의 통합된 질문이기에 삶과 세계의 모든 측면을 다루어야 한다.

다양한 하위 질문에 대한 대답이 한데 어우러지는 모양은 단순히 식료품을 모아놓은 장바구니보다는 레시피에 맞춰 준비해둔 재료와 비슷하다. 훌륭한 레시피에 맞게 재료를 잘 활용하면 '의문'에 대한 대답을 얻을 수도 있지만 반드시 그럴 것이라는 보장은 없다. 소시지, 민트 초콜릿 아이스크림, 아스파라거스, 식초에 절인 달걀을 모두 사용하는 레시피를 구상할 수는 있다. 따로 먹기에는 전혀 문제가 없는 음식이지만 모든 재료를 한데 넣어 조리하면 어떻게 될까? 아무래도 먹을 만한 음식은 못 될 것 같다.

그러니 여러분은 각 장에서 제시한 질문에 최선의 대답을 찾는 데 그치지 않고 모든 대답이 어떻게 어우러질지 시험해봐야 한다. 이렇듯 번성하는 삶에 대한 비전이 일관적인지 확인하는 과정을 이 책에서는 '레시피 테스트'라고 부르겠다.

하지만 주방에서 요리를 할 때는 맛뿐 아니라 영양까지 챙겨야 한다. 우리는 식단을 짤 때 어떤 재료가 잘 어우러지는지 생각하기 전에 단백질, 과일 및 채소, 곡물 및 탄수화물로 분류되는 식품군을 먼저 고려해 균형 잡힌 식단을 구상한다. 키토 다이어트(탄수화물 비율이 낮은 지방과 단백질 위주의 식단-옮긴이 주)를 할 때는 탄수화물 섭취를 되도록 줄여야 하니 곡물이 들어가지 않는 레시피를 찾아야 한다. 마찬가지로 극단적인 애트킨스 다이어트(단백질 위주의 식단으로 일명 '황제 다이어트'로도 불린다-옮긴이 주)를 할 때는 단백질만으로 만들 수 있는 요리를 생각해내야 한다.

우리는 지난 세 장에 걸쳐 좋은 삶을 구성하는 세 가지 '식품군'을 이야기해왔다. 그리고 세 가지 질문에 대한 대답은 인생을 향한 긍정적인 비전을 폭넓게 다룬다. '어떻게 살아야 하는가?'라는 질문은 세상을 향한 능동적인 태도, 즉 의지와 관련됐다. '무엇을 바라며 살아야 하는가?'라는 질문은 나를 둘러싼 세상, 즉 환경과 관련됐다. 마지막으로 '좋은 삶은 어떤 느낌인가?'라는 질문은 삶에서 느낀 감정, 즉 우리가 인식하는 세상을 향한 정서적 반응과 관련됐다.

앞의 세 가지 질문은 세상에 참여하는 능동적 태도, 세상을 받아들이는 수동적 방식, 세상을 참여하고 받아들이는 능동적이면서 수동적인 감정을 이야기한다. 이 중 어느 하나라도 부족하다면 그 이유를 완벽히 설명할 수 없는 이상 추구할 가치가 있는 삶에 대한 비전은 불완전하게 머무를 것이다. 이를 '영양소 테스트'라고 부르겠다.

의지, 환경, 정서는 좋은 삶을 구성하는 세 가지 식품군과 같다. 이 세 가지 중 어떤 항목에도 속하지 않는 인간의 삶을 찾기는 어렵다. 물론 이외에도 대답해야 할 질문은 무수히 많다. 하지만 의지, 환경, 정서에 관한 질문은 항상 중심을 차지하고 있기에 이 세 가지 질문에 어떤 대답을 제시하고, 또 그 대답으로 어떤 조합을 제시하는지에 따라 큰 차이가 나타난다.

재료가 제대로 어우러지지 않는 형편없는 레시피처럼 서로 전혀 어울리지 않는 대답이 있는가 하면 의지, 환경, 정서가 완벽히 조화를 이루어 좋은 삶을 향해 나아가는 대답도 있기 때문이다.

우정을 예로 들어보겠다. 아리스토텔레스부터 메리 울스턴크래프트까지 수많은 사상가는 번성한 삶을 누리는 데 우정이 빠져서는 안 된다고 이야기했다. 훌륭한 친구가 좋은 삶을 구성하는 환경 중 하나라는 사실은 분명하다. 친구가 없으면 우정도 없다. 하지만 우정이 환경 항목에 완전히 부합하지는 않는다. 우정을 가꾸려면 나 또한 상대방에게 친구가 돼줘야 하니 의지가 없어서는 안 된다. 호의를 받기만 할 뿐 베풀 줄 모르는 사람도 숭배자나 추종자, 보호자를 가질 수는 있겠지만 친구를 사귈 수는 없다. 우정에서는 정서 또한 중요하다. 애정 없는 우정을 키우는 관계에서도 주기적으로 도움을 주고받는 등 이점이 아예 없지는 않을 것이다. 하지만 마지못해 서로 손을 내미는 관계에는 우정을 나누는 데 중요한 무언가가 결핍돼 있다. 사실상 애정 없는 우정을 우정이라고 표현하기는 어렵다.

따라서 우정을 얻으려면 좋은 삶을 구성하는 세 가지 '식품군'인 의지, 환경, 정서가 모두 갖춰져야 한다. 세 가지 재료가 잘 어우러져야만 비로소 우정이 성립한다. 우리 삶을 순수한 의지, 순수한 환경, 순수한 감정으로 깔끔하게 구별하기는 불가능하다. 의지, 환경, 정서는 복잡하게 얽혀 있기에 세 가지를 구별하되 서로 긴밀하게 영향을 주고받는다는 사실을 간과해서는 안 된다. 말하자면 의지, 환경, 정서는 별개의 항목이지만 각각은 나머지 둘을 이미 포함하고 있는 것과 같다.

첫째, 의지는 의지만으로 결정되지 않는다. 우리가 이야기하는 의지는 절대적인 권능이 아니다. 어린 시절, 의지만 있으면 무슨 일이든 할 수 있다는 말을 들어본 적이 있을 것이다. 하지만 의지만으로 모든 일을 해낼 수는 없다. 무엇을 할 수 있는지, 또 무엇이 될 수 있는지는 환경과 감정에 큰 영향을 받는다. 16세기 영국 군주가 행사할 수 있는 의지와 고대 이집트 노예나 현대 캐나다의 중산층 가정에서 태어난 여자아이가 행사할 수 있는 의지 사이에는 엄청난 차이가 있다. 환경만큼이나 정서도 중요하다. 두려움과 같은 감정은 특정한 행동 양식을 강화한다. 감정에 치우쳐 행동하지 않으려고 노력할 수도 있겠지만 이런 노력은 정서가 의지를 형성하는 데 어떤 방식으로든 영향을 미쳤음을 증명한다.

둘째, 정서는 정서만으로 결정되지 않는다. 감정은 환경과 의지에 영향을 받는다. 환경이 감정에 어떤 영향을 미치는지 추측하기는 쉽다. 인간의 감정은 환경적 경험에 크게 좌우된다. 절벽 가장자리에 서서 낭떠러지를 내려다보면 공포를 느끼고, 마음이 담긴 편지나 응원을 받으면 감사를 느끼고 힘을 얻는다. 놀랍게도 의지 또한 정서적 삶을 형성하는 데 영향을 준다. 아직 연구는 초기 단계에 머무르고 있지만 우리는 행동을 통해 특정 환경에서 느끼는 감정뿐 아니라 어떤 상황이 주어졌을 때 감정을 느끼는 방식을 변화시킬 수 있다. 고통의 공감과 연민을 예시를 들어보겠다. 먼저 두 가지 감정을 구분하자면 고통에 공감하는 사람은 상대방의 괴로움을 마치 내 일처럼 생생히 느끼는 데 그치지만 연민을 품은 사람은 고통을 겪는 상대방을 걱정하고 더 나아가 돕고자 한다. 최근 연구 결과에 따르면 불교에 뿌리를 둔 자애 명상을 실천하는 사람은 고통에 공감하기보다 연민을 더 크게 느낀다고 한다.

마지막으로, 환경 또한 환경만으로 결정되지 않는다. 얼핏 보기에 환경은 의지와 감정의 영향으로부터 자유로운 것 같다. 환경은 이미 주어진 조건이기 때문이다. 좋든 싫든 우리가 살아가면서 마주하는 현실 속 세상은 무척 완고하지만 영향을 미치는 것이 불가능하지는 않다. 우리는 개인으로서, 또 공동체의 일원으로서 환경에 영향을 미치면서 살아가며 가끔은 변화를 일으키기도 한다. 물론 이런 영향력은 절대적이지 않기에 신뢰할 수도 예측할 수도 없지만 감정은 분명 환경에 미묘하고 간접적인 영향을 미친다. 예컨대 우리가 어떤 공원이나 장소를 좋아하는 이유는 그곳에서 평화로움을 느낄 수 있기 때문이다. 그리고 우리는 이런 평화로움이라는 감정을 환경의 일부로 받아들인다. 이렇듯 감정은 장소가 지니는 의미를 변화시킬 수 있다.

환경, 의지, 정서는 복잡하게 한데 얽혀 있다. 따라서 우리는 어떤 삶을 바라야 할지 고민할 때 레시피 테스트와 영양소 테스트에 초점을 맞춰야 한다. 어쨌든 온갖 재료가 제멋대로 뒤섞인 요리보다는 다양한 식품군이 골고루 어우러진 요리가 낫다. 그러니 제대로 된 레시피를 준비하도록 하자.

이번 장의 나머지 부분에서는 주방으로 향하는 길을 안내하려고 한다.

이 책에서는 특정 식품군에 초점을 맞춘 레시피를 위주로 살펴보겠다. 어떤 '좋은 삶 레시피'는 한 가지 식품군에 더 큰 비중을 둔다. 이런 삶을 추구하는 사람은 "여기 스테이크가 있군. 좋은 고기를 두고 쓸데없는 재료로 장난을 칠 필요가 있나? 소금, 후추만 뿌려서 구워도 충분하다"라고 이야기한다. 이렇게 구운

스테이크를 고기를 곁들인 소금과 후추 요리로 착각하는 사람은 없을 것이다. 스테이크처럼 한 가지 재료가 요리 전체를 좌우하는 레시피가 있는가 하면 여러 가지 재료를 골고루 사용하는 레시피도 있다. 이런 요리에는 주재료가 있어도 스테이크 고기만큼 두드러지는 역할을 하지는 않는다. 예를 들어 궁보기정(닭고기를 튀겨서 매콤하고 달콤한 소스에 버무려 먹는 중국 요리 – 옮긴이 주)에는 땅콩, 고추, 후추가 맛을 내는 데 꼭 필요하지만 닭 요리라는 사실은 어떻게 해도 변하지 않는다. 물론 다양한 재료를 사용해 완벽한 조화를 이루는 음식을 추구하는 요리도 있다. 볶음밥과 야채수프 같은 음식이 이에 해당한다.

정리하자면 좋은 삶에 대한 서로 다른 비전은 좋은 삶을 구성하는 서로 다른 측면을 강조한다. 어떤 비전은 의지를, 어떤 비전은 정서를, 어떤 비전은 환경에 중점을 둔다. 특정 요소를 강조하는 정도에도 차이가 있다. 한 가지 요소를 극단적으로 강조하는 비전이 있는가 하면, 나머지 둘보다 조금 더 중요하게 여기는 데 그치는 비전도 있다. 물론 어떤 요소를 특별히 강조한다고 이야기하기 어려운 비전도 존재한다. 이런 비전은 세 가지 요소 중 어느 한 가지를 전체를 바라보는 창으로 여기는 방식으로 균형을 추구한다.

우리는 각기 다른 요소에 초점을 맞춘 좋은 삶에 대한 비전 세 가지를 예시로 들겠다. 무엇보다 의지를 중요하게 여기는 스토아 철학, 정서에 조금 더 큰 비중을 둔 공리주의, 굳이 따지자면 환경을 가장 중요하게 여기는 유교를 차례대로 살펴보도록 하자.

하지만 본론에 들어가기에 앞서 서론에서 언급했듯 몇 장 안 되는 분량으로 삶에 대한 비전을 완벽히 설명할 수 없다는 사실을 다시 한번 짚고 넘어가겠다. 이 책은 내부적으로도 의견이 분분하게 나뉘는 복잡한 사상과 개념을 거의 배제하고 있다. 우리가 예시로 소개하는 비전을 통해 다양한 가능성을 어렴풋하게나마 이해한다면 그것으로 충분하다.

미덕이 모든 것을 결정한다

그리스 철학자 크리시포스(Chrysippos, 기원전 279~206)는《생계 수단》이라는 책을 썼다.◆ 크리시포스는 원래 이 책에서 현자가 생계를 꾸려나가는 방법을 이야기하려고 했지만 글을 쓰다 보니 더 중요한 질문이 머릿속에 떠올랐다. 생계를 꾸려야 하는 이유가 무엇이란 말인가?

이상한 질문이라고 생각할 수도 있다. 삶을 즐기면서 살려면 당연히 돈을 벌어야 한다. 하지만 크리시포스의 생각은 달랐다. 크리시포스는 쾌락은 중요하지 않으니 '있어도 그만, 없어도 그만'이라고 주장했다. 그러니 쾌락이 어떤 행동의 이유가 될 수는 없다. (기분이 어떤가, 제러미 벤담!)

일단 크리시포스의 의견을 받아들인다고 가정하자. 물론 생존하려면 어떻게든 생계를 꾸려야 한다는 생각에도 일리는 있다. 하지만 크리시포스는 쾌락과 마찬가지로 생존조차 '있어도 그만, 없어도 그만'의 문제라고 이야기했다. "삶은 중요하지 않다." 따라서 삶이 어떤 행동의 이유가 될 수는 없다.

삶이 중요하지 않다니, 말도 안 된다. 무엇이든 행동해야 할 이유가 있다면 생존일 것이다. 우리 생각이야 어쨌든 크리시포스와 동료 철학자들은 다르게 생각했다.

크리시포스는 스토아 철학을 신봉했다. 스토아학과 철학에서 의지, 그중에서도 미덕을 실천하려는 의지는 좋은 삶을 구성하는 전부나 마찬가지였다. 아니, 삶 그 자체보다 중요했다. 스토아 철학자의 시선에서 돈, 명예, 권력, 가족 등 인간이 추구하는 모든 외부 요인은 하나같이 불안정했다. 이런 것들은 가질 수 있다는 보장이 없는 데다가 가진다고 해도 언제든 잃을 수 있었다. 번성한 삶이 이런 가치에 의해 결정된다면 애초에 우리는 삶을 통제할 수 없다. 또한, 스토아 철학자는 외부 요인을 추구하는 자체가 잘못됐다고 주장했다. 우리는 선을 추구하며 살아야 한다. 좋은 삶은 곧 잘 인도된 삶이다. 논란의 여지는 없다. 선한 삶이 곧 좋은 삶이다. 이런 사상은 스토아 철학자가 생각하는 좋은 삶 개념을 형성하는 데 엄청난 영향을 미쳤다.

크리시포스의 스승 클레안테스(Cleanthes, 기원전 331~232 추정)가 아테네 극장을 방문한 적이 있다. 근처에서 꽤 명성을 떨친다는 유명 인사가 전부 모인 자리였다. 한 존경 받는 시인이 시 낭

송을 위해 무대에 올랐다가 모두가 바라보는 앞에서 갑작스럽게 클레안테스를 비난했다. 하지만 클레안테스는 조금도 화난 기색을 보이지 않고 태연히 자리를 지켰다. 이렇듯 스토아 철학자는 어떤 나쁜 상황에서도 평정을 지켜야 한다.

하지만 클레안테스의 태도는 로마 웅변가 키케로(Cicero, 기원전 106~43)가 전한 아낙사고라스(Anaxagoras, 기원전 500~428 추정) 일화에 비하면 인간적으로 느껴진다. 키케로보다 한참 앞선 시대를 살았던 철학자 아낙사고라스는 아들이 죽었다는 소식을 듣고 이렇게 이야기했다. "내 아들이 유한한 존재라는 사실은 이미 알고 있었다."

물론 건강하고 부유하게 살아 있는 자식과 고통과 빈곤에 시달리다가 죽은 자식 중 하나를 선택하라면 모두가 살아 있는 자식을 원할 것이다. 하지만 우리가 원하는 것을 얻지 못하고 더 나아가 가진 것을 모두 잃는다 하더라도 우리는 미덕을 실천하고 번성한 삶을 누릴 수 있다. 스토아 철학자는 어떤 상황에도 올바르게 행동할 기회는 있다고 생각했다. 그러니 굳이 따지자면 스토아학파의 비전에서 환경은 우리 삶에 아무런 영향도 미칠 수 없다. 크리시포스가 생계를 꾸려야 할 이유가 없다고 이야기한 이유가 여기에 있다. 미덕을 실천하기 위해 생계를 꾸릴 필요는 없다. 마찬가지로 미덕을 실천하기 위해 행복할 필요도, 살아 있을 필요도 없다. 때로는 잘 죽는 것이 가장 큰 미덕일 때도 있다.

이렇듯 스토아학파는 '의문'에 급진적인 대답을 내놨다. 하지만 환경을 조금도 통제할 수 없는 사람에게는 스토아학파의 사상이 큰 영감으로 다가온다. 일례로 로마의 위대한 스토아 철학가 에픽테토스(Epiktētos, 50~135 추정)는 노예로 태어났다. 또, 댄버리 연방 교도소에서 '가치 있는 삶' 강의에 참여한 수감자는 스토아학파에 열광했다. 스토아학파 사상을 접한 수감자는 자신이 통제할 수 있는 것에 집중하는 힘을 깨달았다. 누구도 빼앗을 수 없는 의지, 즉 내면에 집중하는 능력을 기른 학생들은 어떤 상황에서도 존엄성을 유지할 수 있다는 희망을 얻었다.◆

스토아학파는 건강, 부를 비롯한 외부적 선에 강경한 태도를 취했지만 감정에는 비교적 미묘한 입장을 고수했다. 여기에서 한 가지 짚고 넘어가자면, 고대에는 감정이라는 개념이 없었다. 감정이라는 범주는 현대에 들어서야 생겨났다. 하지만 고대인은 열정의 소용돌이에 오늘날 우리가 이야기하는 감정 대부분을 포함했다. 또한, 스토아학파는 열정이 무의미할 뿐 아니라 해롭다고 주장했다.

두려움과 분노는 우리가 통제할 수 없는 것에 부적절하게 관심을 쏟도록 부추기고, 종잡을 수 없는 변덕에 사로잡히게 한다. 부정적인 감정으로 인해 미덕에서 멀어진 사람은 좋은 삶에서도 멀어질 수밖에 없다. 그럴 만하다. 누가 두려움과 분노를 좋은 삶의 중요한 재료로 삼겠는가? 하지만 스토아학파는 두려움과 분노뿐 아니라 희망, 자신감 같이 우리가 긍정적이라 생각하는 감정 또한 미덕을 추구하는 데 방해가 된다고 이야기했다. 스토아학파 철학자의 주장에 따르면 희망과 두려움은 미래에 대한 현명하지 못한 투자라는 점에서 상당히 비슷하다. 희망과 두려움은 모두 행복을 통제 밖에 두니 좋은 삶에 이런 감정을 위한 자리는 없다. "희망을 버리면 두려움 또한 사라질 것이다." 세네카(Seneca, 기원전 4~기원후 65 추정)는 이렇게 말했다. '좋은 삶'을 바란다면 희망과 두려움을 버려야 한다. 하지만 감정 자체에 가치를 둔다면 삶에서 많은 색깔을 빼앗기고 말 것이다.

그렇지만 모든 감정이 스토아학파에서 이야기하는 '열정' 항목에 포함되지는 않는다. 스토아 철학자에 따르면 덕스러운 삶은 '좋은 열정'이라는 부산물을 낳는다. 그중 으뜸은 스토아학파에서 '기쁨'이라고 부르는 감정인데, 이는 선한 의지에서 오는 조용하고 안정적인 만족을 가리킨다. 세네카가 젊은 친구들에게 조언하기를, "진정한 선을 추구하고 온전히 자신에게서 비롯된 기쁨만을 취하라. 그렇다면 '온전히 자신에게서 비롯된' 기쁨이란 무엇인가? 이는 자신과 자신의 가장 좋은 부분을 의미한다." 세네카는 스스로의 미덕에 만족하라는 의미에서 이런 말을 했다.

따라서 스토아학파 철학자에게 좋은 삶이란 곧 잘 이끌어가는 삶과 같았다. 좋은 삶을 위한 레시피에서 미덕은 주인공 역할을 한다. 사실 스토아학파가 생각하는 좋은 삶 레시피에서 의지 외에는 꼭 필요한 '식품군'이 없기에 미덕 외에는 중요한 재료가 없다고 생각해도 좋다. 스토아학파는 이렇듯 미덕에 집중하는 삶을 바람직하게 여겼다. 인생을 파괴할지도 모르는 방해물, 즉 열정과 환경에 주의를 빼앗기지 않고 오직 미덕에만 초점을 맞출 수 있기 때문이다.

쾌락을 위한 삶

공리주의 철학자 제레미 벤담, 존 스튜어트 밀, 피터 싱어는 다른 재료를 중심으로 좋은 삶이라는 요리를 구성했다. 이들은 정서적 측면을 가장 중요하게 생각했다. "선이란 쾌락은 증가하고 고통은 감소하는 것이며 (중략) 악이란 고통 또는 쾌락의 부재를 의미한다"라는 벤담의 발언을 기억하는가? 공리주의자에게 좋은 삶이란 긍정적인 감정이 넘쳐나고 고통으로부터 자유로운 삶과 같다.

의지만을 추구한 스토아학파와 달리 공리주의자는 감정 외의 다른 재료 또한 좋은 삶을 구성하는 데 중요한 역할을 한다는 사실을 인정했다. 이유는 단순했다. 다른 재료가 행복을 증진하거나 줄이기 때문이다.◆ 실제로 어떤 환경은 다른 환경에 비해 더 큰 쾌락을 만들어낸다. 공리주의자는 음식, 교육, 보건, 재화와 서비스를 구입할 수 있는 돈과 같이 삶의 기본적인 측면을 강조했다. 쾌락을 늘리고 고통을 줄인다는 점에서 가치를 지니기 때문이다. 하지만 환경 그 자체로는 아무런 가치가 없다. 환경은 쾌락을 증가시키고 고통을 감소시키는 한에서만 중요하다.

또한, 앞서 살펴봤듯 공리주의자가 추구하는 행복은 까다로운 조건에 따라 행사하는 인간의 의지를 지나치게 단순화한다. 모두의 행복은 똑같이 중요하다. 나 자신, 자녀, 친구의 행복은 조금도 특별하지 않다. 모두의 행복이 평등하다는 엄격한 공리주의 윤리에 따르면 우리는 스스로 손해를 보더라도 타인이 얻는 이득이 더 크다면 마땅히 도움의 손길을 내밀어야 한다. 따라서 공리주의자에게 잘 인도된 삶이란 자신에게 어떤 대가가 주어지더라도 최대 다수의 최대 행복을 추구하는 삶을 의미한다.

놀랍게도 공리주의자에게는 이렇게 극단적으로 베푸는 삶조차 그 자체로 아무런 가치를 지니지 않는다. 타인에게 관심을 기울이는 사람이 단 한 명도 없지만 축복이 끊이지 않는 세상이 존재한다면 공리주의자는 조금도 고민하지 않고 무관심한 세상을 선택할 것이다. 공교롭게도 우리가 사는 세상은 그렇지 못하다. 적어도 아직까지는 말이다.

하지만 우리가 그런 세상을 만들 수 있다면 어떨까? 터무니없는 아이디어 같지만 시간이 흐를수록 그럴듯해지고 있다. 50년도 더 전에 로버트 노직(Robert Nozick, 1938~2002)이라는 철학자가 한 가지 사고실험을 제안했다. 무엇이든 원하는 경험을 할 수 있는 '경험 기계'가 있다고 가정해보자. 기계에 들어가 있는 동안은 자신이 기계에 연결됐는지 모르며, 모든 경험은 현실과 동일하다. (영화 〈매트릭스〉의 등장인물 모피어스는 '무엇이 진짜인가?'라는 명대사를 남겼다.) 모든 사람이 기계에 들어갈 수 있으니 기계 밖에 머무르면서 타인을 돌볼 필요가 없다. 노직은 이렇게 물었다. "당신은 기계에 들어가겠는가? 내면에서 오는 느낌 외에 또 무엇이 우리 삶에서 중요할까?"

노직의 주장이 성립하려면 피험자는 기계에 들어가지 않겠다고 대답해야 한다. 노직이 이야기하기를, 우리는 실제로 무언가를 하고 무언가가 되기를 원한다. 인간은 현실에 가까운 경험이 아닌 현실의 경험에 가치를 둔다. 노직은 이렇게 결론을 내렸다. "우리는 경험 기계를 상상하고 기계를 사용하지 않을 것이라고 대답하면서 경험 외에도 중요한 것이 있음을 깨닫는다."

하지만 노직은 우리가 사는 시대를 잘못 예측했다. 우리는 매년 예일대학교 학사 과정을 밟는 학생에게 기계에 들어갈 것인지 물어본다. 그리고 매년 더 많은 학생이 기계에 들어가겠다고 대답한다. 테크노 유토피아를 꿈꾸는 이상주의자가 많아져서가 아니다. 어쩌면 이들은 삶에서 추구할 가치를 지니는 것은 쾌락의 경험과 고통의 부재뿐이라는 벤담, 밀, 싱어의 의견에 동의할 것이다.

아직 메타버스는 경험 기계를 실현할 만큼 발전하지 못했지만 언젠가는 경험 기계가 만들어질 수도 있다. 경험 기계가 발명되더라도 쾌락이 아닌 다른 가치를 더 높게 평가하는 사람이 있을 것이다. 타인을 향한 관심은 그 자체로 가치를 지니는 듯하다. 어쩌면 현실에 의한 행동은 삶의 레시피 한구석을 차지하고 있는지도 모른다.

조화의 레시피를 찾아서

공자는 세상이 어떻게 흘러가야 마땅한지 보여주는 모범이 존재한다고 생각했다. 우리 삶은 정적이지 않기에 이런 모범은 그림보다는 영화에, 자세보다는 춤에, 목적보다는 여정에 가깝다. 도(道)는 사물의 가장 깊은 진실과 공명하는 삶과 세상의 형태를 의미한다. 어쩌면 도는 가장 깊은 진실 그 자체일 것이다.

기록에 따르면 공자는 도가 무엇인지 정확히 이야기한 적이 없다. 분명한 정의도, 상세하고 포괄적인 설명도 없다. 하지만 우리는 공자의 가르침과 일화를 모아서 엮은 책인《논어》를 통해 도가 무엇인지 알 수 있다.

도는 사회 전체의 모범이지만 사회적 규범, 가족 관계, 개인의 말과 행동과 같은 사소한 부분까지 뻗어나간다. 모든 것은 촘촘히 연결돼 있다. 우리는 수수께끼 같은 공자의 일화에서 이를 짐작 가능하다. 누군가 공자에게 제사에 관해 물었다. 공자는 대답했다. "나도 모르겠다. 누군가 제사의 의미를 설명할 수 있는 사람이 있다면, 그 사람은 세상 모든 일을 손바닥 보듯 알 것이다." 공자는 이 세상 모든 것은 밀접한 관계를 맺고 있으니 제사가 무엇인지 깊이 이해할 수 있다면 모든 이치를 깨달을 것이라는 의미에서 이렇게 대답했다.

도는 근본적으로 관계를 바탕으로 한다. 개인과 단체, 물질적 세상 사이에 성립하는 모든 관계가 도와 관련돼 있으니 비유하자면 질서, 구조, 조화와 비슷하다. 그리고 이 중에서는 조화가 가장 좋은 표현일 것이다.

앞에서 이야기한 두 가지 특징을 종합해보자면 유교 사상에서는 환경이 결정적인 역할을 한다. 완전한 번성을 얻으려면 특정한 사물과 상황이 특정한 방식으로 배열돼야 한다. 자물쇠를 떠올리면 이해에 도움이 될 것이다. 자물쇠 내부에는 텀블러라고 부르는 핀이 자리하는데, 이 중 하나라도 배열에서 어긋나면 자물쇠는 잠긴다. 하지만 모든 텀블러가 제대로 맞물리면 딸깍 소리가 나면서 잠금이 풀린다. 갑자기 모든 움직임이 자유로워지고 체계가 다르게 작용한다.

현명한 사람은 사회 속에서 도에 따라 살아가며 번성과 평화를 누리기를 바란다. 스토아학파에서 이야기하는 현자는 최악의 상황 속에서도 얼마든지 좋은 삶을 누릴 수 있지만 유교의 현자는 그럴 수 없다. 공자는 제자에게 "위험한 국가에 가지 말고, 혼란한 국가에 살지 마라. (중략) 세상이 도를 잃으면 몸을 숨겨라"라고 조언했다. 스토아학파 철학자가 이야기했듯 환경을 비전의 기반으로 삼으면 좋은 삶은 내가 온전히 통제할 수 있는 대상에서 벗어난다. 스스로 통제할 수 없는 외부 환경이 번성의 조건이 되니 내가 번성하려면 나를 둘러싼 세계가 번성해야 한다. 유교 사상가와 스토아 철학자 모두 이 점에는 동의할 것이다. 하지만 스토아학파는 이런 상호 의존성을 결함으로 여기는 반면, 유학자는 특성이라고 생각할 것이다.

공자는 도에 따라 살아가는 사회라는 환경이 좋은 삶이라는 레시피에서 중요한 역할을 한다고 생각했다. 하지만 스토아학파가 추구하는 미덕이나 공리주의가 추구하는 쾌락만큼 결정적인 재료로 사용되지는 않는다. 공자의 레시피에서는 선한 의지와 정서 또한 없어서는 안 된다. 물론 훌륭한 레시피가 그렇듯 좋은 삶의 재료가 되는 의지와 정서는 환경과 충돌하지 않는다. 이 두 가지 재료는 조화로운 요리가 완성되도록 도를 보완한다.

정서를 먼저 살펴보도록 하겠다. 공자는 다양한 표현을 사용해 좋은 삶이 주는 느낌을 암시했다. 그중 가장 눈에 띄는 표현은 즐거움일 것이다. 유교에서 이야기하는 즐거움은 공리주의자의 쾌락도, 스토아학파의 자기만족도 아니다. 유교의 즐거움은 수바가 느낀 만족과 비슷하다. 공자가 이야기하기를, 현자가 즐거운 이유는 도에 따라 살기 때문이다. 현자는 근본적이고 마땅히 그래야 하는 방식으로 세상과 공명한다. 실제로 중국에서는 '즐거움'과 '음악'을 나타내는 데 같은 한자(樂)를 사용한다. 이렇듯 공자는 좋은 환경과 정서적 번성이 긴밀한 관계를 맺고 있다고 생각했다.

공자에 따르면 잘 이끌어나가는 삶(의지) 또한 올바르게 느껴지는 삶(정서)과 연관을 지닌다. "인(仁)하지 못한 사람은 고난을 오래 견디지도, 즐거움을 오래 누리지도 못한다." 공자의 인은 자애로운 마음을 의미한다. 따라서 즐거움을 오래 누리려면 반드시 삶을 올바르게 이끌어나가야 한다.

이제 의지와 환경의 관계를 알아보겠다. 공리주의적 시각과 대조해보면 이해가 한결 수월할 것이다. 일부 공리주의자의 주장에 따르면 인간의 의지가 개입하지 않아도 세상은 완벽하게 번성할 수 있다. 모든 사람을 경험 기계에 넣어버리면 좋다 못해 훌륭한 결과가 나올 것이다. 이런 세상이 올까? 아마 그렇지는 않을 것이다. 하지만 벤담이 이런 세상에 반대할 이유가 있을까? 없다.

공자의 생각은 달랐다. 도를 추구하는 유학자는 다양한 환경이 조화롭게 어우러진 세상을 이상적으로 여겼다. 하지만 환경은 항상 변화한다는 사실을 잊어서는 안 된다. 우리가 살아가는 이 세상은 헤아릴 수 없는 인간의 행동을 포함한 역학 관계로 이루어진다. 미덕, 지혜, 예의를 갖춘 군주는 유능한 관리에게 권력을 위임한다. 이렇게 권력을 나눠받은 관리는 올바른 사회를 위해 봉사한다. 자식은 부모를 공경하고, 아우는 형을 공경한다. 모든 사회 구성원은 즐거운 마음으로 기꺼이 제례에 참여한다. 이처럼 인간은 상호작용을 통해 조화로운 환경의 바탕이 되는 사회적 관계의 그물을 만들어나간다. 따라서 의지는 정서와 마찬가지로 공자의 비전에 없어서는 안 될 요소로 자리한다. 공자는 도의 실천을 강조했다. 맹자가 이야기한 네 가지 미덕의 싹을 기억하는가? 이 미덕의 싹을 잘 가꾸면 도를 따르는 삶을 살 수 있을 것이다.

정리하자면, 공자는 좋은 삶을 누리려면 균형 잡힌 레시피를 따라야 한다고 생각했다. 즉, 한 가지 식품군이 접시를 온통 차지해서는 안 된다. 따라서 공자의 도는 이상적인 환경이 모여 조화로운 움직임을 보이는 세상이라고 할 수 있다. 하지만 공자의 도를 완성하려면 번성한 의지와 즐거움 등 번성한 정서 또한 없어서는 안 된다.

좋은 삶의 레시피는 어떻게 구상해야 하는가?

우리는 앞서 세 가지 사례를 통해 서로 다른 식품군, 즉 좋은 삶의 요소를 레시피의 주재료로 삼았을 때 삶의 비전이 어떻게 달라지는지, 또 주재료가 얼마나 큰 비중을 차지하는지에 따라 어떤 차이가 나타나는지 살펴봤다. 스토아학파는 환경과 정서를 배제하고 의지에 초점을 맞췄다. 공리주의는 정서를 주재료로 삼되 쾌락에 영향을 미치는 한에서 의지와 환경에도 자리를 내줬다. 유교는 인간의 의지와 정서가 공명하는 환경의 조화를 강조했다.

하지만 여기에는 함정이 있다. 막다른 길에 다다르면 의지가 항상 첫 번째를 차지한다. 우리가 '의문'을 마주하고 사는 이상, 실질적으로 '어떻게 삶을 잘 이끌어나갈 것인가'라는 질문을 가장 중요하게 여길 수밖에 없다. 어떻게 살 것인지를 논하지 않는 나머지 하위 질문은 모두 한가한 몽상에 그친다.

'의문'을 품는 이유는 추구할 가치가 있는 것이 자리한 영역을 표시해놓은 지도를 찾기 위해서가 아니다. 우리는 '의문'을 통해 목적지와 나침반을 찾는다.

위대한 종교인과 철학자의 의견이 일치하기는 쉽지 않다. 하지만 막다른 길에 다다랐을 때 우리에게 가장 크게 다가오는 '의문'은 '어떻게 살아야 할 것인가?'라는 사실에는 대부분 동의할 것이다.

우리는 정서와 환경을 주재료로 삼은 비전에서도 의지의 중요성을 엿볼 수 있다. 예를 들어 벤담을 비롯한 공리주의자는 좋은 삶을 고통을 피하고 쾌락을 추구하는 삶이라고 정의하는 데 그치지 않고 행복을 실현하려면 어떻게 살아야 하는지 상세히 설명했다. 공리주의자의 주장에 따르면 우리는 세상에 존재하는 쾌락의 총량을 최대화하고 고통의 총량을 최소화할 수 있도록 행동해야 한다. 공리주의는 모든 인간의 쾌락과 고통을 동등하게 여긴다. 특별 취급은 없다. 공리주의 계산법에서는 부, 권력, 선, 매력 등어떤 변수에도 가산점이 붙지 않는다. 심지어 스스로를 위한 행동에도 예외는 없다. 일반적인 사고방식은 아니다. 이렇듯 공리주의적 사고는 우리에게 놀랍도록 합리적이지만 직관에 완전히 어긋나는 방식으로 행동하기를 요구한다. 실제로 수많은 공리주의 서적이 스스로가 세상의 중심이라는 착각을 버리고 쾌락의 총량을 증가하는 방식으로 행동하기를 조언한다.

마찬가지로 공자는 도를 완벽히 깨달은 사회를 설명하는 것보다 주변 사람에게 삶을 잘 이끌어가라고 조언하는 데 더 많은 노력을 기울였다. 지금 우리가 사는 사회도 그렇지만, 공자가 살던 사회 또한 도와 거리가 멀었다. 그리고 도가 사라진 혼란한 사회에서 공자의 비전에 맞게 살기를 바라는 사람에게 가장 중요한 질문은 '어떻게 살아야 할 것인가'였다. 도를 따르지 않는 세상에서는 잘못된 사람에게 보상이 주어진다. 사기꾼이 성공하고 파렴치한이 유명세를 얻는다. 어지러운 세상에서 부와 명예를 얻은 사람에게 공자는 이렇게 묻는다. 정말로 이런 세상이 너에게 잘 맞는 것 같으냐? 이렇게 질서에 어긋난 세상에서 네가 사치를 누릴 수 있는 까닭은 너 또한 질서에 어긋나 있기 때문이다. 사회가 도를 잃었을 때 우리에게 주어진 선택지는 두 가지뿐이다. 우리는 어떻게든 삶을 잘 이끌어나가거나, 어떻게든 삶이 잘 흘러가도록 노력해야 한다. 그리고 공자는 선택을 피할 수 없다면 어떤 대가를 치르든 선한 의지를 품으라고 타일렀다. 심지어 공자는 생존보다 의지를 우선했다. 공자가 이야기하기를, "어진 사람은 인(仁)을 해하며 삶을 이어나가려 하지 않고 자신을 희생해 인을 이룬다."◆ 공자는 도를 따르는 이상적인 환경을 이루는 데 기여하는 삶을 목표로 삼아야 한다고 이야기할 정도로 환경을 가장 우선했다. 하지만 우리에게는 이상적인 환경이 주어지지 않더라도 도에 따라 살아야 할 책임이 있다. 환경이 궁극적인 우선순위를 가진다면 의지는 실질적인 우선순위를 가진다.

프롤로그에서 강조했듯 인간의 의지에는 근본적으로 한계가 존재한다. 전능한 인간은 없다. 오로지 자신의 의지에 따라 살 수 있다고 믿는 사람도 있지만 절대적 주권을 가지기는 불가능하다.

개인을 소외하고 구성원의 의지를 거부하는 사회 체계 속에서 의지를 행사하려면 엄청난 노력을 들여야 한다. 또한, 인간은 누구나 질병과 부상을 경험하며 의지를 변화시키거나, 제한하거나, 극단적인 상황에서는 완전히 잃을 수도 있다. 능력이 그렇듯 모든 의지는 일시적이다.◆

각자에게 주어진 의지를 어떻게 행사하는지도 중요하지만, 큰 그림에서 개인의 의지 행사는 후순위에 머무른다. 어떤 사람도 모든 것의 중심이 될 수는 없다. 하지만 우리 모두는 저마다의 삶에서 주인공으로 살아가고 있다. 어쨌든 각자의 삶은 각자의 것이다. 그렇다고 혼자 모든 무게를 짊어질 필요는 없다. 이 세상에는 분명 '오직 당신'만이 할 수 있는 책임이 있지만 그렇다고 우리가 외톨이라는 의미는 아니다. 주변에 도움을 구하고, 삶을 공유할 사람을 찾고, 혼자서 모든 것을 해낼 수 없다는 사실을 받아들이는 과정 또한 제한된 의지를 잘 활용하는 방법일 것이다.

우리가 좋은 삶이 주는 느낌과 환경에 얼마나 큰 비중을 두든 삶을 이끌어나가는 방식, 즉 의지가 늘 우선순위를 차지할 것이다. 삶을 구성하는 세 가지 요소가 완벽에 가까운 균형을 이룬 레시피를 떠올렸다고 하더라도 어떻게 살아야 할 것인지 명확한 목표를 세우지 않으면 요리를 시작할 수 없다. 따라서 우리는 항상 '어떻게 살아야 할 것인가'라는 질문을 염두에 두고 레시피를 구상해야 한다.

그렇다면 좋은 삶의 비전은 어떻게 요리할 것인가?

이번 장에서 전하려는 메시지는 단순하다. 여러분의 비전이 어떻게 어우러지는지 주의 깊게 살펴보라. 한 가지 재료에 집중하는 비전을 선택하려면 스스로가 무엇을 추구하는지 정확히 알아야 한다. 한 가지 재료만을 사용한 레시피로는 한 가지 식품군만을 섭취할 수 있다. 따라서 식단의 기본이 되는 식이 이론에 대한 확신 없이는 영양소 테스트를 통과하기 어려울 것이다. 또한, 결국 레시피를 어떻게 구성하든 '의문'에 대한 다양한 대답이 서로를 보완하도록 노력하는 과정 자체에 의미가 있다. 우리가 추구하는 가치와 이상이 서로 모순된 방향으로 향하지 않으려면 레시피 테스트를 통과해야 한다.

하지만 일관성을 지나치게 강조하는 것은 아닐까? 약간의 자기모순이 그렇게 큰 문제일까?

예일대학교에서 '가치 있는 삶' 강의를 수강하는 학생은 학기를 마무리하며 자신이 생각하는 가치 있는 삶의 비전을 묘사하는 짧은 리포트를 제출해야 한다. 이는 단순히 성적으로 환산할 수 없는 아주 어려운 과제다.

학생이 제시한 비전의 진실과 거짓을 판단하는 작업 또한 성적을 매기는 것 이상의 가치를 지닌다. 모든 사람은 자유롭게 번성하는 삶의 형태를 찾고 '의문'에 대한 대답을 고민할 수 있어야 한다. 하지만 어쨌든 우리는 학생을 가르치는 입장에서 리포트를 평가할 수밖에 없으니 '오직 당신'에 해당하는 책임감을 침해하지 않을 만한 채점 기준을 마련했다. 우리는 학생이 제시한 삶의 비전이 전체적으로 얼마나 일관적인지를 중심으로 점수를 매기기로 했다. 그리고 학생에게 초안을 작성할 때 모든 재료가 잘 어우러지는지 레시피 테스트를 거치기를 조언했다.

어느 해에 학생 한 명이 마태를 찾아왔다. 용기가 가상하게도 이 학생은 우리가 제시한 평가 기준을 거부했다. 학생은 비전의 일관성을 추구해서는 안 된다고 주장했다. 우선 일관적인 비전을 찾기는 불가능하며, 가능하다고 하더라도 좋은 비전은 아니라는 것이 학생 측의 주장이었다. 학생은 종잡을 수 없는 삶에서 체계적이고 일관적인 삶의 비전을 추구한다면 이는 곧 삶을 과소평가한다는 뜻이니 득보다 실이 크다는 논리를 펼쳤다.

우리는 이 대담한 학생에게서 두 가지 교훈을 얻을 수 있다.

첫째, 완전한 일관성은 결코 도달할 수 없는 이상이라는 학생의 주장에는 허점이 없다. 우리는 절대 완벽하게 일관적인 대답을 찾을 수 없을 것이다. 모든 질문에 일관적인 대답을 내놓기에 '의문'은 너무나 크고 복잡하다.

모든 비전에는 모순이 존재한다. 문제는 모순을 발견했을 때 어떻게 반응할 것인지에 있다. 누군가는 모순을 두려워하고 피하는가 하면, 누군가는 오히려 모순을 기회로 삼는다. 우리는 모순을 통해 다시 한번 분별력을 얻고, '의문'에 대한 대답을 다방면으로 살펴보고, 다양한 대답이 한결 풍부하게 화합을 이루도록 노력해야 한다. 물론 아무리 노력해도 완벽히 일관적인 비전을 얻을 수는 없다. 그렇다 하더라도 보다 일관적인 비전의 추구는 중요한 목표가 될 것이다. 단, 여기에는 우리 평가 기준에 이의를 제기한 학생처럼 삶이란 원래 제멋대로라는 확신을 가지지 않는다는 조건이 붙는다.

이 조건이 두 번째 교훈으로 이어진다.

삶이 종잡을 수 없다는 학생의 주장은 놀랍도록 일관적이었다. 학생은 자신이 진실하다고 생각하는 세상의 가치를 호소하며 추구할 만한 가치가 있는 삶의 비전이 일관성을 목표로 해서는 안 된다는 논리를 펼쳤다. 그리고 이 학생의 접근 방식은 우리가 '의문'과 씨름할 때 관찰되는 중요한 특징을 보여준다. 우리의 모든 대답은 '삶, 우주, 그리고 모든 것(《은하수를 여행하는 히치하이커를 위한 안내서》의 저자 더글러스 애덤스(Douglas Adams, 1952~2001)의 표현을 인용했다)'이라는 진정으로 큰 그림과 대화를 나누면서 점차 형태를 갖춰나간다. 다음 장에서는 이와 관련된 이야기를 할 예정이다.

삶에 적용하기

1. 4~6장에서 여러분이 작성한 답안을 펼쳐보라.

- 여러분의 대답은 잘 어우러지는가?

- 모순이나 갈등이 관찰되는 부분이 있는가? 만약 그렇
  다면 문제를 해결하기 위해 어떤 질문에 대한 대답을
  바꿀 것인가?

- 여러분의 비전은 의지, 환경, 정서 세 가지 요소 중 하
  나에 특별히 우위를 두고 있는가? 또는, 세 가지 요소
  가 균형을 이루도록 노력하고 있는가? 어느 한 가지
  에 더 큰 비중을 둔다면 그 이유는 무엇인가?

8장
우리 삶의 진짜 큰 그림

    우리는 예일대학교에서 '가치 있는 삶' 강의를 개설할 때마다 예일대학교가 추구하는 좋은 삶이란 무엇인지를 주제로 세미나를 진행한다. 대학이라는 사회적 공간을 공유하는 사람이 모여 '의문'에 대한 대답을 함께 고민해보자는 취지에서 마련한 시간이다. 세미나에서는 다양한 대화가 오가지만 예일대학교가 '상속이 아닌 노력과 능력으로 이점을 누리는' 성과주의를 추구한다는 이야기는 매년 빠지지 않고 등장한다.

    학생들은 예일대학교가 성과주의를 어떻게 실천하고 있는지, 우리 사회에 성과주의가 얼마나 보편적인지, 성과주의라는 이상이 선한 것인지를 두고 다양한 의견을 제시했다. 하지만 성과주의에는 나름의 장점이 있으며 실제로 그럴듯한 결과를 낸다는 사실은 모두가 당연하게 받아들였다.

하지만 어느 날 학생 한 명이 이런 가정을 뒤집어놓는 의견을 제시했다.

정확히 어떤 말을 했는지는 기억나지 않지만 대충 정리해보자면 이런 내용이었다. "신경과학은 인간에게 자유의지가 없다는 사실을 증명했다. 우리가 하는 모든 행동은 이미 결정된 것이고, 따라서 우리가 이룬 성취 또한 우리의 책임이 아니다. 그러니 성과주의 자체가 말이 안 된다." 학생은 비난하는 어조로 주장을 이어나갔다. 인간은 자유롭지 못하고 자유가 없으면 책임도 없으니 우리는 행동과 업적을 포함한 어떤 것에도 책임이 없다고 요약할 수 있겠다.

상과 벌은 책임을 가지는 주체에게 돌아간다. 하지만 이 세상에 책임을 가지는 주체는 없다. 따라서 상을 주거나 벌을 내려서는 안 된다. 상을 주고 벌을 내리는 행동은 없는 책임을 꾸며내는 것과 같다. 학생은 상을 줘서도 벌을 내려서도 안 된다는 결론을 내렸다. 물론 성과주의에도 반대했다. 심지어 교도소도 없애야 한다고 주장했다.

학생의 주장은 토론에 찬물을 끼얹었다. 학생이 제시한 주장과 근거가 모두 사실이라면 지금까지 세미나에서 나눈 대화는 미궁에 빠진다. 그뿐만이 아니다. 번성한 삶, 좋은 삶을 주제로 이야기한 모든 논의가 의심스러워진다.

진정으로 큰 그림과 '의문'의 관계

성과주의를 부정한 학생의 일화는 물리적인 현실을 이루는 근본적 본질과 형이상학적인 인간의 의지처럼 진정으로 큰 그림에 관한 우리의 생각이 '의문'을 다루는 데 중대한 영향을 끼친다는 사실을 보여준다. 우리가 어떤 개념과 사상을 선택하는지에 따라 '의문'에 대한 대답 역시 달라질 수밖에 없다. (3장에서도 이야기했듯, 신이 실존하지 않는다면 우리는 신에게 책임을 다하는 삶을 살 수 없다.) 또한, 타인이 향하는 방향으로 치우치기도 한다.

그러니 좋든 싫든 진정으로 큰 그림을 고민하는 방법을 익히지 않고는 '의문'을 제대로 다룰 수 없을 것이다.

진정으로 큰 그림에서 모른 척 발걸음을 떼고 싶은 마음은 이해한다. 압도될 정도로 커다란 그림을 마주하면 처음으로 '의문'을 맞닥뜨렸을 때와 비슷한 당황스러움이 느껴질 것이다. 번성한 삶의 형태를 찾으려는 노력에 성적을 매길 수 없듯 철학자가 형이상학, 존재론, 인식론처럼 무시무시한 이름을 붙인 사상 또한 우리가 감히 평가할 수 없는 영역에 속해 있다.

지금껏 우리는 감당할 수 없을 만큼 압도적인 질문을 적당히 감당할 수 있을 수준으로 나눠서 소화해왔다. 그리고 이 전략은 큰 그림을 그리는 데도 도움이 될 것이다. 하지만 진정으로 큰 그림을 구성하는 세부 항목을 간략하게나마 살펴보려면 책 한 권은커녕 두 권, 세 권을 할애해도 모자랄 것이다.

이야기가 옆길로 새면 곤란하니 이 책에서는 진정으로 큰 그림의 가장 중요한 측면을 다루는 두 가지 질문에 집중하겠다. 기독교 신학자 노먼 위어즈바(Norman Wirzba, 1964~)는 이렇게 질문했다. 우리는 어디에 있는가? 우리는 누구인가? 진정으로 큰 그림은 가장 넓은 범위에서 우리를 둘러싼 환경을 이해하고 인간의 삶이 무엇인지 짐작하는 데 도움을 준다. 그리고 이 두 가지 질문은 진정으로 큰 그림의 역할을 요약하고 있다. 전문적인 용어를 사용해 간단히 정리하자면 진정으로 큰 그림은 우주론, 인류학, 세상과 인간에 대한 명확한 설명을 제시한다.

우리는 앞의 두 가지 질문을 통해 진정으로 큰 그림을 둘러싼 다양한 의견을 대략적으로나마 이해할 수 있을 것이다. 또한, 추상적인 개념과 현실이 어떤 연관성을 지니는지 알 수 있을 것이다.

다른 전통과 관점을 이야기하기에 앞서 위어즈바가 기독교에 제기한 질문을 먼저 다루고 넘어가겠다.

이것은 모든 것에 관한 이야기

줄리안(Julian, 1343~1416 추정)이라는 30세의 젊은 여성이 영국 노리치의 성 줄리안 교회에 딸린 단칸방에 누워 죽음을 기다리고 있었다. 사제를 옆에 두고 줄리안은 십자가에 못 박혀 죽어가는 예수를 바라보며 기도했다. 그리고 환상을 목격했다. 얼마 후 건강을 회복한 줄리안은 자신의 경험을 공유했다.

줄리안이 이야기하기를, 첫 번째 환상에서 "주님이 내 손바닥 위에 개암나무 열매만 한 작은 것을 올려놓으셨다. 공처럼 둥글었다. 나는 뭔지 모를 물체를 보며 '이게 무엇일까?'라고 생각했는데 그러자 '그것은 창조된 모든 것이다'라는 응답이 주어졌다. 무척이나 작아 갑자기 사라질 것 같은 게 어떻게 이렇게 존재할 수 있는지 궁금해졌다. 그때 머릿속에 이런 대답이 들려왔다. '그것은 하나님께서 사랑하시기에 존재하며 영원히 존재할 것이다. 이처럼 모든 것은 하나님의 사랑으로 존재한다.' 이 작은 것에서 나는 세 가지 특징을 봤다. 첫째는 하나님이 이를 만들었고, 둘째는 하나님께서 이를 사랑하시며, 셋째는 하나님이 이를 돌본다는 것이다."

줄리안은 개암나무 열매만 한 세상의 이야기가 시작될 때부터 끝날 때까지 하나님의 사랑을 느꼈다. 15년이 넘도록 자신에게 내려온 계시의 의미를 고민하던 줄리안은 갑작스러운 깨달음을 얻었다. "나는 이 환상에서 주님이 우리를 창조하시기 전에 이미 우리를 사랑하셨음을 보았다. 주님의 사랑은 한 번도 줄어든 적이 없으며 앞으로도 줄어들지 않을 것이다. 주님의 모든 행하심은 사랑 속에서 이루어졌다. 사랑 속에서 우리를 위해 모든 것을 창조하셨으며, 사랑 속에서 우리의 생명은 영원을 누릴 것이다."

인간은 이렇듯 사랑에서 탄생한 창조물 중에서도 특별한 지위를 누린다. 줄리안이 성경을 인용해 이야기한 바에 따르면, 인간은 하나님의 '형상'과 '모양'으로 창조됐다. 하지만 우리는 하나님이 의도한 사랑의 관계를 깨뜨림으로써 그 형상을 훼손했다. 줄리안은 우리가 얼마나 부족한 존재인지 뼈아프게 실감했다.

하지만 하나님의 사랑은 이마저 포용했다. 하나님은 인간이 어떤 실망을 안겨줘도 사랑을 거두지 않는다. "사랑으로 인간을 창조하신 주님은 같은 사랑으로 인간을 교정한다." 하나님은 엉망진창이 된 세상을 바른 길로 인도하고 또 사랑으로 충만하게 만든다. 줄리안은 환상 속에서 하나님의 목소리를 들었다. "나는 모든 것이 잘되게 하겠고, 모든 것이 잘되게 할 것이고, 모든 것이 잘되게 할 수 있다. 너는 모든 일이 잘되는 것을 직접 목격할 것이다."

줄리안의 경험은 앞서 소개한 두 가지 질문에 어떤 대답을 제시하는가? 우리는 어디에 있는가? 우리는 하나님이 사랑으로 창조한 연약하고 섬세한 세상 속에 있다. 우리는 누구인가? 하나님의 형상으로 창조된 실수투성이지만 사랑받는 존재로 어떤 잘못을 저질러도 '모든 일이 잘되게 할 것'이라고 약속한 하나님에게 어김없이 사랑받을 것이다.

하나님의 변하지 않는 사랑에 초점을 맞춘 큰 그림은 우리 삶에서 무엇을 암시하는가? 이 큰 그림은 '의문'에 대답하는 데 어떤 영향을 미칠 것인가? 선뜻 대답하기 쉽지 않은 질문이다. 우리는 신학자로 살아가면서 이를 주제로 한 책을 몇 권이나 집필했다. 하지만 이번 책에서는 절제의 미덕을 발휘해 두 가지 관계성에만 집중하겠다.

첫째, 우리는 무엇도 증명할 필요가 없다. 완벽함, 순수함, 위대함으로 자신의 가치를 설명하지 않아도 된다. 우리의 가치는 업적과 지위가 아닌 우리를 사랑하는 하나님에게서 비롯된다. 하나님의 사랑은 완전하기에 변하지도 꺾이지도 않는다. 사도 바울의 표현을 빌리자면 무엇도 "우리의 주님이신 예수 안에서 하나님의 사랑을 빼앗을 수 없다." 인간이 어떤 잘못을 저질러도 이 사실은 변하지 않는다. 그러니 죄책감과 수치심, 스스로를 증명해야 한다는 압박감에 시달리며 살 필요가 없다. 우리는 자유롭게 살아갈 수 있다.

둘째, 우리는 사랑받는 만큼 사랑해야 한다. 하나님이 우리를 사랑하니 우리도 하나님을 사랑해야 한다는 보답의 차원에서 하는 말이 아니다. 하나님은 세상을 사랑한다. 그리고 하나님의 사랑 속에 살아가는 우리는 하나님이 사랑하는 것을 사랑함이 마땅하니 세상을 사랑해야 한다. "내가 너희를 사랑한 것 같이 서로를 사랑하라"라는 성경 구절이 이를 잘 보여준다. 우리의 사랑은 무한한 하나님의 사랑이 가져오는 유한한 울림과 같다. 따라서 사랑에는 조건이 없어야 한다. 하나님이 우리의 허물에도 우리를 사랑하듯 우리는 서로의 허물에도 서로를 사랑해야 한다.

아무리 독실한 기독교인이라고 하더라도 이를 실천하기는 매우 어렵다. 우리는 하나님이 세상에 보여준 무조건적인 사랑 근처에도 못 미쳤다. 때로는 그 이유가 진정으로 큰 그림에 접근하는 방식에 있지 않은가 싶은 생각이 든다.

하늘 여인과 거북이섬의 교훈

수십 년에 걸친 정화와 복구 작업에도 오논다가호는 여전히 수은에 오염돼 있다. 이 호수에서 잡은 생선을 지나치게 많이 섭취하면 머리카락, 치아, 손톱이 빠질지도 모른다. 호수 바닥에는 납, 코발트 같은 독성 중금속뿐 아니라 다환식 방향족 탄화수소, 폴리염소화비페닐, 클로로벤젠처럼 발음조차 어려운 화학물질이 가라앉아 있다. 일부 호숫가에서는 높이 18미터가 넘는 산업 폐기물이 발견되기도 한다.

오논다가호에 인접한 도시인 시러큐스에 거주하는 환경주의 생물학자 로빈 월 키머러(Robin Wall Kimmerer, 1953~)는 기독교인이 그리는 진정으로 큰 그림을 회의적인 시선으로 바라본다. 키머러는 오늘날 미시간주 동부에 해당하는 지역에 터를 잡고 살던 원주민 부족인 포타와토미족의 일원이다. 유럽에서 건너온 기독교인 정착민은 미시간호와 휴론호에 터를 잡고 살던 포타와토미족을 수 세기에 걸쳐 남쪽, 서쪽으로 밀어내다가 결국에는 캔자스주 대초원 지대의 보호구역과 사유지로 완전히 쫓아냈다. 그렇게 포타와토미족을 오대호에서 쫓아낸 유럽 정착민이 세운 공동체가 오논다가호를 어지럽혔다.

키머러는 미묘한 태도를 보였다. 현대 산업과 기술을 대놓고 거부하거나 환경을 파괴하며 식민지를 건설한 기독교인을 매섭게 헐뜯지는 않았지만 사회적 반향을 일으킨 책《향모를 땋으며》에서 기독교가 그리는 진정으로 큰 그림을 은근히 비판했다.

일단 기독교가 그리는 진정으로 큰 그림은 이 행성 전체를 하나로 뭉뚱그려서 이야기한다. 우리는 어디에 있는가? 하나님이 창조하신 세상 안에 있다. 이 세상 어디를 가도 하나님의 창조물 안에 머무르니 진정으로 큰 그림 안에서는 사실상 모든 장소가 동등하다.

또한, 기독교가 미래에 접근하는 방식은 인간을 단순히 지구에 잠시 머물렀다 가는 망명자처럼 묘사한다. 키머러는 지구를 "진정한 고향인 천국으로 향하는 험난한 길에 지나쳐 가는 낯선 세계"라고 표현했다.

마지막으로 키머러는 기독교가 나머지 생명체와 달리 인간에게 지나치게 큰 특권을 부여한다고 주장했다. 하나님의 형상을 따라 창조됐다는 인간은 다른 생명체보다 훨씬 큰 권력을 누리고 있다. 하지만 지구상에 존재하는 타 생명체가 자연 멸종이 이루어지는 속도에 비해 1,000배 빠르게 사라지고 있다는 사실로 미루어 볼 때 인간은 주어진 권력을 제대로 사용하지 못하고 있는 듯하다.

키머러는 북아메리카 원주민 전통을 바탕으로 진정으로 큰 그림을 그린다. 포타와토미족을 비롯한 알곤킨족과 현재 키머러가 거주하는 뉴욕주 북부에 터를 잡고 살던 하우데노사우니족, 이로쿼이족의 이야기가 키머러가 그리는 그림의 재료가 됐다.

하우데노사우니족 전설에 따르면 어떤 여인이 하늘에서 떨어지기 전까지 아래 세계에는 땅이 없었다. 떨어지는 여인을 받으려 거위가 물에서 솟아나지 않았더라면 여인은 죽었을 것이다. 거북이가 기꺼이 등을 내주지 않았더라면 여인은 익사했을 것이다. 사향고양이가 거북이의 등에 바다에서 퍼올린 진흙을 바르지 않았더라면, 진흙이 없어 거북이의 등에서 식물이 자라고 마침내는 등딱지가 떠다니는 섬으로 변하지 않았더라면 여인은 굶어 죽었을 것이다. 이렇게 다른 동물의 도움 덕분에 '하늘 여인'은 목숨을 구했다. 그녀는 감사하는 마음으로 천상의 세계에서 떨어지면서 움켜쥔 생명의 나무 씨앗을 뿌렸다. 그렇게 땅에 꽃이 피고 열매가 맺었다.

하늘 여인의 이야기는 '우리는 어디에 있는가?'라는 질문에 어떤 대답을 내놓을까? 단순하게 생각하자면 우리는 거북이섬에 살고 있다. 하지만 거북이섬에 산다는 것은 무엇을 의미할까?

하늘 여인이 추락할 때, 다양한 동물이 위험에 처한 하늘 여인을 도왔다. 하늘 여인이 살 수 있었던 이유는 저마다 다른 재능과 삶의 방식을 지닌 다양한 동물이 '이곳'에 있었기 때문이다. '이곳'은 하늘 여인을 받아들이고 돌봤다. 하늘 여인 전설을 보편적으로 해석하자면 우리는 인간이 아닌 다른 생명체가 호의를 베풀어 만들어진 환경 속에서 살고 있다. 그리고 이 환경은 우리가 생존하고 번성하는 데 꼭 필요하다.

하지만 하늘 여인 전설은 보편적인 해석을 위한 이야기가 아니다. 하늘 여인 전설은 하우데노사우니족과 부족의 터전이 지니는 구체적인 관계를 설명한다. 모든 인간과 이 세상 전체와 연관 지을 수도 있겠지만 어쨌든 하늘 여인 전설은 특별한 '이곳'에 관한 이야기다. 키머러는 모든 사람이 특별한 장소에서 특별한 시간의 리듬에 따라 특별한 동식물 주민과 더불어 살아가고 있음을 강조한다. 중앙아시아 대초원 지대에는 아마존 분지와 완전히 다른 세상이 펼쳐져 있을 것이다. 시애틀이 자리한 퓨젓사운드와 샌프란시스코만은 훨씬 가까이 붙어 있지만 확연히 다른 생태 환경을 가진다.

키머러는 《향모를 땋으며》에서 이렇듯 위치에 따라 나타나는 엄청난 생태학적 차이를 하나로 엮어냈다. 이 책에서 키머러가 특별히 중요하게 생각한 주제 두 가지만 소개하겠다. 첫째, 키머러는 인간이 "어떤 장소에 토박이가 되어 머무르듯 사는 방법을 배워야"한다는 결론을 내렸다. 키머러가 이야기하는 토박이와 같은 삶을 사는 사람은 아주 드물다. 한 집에서 태어나 평생을 살아온 사람도 예외는 아니다. 즉, 우리가 살아가는 장소를 이루는 인간 이외의 종이 특정한 관계망을 구축하고 있음을 인식하고 이해하며 더 나아가 서로를 존중하는 삶을 살아가는 사람은 극소수에 그친다.

둘째, 하늘 여인 전설은 근본적으로 다양한 생물이 협력하며 살아간다는 전제를 바탕으로 한다. 이 세상 모든 것은 일방적이 아닌 상호적 관계를 맺고 있다. 키머러는 "모든 번영은 상호적"이라고 이야기했다. 대가를 지불하는 상대가 인간이든, 인간이 아니든 주변에 피해를 입히면서 이익을 추구하는 삶은 세상의 가장 깊은 진리와 반목하는 삶과 같다.

또한, 우리는 하늘 여인 전설에서 '우리는 누구인가?'라는 질문에 대한 키머러의 대답을 유추해볼 수 있다. 하늘 여인은 현명하고 영리한 생명체가 이미 터를 잡고 살아가는 세상에 떨어졌다. 새로운 주민인 하늘 여인이 이 세상에 적응하고 살아가려면 기존 주민에게 배우고 또 협력해야 한다. 키머러는 하늘 여인 전설뿐 아니라 많은 북아메리카 토착 원주민 전통이 인간을 다른 생물 종보다 늦게 태어난 형제로 여긴다고 이야기했다. 포타와토미족을 포함하는 보다 큰 원주민 부족인 아니쉬나베족 전설에 따르면 나나보조(Nanabozho), 즉 최초의 인간은 대지를 걸어 다니며 땅과 그곳에서 번영을 이루며 사는 주민에게 배움을 얻었다. 인간은 동생이라는 위치에 걸맞게 겸손한 자세로 배움을 구했다.

또한, 모든 생명체는 저마다 재능을 선물로 받았다. 다른 생명체에게는 없는 독특한 재능은 독특한 책임감을 부여한다. 우리는 스스로가 어떤 재능을 타고났는지 깨닫고 감사하며 타인과 재능을 나누며 살아가야 할 책임이 있다. "우리가 어떤 선물을 받았든 우리는 세상을 다시 새롭게 하기 위해 그를 내어주고 춤을 춰야 한다. 이는 숨이라는 특권에 지불해야 할 대가다." 선물을 받은 인간이 마찬가지로 선물을 받은 다른 생명체와 공동체를 이루며 살아가는 그림은 '의문'에 감사와 호혜적 베풂이라는 대답을 내놓는다.

우리는 키머러가 생물학자라는 사실을 기억해야 한다. 그리고 감사와 선물은 보통 실증적 생물학에서 다루는 범주가 아니다. 키머러는 북아메리카 원주민이 그린 진정으로 큰 그림에서 얻은 지혜와 과학적 연구로 얻은 자료를 종합하는 데 일생을 바쳤다. 하지만 키머러가 현대 경험과학과 진정으로 큰 그림을 연관 지은 유일한 사람은 아니다. 전파와 페니실린의 발견이 지닌 가치를 아는 모든 사람이 진정으로 큰 그림을 그리려고 노력해야 한다. 경험과학이 진정으로 큰 그림을 그리고 '의문'에 그럴듯한 대답을 내놓는다고 주장하는 과학자가 많아지면서 이 문제는 더욱 시급해지고 있다.

창백한 푸른 점에 펼쳐진 낙원

이 아래에서 바라보는 지구는 놀랍도록 거대하다. 하지만 1990년, 지구인은 다른 관점에서 지구를 보게 됐다. 정확히 이야기하자면, 약 140억 킬로미터 떨어진 우주에서 지구를 내려다봤다. 보이저 1호는 태양계 바깥에서 사진을 찍어 지구로 전송하는 데 성공했다. 태양계 밖에서 내려다본 지구는 작고 보잘것없었다. 칼 세이건(Carl Sagan, 1934~1996)은 이 사진에 찍힌 지구를 '창백한 푸른 점'이라고 불렀다. 진정으로 큰 그림 안에서 우리 행성은 자그마한 감자처럼 보였다.

이렇게 거대해 보이는 행성이 작은 점 하나에 불과하다면 그 속에 사는 우리는 무엇인가? 세이건은 이런 글을 남겼다. "별이나 은하는 말할 나위도 없이 행성의 크기에 비하면 인간은 하찮은 존재, 즉 암석과 금속으로 이루어진 보잘것없는 고체 덩어리에 붙어사는 생물의 얇은 막에 지나지 않는다."

그래서 우리는 어디에 있는가? 실증적 우주론자와 천체물리학자가 추정하기를, 현재 관측 가능한 우주에만 100억 조에 달하는 별이 2,000억 개의 은하를 이루고 있다. 그리고 우리는 헤아릴 수 없이 많은 별 가운데 그다지 특별할 것 없는 궤도를 그리는 '암석과 금속으로 이루어진 보잘것없는 고체 덩어리' 위에 살고 있다.

세이건은 이런 조건이 '의문'에 엄청난 영향을 미친다고 생각했다. 거대한 우주 앞에서 인간은 스스로가 특별한 존재라는 착각을 내려놓고 서로의 차이와 갈등을 상대적으로 바라볼 수 있다.

지금까지 수많은 장군과 황제가 이 작은 점의 극히 일부를 차지하는 찰나의 영광과 승리를 위해 희생시킨 이들의 피로 이루어진 강을 생각해보라. 이 점의 한쪽 구석에서 온 주민이 거의 보이지도 않는 다른 쪽 구석에서 살아가는 주민에게 저지른 끝없는 잔악함을 생각해보라. (중략) 우리가 사는 이 조그마한 세상을 멀리서 담아낸 이 사진은 인간의 허영과 자만이 얼마나 어리석은지 보여준다. 이 사진은 우리가 서로를 조금 더 친절하게 대하고, 지금까지 알려진 한 인류의 유일한 보금자리인 창백한 푸른 점을 소중히 보존하는 것이 우리의 의무임을 강조하고 있다.

우리는 작고 연약하고 보잘것없다. 그렇기에 겸손하고 친절하고 온화해야 한다.

천체물리학과 우주론이 '암석과 금속으로 이루어진 보잘것없는 고체 덩어리'를 설명했다면, 생물학은 그곳에 붙어사는 '생물의 얇은 막'을 설명한다. 현대 생물학은 지구상에 존재하는 유기체의 기능과 상호작용을 그릴 뿐 아니라 오늘날까지 살아남은 종이 경쟁을 이기고 진화를 거쳐 생존한 과정을 연구한다.

생물학은 '우리는 어디에 있는가?'라는 질문에 대한 천체물리학적 관점에 세분화된 막을 한 겹 더한다. 우리는 대략 35억 년에서 40억 년에 걸쳐 진화의 과정을 이어온 생물체 수백만 종이 복잡한 상호 연관성을 지니는 행성에 자리 잡고 있다.

또한, 생물학은 '우리는 누구인가?'라는 두 번째 질문에 그럭저럭 대답을 제시한다. 가장 넓은 범위에서 이야기하자면 인간은 수백만에 이르는 생물 종 중 하나일 뿐이다. 지능이 유독 높다는 특징이 있기는 하지만 다른 모든 종과 마찬가지로 인간 또한 특정 행동 경향을 유도하는 유전형질, 즉 본능을 가지고 태어난다. 인간의 본능은 개미처럼 단순하고 뚜렷하지 않지만 분명 실재하며 삶에 영향을 미친다. 현대 생물학계에서는 개체 선택과 집단 선택이라는 두 가지 진화 방식이 인간의 본능을 결정한다는 주장이 점점 더 설득력을 얻고 있다.

개체 선택은 자원을 두고 벌이는 동일 종 사이의 경쟁에서 발생한다. 비교적 역사가 깊은 개체 선택 이론은 모든 생물이 자신의 생존을 위해 나머지 생물과 경쟁하며 진화가 이루어졌다고 이야기한다. 그리고 인류의 진화 과정에서는 힘, 교활함, 무임승차, 속임수, 이기심 등 집단 내에서 개인이 한 발짝 앞서 나갈 수 있는 유전형질이 대개 우위를 차지한다.

반면 집단 선택은 서로 다른 종 사이의 경쟁에서 발생한다. 개인의 영광을 추구하는 축구팀보다 팀의 승리를 위해 힘을 합치는 축구팀이 좋은 성적을 내듯, 각 구성원이 뿔뿔이 흩어진 종보다 협력하며 살아가는 종이 진화론적 관점에서 우위를 점할 가능성이 크다. 즉, 집단 선택은 관대함, 솔직함, 상호 존중, 이타주의를 유도하는 유전형질을 선호한다. 적어도 집단 내에서는 그렇다.

진화생물학자 에드워드 윌슨(Edward Wilson, 1929~2021)은 집단 선택을 이렇게 요약했다. "집단 내에서 이기적인 개인은 이타적인 개인을 이기지만, 이타주의자 집단은 이기주의자 집단을 이긴다." 인류의 진화 과정에서는 개체 선택과 집단 선택이 동시에 이루어졌다. 그 결과 인간은 이타적인 면모와 이기적인 면모를 모두 갖추게 됐다. 윌슨은 "더 단순화하여 말하자면 개체 선택은 죄악을 추구하는 반면, 집단 선택은 미덕을 추구한다"라고 결론지었다.

하지만 윌슨은 집단 간 경쟁이 부족주의를 부추긴다고 경고했다. 부족주의는 자신이 속한 집단을 우월하다고 여기며 외부 개체보다 집단 내 구성원을 우선하는 속성을 의미한다.

그렇다면 윌슨의 관점에서 우리는 누구인가? 우리는 자신이 속한 집단에 어떻게든 특권을 부여하면서 공동체에 헌신하는 동시에 공동체를 희생시키면서 자신의 이익을 좇는 "성인이자 죄인, 진리의 수호자이자 위선자"이다. 또한, 우리는 뛰어난 지능으로 의식과 호기심을 갖춘 지구이자 스스로를 자각한 은하다.

윌슨은 진화생물학이 '의문'에 큰 영향을 미친다고 생각한다. 우선 우리는 이 복잡한 본능에서 절대 벗어날 수 없다. 인간은 평생 '죄악(이기심)'과 '미덕(이타심)' 사이에서 줄다리기를 하며 살아간다. 따라서 이기심이 지닌 최악의 면모를 억누르며 상충하는 본능에서 비롯되는 창의성을 누리는 것이 우리가 할 수 있는 최선이다. 하지만 부족주의만은 반드시 극복할 수 있도록 노력해야 할 것이다. 우리가 속한 집단이 다른 집단보다 우월하거나 중요하다는 합리적 근거는 존재하지 않는다. 이런 잘못된 믿음은 치명적인 결과를 가져올 수 있기에 우리는 진화를 거듭하며 얻은 합리성을 발휘해 하나 된 인류를 추구해야 한다. 윌슨은 이런 노력이 "인간과 인간에게 생명을 준 생물권 모두를 위한 낙원으로 지구를 탈바꿈시킬 것"이라고 이야기했다.

한 걸음 물러나, 현대 실증과학이라는 팔레트를 사용해 진정으로 큰 그림을 그리려는 세이건과 윌슨의 노력에서 우리는 어떤 깨달음을 얻을 수 있는가?

먼저, 세이건과 윌슨이 마주하는 한 가지 보편적 문제를 짚고 넘어가겠다. 현상과 당위 사이에는 어떤 관련이 있는가? 풀어서 이야기하자면, 무언가가 현재 머무르는 자리와 마땅히 향해야 할 방향은 어떤 연관성을 지니는가? 이 질문은 딜레마를 제기한다. 무언가 또는 누군가의 행동이 당위성을 부여하지는 않는다. "나는 지갑을 훔쳤다. 따라서 나는 지갑을 훔쳐야 한다"라는 주장이 합리적인가? 그렇지 않다. 예시가 극단적일수록 이 주장이 얼마나 말도 안 되는지 알 수 있다. 당위에 어떤 힘을 주어진다면 이는 현상과 당위 사이에 간극이 존재하기 때문이다.

또한, 우리는 현상에 호소하지 않고 어떻게 당위에 이유를 부여할 수 있는가? 예를 들어 벤담, 밀을 비롯한 공리주의자는 최대 다수의 최대 행복을 추구해야 한다고 주장했다. 그 이유는 무엇인가? 행복이 바람직하기 때문이다. 현상과 당위의 엄격한 구분은 모든 당위를 단순한 선호의 표현으로 변질시킬 위험을 지닌다. 철학자들은 이런 위험에 '정의주의'라는 이름을 붙였는데, 정의주의에 따르면 당위성을 이야기하는 명제는 진위의 판단이 아닌 "나는 그렇게 되길 원한다"라는 선호의 주장에 그친다.

흔히 이 문제를 해결하기 위해 현상을 내부적으로 구분하고는 한다. 더욱 현실적인 현실, 더욱 진실한 진실, 더욱 근본적인 근본이 존재한다고 주장하며 현상 속에서 더욱 현실적이고, 더욱 진실하고, 더욱 근본적인 무언가를 찾으려는 노력은 당위에 기준을 제시한다. 예를 들어 유대인, 기독교인, 무슬림은 신의 진리와 의지가 가장 명확한 현실이니 인간은 마땅히 신의 뜻에 살아야 한다고 믿는다. 반면 키머러는 상호 의존성과 호혜를 가장 진실한 진실이라고 생각했다. 오늘날 많은 사람이 마치 인간이 아닌 다른 생명체에 어떤 도움도 받지 않는 것처럼 살아가고 있지만 키머러는 우리가 가장 진실한 진실에 따르는 삶을 살아야 한다고 주장했다.

현상의 내부적 구분이 실질적인 효과를 보이는지를 이야기하려면 골치 아픈 철학적 논의가 이어져야 할 것이다. 하지만 적어도 이런 노력은 극단적 정의주의를 완화하는 한편, 당위에 어느 정도 이유를 부여한다.

하지만 세이건과 윌슨의 주장에는 이렇듯 현실을 두 가지로 구분할 근거가 없다. 두 사람은 물리학과 생물학 규칙에 지배되는 실증적이고 물질적인 현실만을 강조하며(모든 실증주의 과학자가 이런 관점에서 현실을 바라보지는 않았다) 현상에만 초점을 맞췄다.◆ 하지만 망원경을 아무리 열심히 들여다본들 우리에게 무엇이 중요한지 어떻게 알 수 있단 말인가? 우주가 거대하다고 우리가 겸손해야 할 이유는 무엇인가? 광활한 우주 속에서 삶은 찰나에 불과하고, 재물은 티끌만도 못하다고 하지만 그렇다고 우리가 반드시 다툼이 아닌 평화를 추구해야 하는가? 우리는 이기심과 이타심을 모두 가지고 태어났는데 윌슨이 이야기하듯 이기심을 '죄악'으로, 이타심을 '미덕'으로 바라볼 근거는 또 무엇인가? 외부인과 다투고 경쟁하지 말아야 할 이유는 무엇인가? 인간은 항상 그렇게 살아왔는데, 왜 삶의 방식을 바꿔야 하는가?

우리는 고깃덩어리 그 이상이다

하지만 여기에서 더 중요한 질문은 "모든 게 지금과 같으리라고 어떻게 확신할 수 있는가?"일 것이다. 어쩌면 우리의 위치와 존재를 그리는 진정으로 큰 그림은 윌슨의 생각보다 쉽게 변하는지도 모른다. 어쩌면 대단한 변화가 일어날 수도 있다. 그리고 어쩌면 그 변화는 코앞에 닥쳐 있을 수도 있다.

발명가이자 미래학자인 레이 커즈와일(Ray Kurzweil, 1948~)은 모든 것이 여섯 가지 시기를 거친다고 이야기한다. 첫 번째 시기는 원자와 분자 등으로 이루어진 화학의 단계로, 빅뱅이 일어나고 수백만 년에 걸쳐 보다 복잡한 구조가 나타났다. 마침내 일부 분자의 응집이 자기 복제를 이루어내고 생명이 탄생하면서 현대 생물학이 진화라고 부르는 두 번째 시기에 접어들었다. 그리고 또 수백만 년이 흘러 세 번째 시기에 이르렀다. 뇌와 신경계를 가진 유기체가 탄생한 것이다. 그중 하나인 인류는 미래를 상상하는 능력을 얻었다. 그렇게 인류는 번개가 치고 붙은 불에서 불씨를 가져다가 마른 나뭇가지와 풀에 붙이면 어떤 결과를 얻을 수 있을지 미리 예측하고 행동하기 시작했다. 이런 능력은 네 번째 시기로 변화를 이끌었다. 인간의 기술은 기하급수적인 속도로 발전해 오늘날 다섯 번째 시기까지 왔다. 커즈와일이 이야기하길, 인간은 곧 "우리 뇌에 잠재된 위대한 지식과 그보다 더욱 위대한 용량, 속도, 지식 공유 능력을 갖춘 기술을 융합할 것이다." 그리고 계산적 목적으로 사용됐던 비생물적 지능이 재구성되고 우주를 포화시키면서 지능의 폭발에 불을 붙일 것이다.

정리하자면 커즈와일이 언급한 여섯 시기는 다음과 같다.

- 물리학과 화학
- 생물학과 DNA
- 뇌
- 기술
- 기술과 인간 지능의 융합
- 우주의 기상

커즈와일에 따르면 우리는 어디에 있는가? 현재 우리는 4기에서 5기로 넘어가는 중요한 단계에 접어들었다. 우리는 여전히 생물학적 신체를 가지고 생물학적 지능에 의지하며 살고 있지만 타고난 신체를 강화하고 뇌를 기반으로 한 사고의 한계를 뛰어넘는 단계에 접어들었다. "인류는 생물학을 초월하고 있다. (중략) 우리는 생물학적 진화 과정을 거스르고 있다." 커즈와일은 이런 결정적인 변화의 순간을 '특이점'이라고 불렀다. 그리고 특이점이 오면 인간과 기계, 물리적 현실과 가상현실 사이의 구별은 완전히 사라질 것이다.

생물학적 피부에 소름이 쭈뼛 돋을 만큼 충격적인 생각이다. 커즈와일은 경악한 대중을 안심시켜야겠다고 생각했는지 우리가 누구인지에 관한 설명을 덧붙였다.

첫째, 우리를 구성하는 신체는 끊임없이 변화한다. 실제로 뇌를 포함해 우리 몸을 구성하는 입자 대부분은 거의 매달 새것으로 교체된다. 커즈와일은 신체와 뇌에서 지속되는 어떤 패턴이 우리가 누구인지 결정한다고 주장했다. 하지만 이런 패턴조차 시간이 흐르면서 변화한다. 우리는 성장하고, 학습하고, 노화한다. 패턴은 느리지만 꾸준히 변화한다. 커즈와일은 인간이 끊임없이 진화하는 패턴이라고 표현했다. 그러니 특정 패턴의 진화가 생물학을 벗어난다고 해서 우리가 두려워할 이유는 조금도 없다.

둘째, 인간이라는 종은 한계를 극복하려는 본능을 타고났다. 커즈와일은 "인간이 되는 것은 경계를 확장하려는 문명의 일부가 되는 것"이라고 이야기했다. 그러니 우리가 아는 인간의 모습을 벗어나려는 노력은 어쩌면 우리가 할 수 있는 가장 인간다운 행동일 것이다.

인간이 생물학적 한계를 넘어설 것이라는 커즈와일의 트랜스휴머니스트적 사고방식에는 종말이 존재하지 않는다. 우리가 속한 우주가 어떻게 막을 내릴 것인지에 관해서는 물리학자 사이에 의견이 분분하지만 언젠가 종말을 맞이할 것이라는 사실 자체에는 이견이 없다. 하지만 우주가 어떤 방식으로 끝을 마주하든 커즈와일의 원대한 비전에서 이는 '언해피엔딩'일 수밖에 없다. 하지만 커즈와일은 낙관적이다. 커즈와일은 고깃덩어리에 불과한 우리의 연약한 뇌보다 수조 배 더 뛰어난 지능이 우주의 종말을 뒤집거나 지금의 우주가 종말을 맞이할 수밖에 없다면 새로운 우주를 시작할 방법을 찾을 것이라고 믿고 있다.

커즈와일은 끊임없이 발달하는 지능을 갖춘 세계가 놀라운 속도, 효율, 상상으로 무엇이든 실현해내는 미래를 상상한다.

괴로움의 굴레를 벗어나려면

"이것이 바로 (중략) 괴로움의 성스러운 진리이니라."

갠지스강 연안, 오늘날 바라나시라고 불리는 베레나스 외곽의 사슴 공원에서 부처는 자신의 깨달음을 바탕으로 제자에게 최초의 설법을 펼쳤다. 이 설법은 불교에서 사성제(四聖諦) 또는 사제(四諦)라고 부르는 네 가지 기본적인 진리를 담고 있는데, 사제는 부처가 그리는 진정으로 큰 그림의 초석을 구성한다. ◆

오랜 일화를 통해 알 수 있듯, 부처는 끝없이 이어지는 세상 속

우주가 나고 지고 다시 나고 지기를 반복한다는 믿음이 당연하게 여겨지던 문화 속에 살았다. 시간은 수백만, 수십억, 수조 년에 이르는 거대한 주기 속에서 흘러갔다. 한 우주가 성장하고, 쇠퇴하고, 소멸하면 다른 우주가 탄생해 같은 과정을 다시 시작했다.

거대한 우주와 마찬가지로 보잘것없는 생명 또한 탄생과 죽음과 새로운 탄생의 과정, 즉 환생을 반복했다. 불교에서 그리는 진정으로 큰 그림에 따르면 환생의 배경에는 두 가지 규칙이 있다. 먼저 업보가 존재한다. 도덕적이고 비도덕적인 모든 행동은 주체에게 결과를 초래하며 이 결과는 여러 생애에 걸쳐 영향을 미친다. 또한, 부처가 '갈애(渴愛)'라고 부르는 욕망이 존재한다. 욕망은 만족을 추구하고 만족을 얻은 욕망은 다시 새로운 만족을 추구한다.

이렇듯 불교에서 그리는 진정으로 큰 그림에서는 거시적인 차원과 미시적인 차원 모두에서 원인과 결과, 탄생과 죽음 그리고 재탄생이 영원히 순환을 반복한다. 이 과정을 '윤회'라고 부른다. 그리고 불교는 '우리는 어디에 있는가?'라는 질문에 윤회를 대답으로 제시할 것이다. 불교는 남아시아의 다양한 종교와 철학을 바탕으로 발전했다. 그중 일부 전통은 윤회를 아무리 거듭해도 사라지지 않는 자아인 아트만(ātman)이 존재한다고 이야기한 반면, 부처는 무아(無我), 즉 아나트만(anātman)을 가르쳤다. 우리는 이리저리 옮겨 다니는 '무더기'의 집합체일 뿐이니 시간을 건너 존재하지만 변하지 않는 본질은 없다.

이렇게 보면 불교에서 추구하는 좋은 삶의 비전은 무척 단순할 것 같다. 일단, 죽음을 걱정할 필요는 없다. 죽음이 곧 끝이 아니기 때문이다. 또한, 업보가 생을 거듭하며 따라오니 점점 더 나은 삶을 살 수 있는 기회가 계속해서 주어진다. 흔히 이야기하듯 옳은 일을 행하고 복을 받으면 된다.

하지만 부처가 바라보는 삶은 그렇게 간단하지 않다. 부처에게 윤회의 굴레는 자연스러운 삶의 섭리가 아니었다. 윤회의 굴레는 우리 삶의 가장 큰 문제였다. 사제(四諦)를 구성하는 두 가지 진리가 이를 설명한다. 첫 번째 진리는 '괴로움'이다. "태어남은 괴로움이다. 늙음도 괴로움이다. 병듦도 괴로움이다. 죽음도 괴로움이다. 사랑하지 않는 것과 만남도 괴로움이다. 사랑하는 것과 이별하는 것도 괴로움이다. 원하는 것을 얻지 못하는 것도 괴로움이다. 육체도 괴로움이다. 감정도 괴로움이다. (중략) 의식도 괴로움이다. 한마디로, 물질에 매달리는 오온(五蘊, 무더기)이 괴로움이다." 부처는 아직 싯다르타 왕자로 살던 시절 노인, 병자, 시신을 마주하고 진리를 깨달아 왕족의 삶을 내려놨다. 결국에는 모든 것이 소멸하니 무엇도 진정으로 지속되지 않는다.

하지만 이는 그저 사실일 뿐이다. 부처가 이야기하기를, 인간이 이런 사실을 괴로움으로 받아들이는 이유는 두 번째 진리인 갈애 때문이다. 갈애는 열정적인 애착을 뜻한다. 무엇이 어떤 방식으로 흘러가기를 바라는 열망, 대상을 놓지 않으려는 집착 모두가 갈애에 해당한다. 하지만 모든 것은 결국 변할 수밖에 없으니 우리는 갈애 때문에 변하는 것에 집착한다. 그렇기에 윤회의 굴레 안에서 우리는 끊임없이 질병과 불안이라는 괴로움에 시달린다.

세 번째, 네 번째 진리는 부처가 제시한 길을 따라 갈애를 버리라는 해결책을 제시한다. 선을 쌓아서 복을 얻으려고 노력하거나, 얻을 수 있는 것만을 갈망하거나, 무엇이든 손에 넣을 수 있는 능력을 키우는 방법으로는 갈애로 인한 괴로움에서 벗어날 수 없다. 언젠가는 소멸할 허상을 좇아 아무 소득 없는 투쟁을 끊임없이 이어나갈 뿐이다. 그러니 부처에게 커즈와일의 특이점은 번뇌로부터 탈출이 될 수 없다. 특이점이 오는 순간, 인간은 기쁘게 웃으며 번뇌를 향해 뛰어들어갈 것이다. 부처가 그런 진정으로 큰 그림에서 무한한 시간 속에 우주를 마음대로 주무르는 거대한 초인공지능은 희망이 아니다. 이는 윤회가 주는 괴로움의 극치다.

인간 두뇌보다 연산 능력이 수조 배나 뛰어난 존재와 부처가 만났다고 상상해보라. 부처는 과연 어떤 말을 할까? 아마 가부좌를 틀고 앉아 심호흡을 한 다음, 이렇게 운을 뗄 것이다. "이것이 바로 (중략) 괴로움의 성스러운 진리이니라."

그래서 어떻게 큰 그림을 그릴 것인가?

우리는 이번 장에서 하나님의 사랑부터 키머러의 상호주의, 커즈와일의 특이점, 불교의 윤회까지 많은 이야기를 나눴다. 하지만 이 굉장한 여정조차 대단한 형이상학적 의미를 지닌 진정으로 큰 그림을 완성하고 '의문'에 대한 대답을 이끌어내기는 역부족이다. 그래서 우리는 이렇게 다양한 관점에서 어떤 깨달음을 얻을 수 있을까?

지나친 단순화의 위험이 있기는 하지만 우리는 다음의 네 가지 교훈을 마음에 새겨야 할 것이다.

1. 진정으로 큰 그림을 고민하라. 하지만 고민이 지나치게 깊어져서는 안 된다. 이번 장을 시작하면서 이야기했듯, 우리는 진정으로 큰 그림에서 달아날 수 없으니 진정으로 큰 그림에 관한 진실을 진지하게 고민해야 한다. 하지만 누구도 진정으로 큰 그림을 완성할 수는 없다. 어떻게든 진정으로 큰 그림을 끝까지 그려내려는 집착은 우리를 지치게 할 뿐 아니라 '의문'에 대답하는 삶을 실천하는 데 방해가 된다. 우리 모두 언젠가는 무언가를 당연하게 받아들여야 할 시점이 온다. 이는 피할 수 없는 진실이다.

2. 의견 불일치를 받아들여라. 우리는 지금까지 진정으로 큰 그림을 둘러싼 다섯 가지 관점을 살펴봤다. 이제 세상을 바라보

는 인간의 보편적인 시각은 없다는 사실을 분명히 깨달았을 것이다. 과학은 우리 삶을 구원할 수 없다. 키머러, 세이건, 윌슨, 커즈와일은 실증적 연구 결과를 무엇보다 중요하게 생각한다. 많은 기독교도와 불교도 또한 우리의 삶을 구원할 수 없기는 마찬가지다. 하지만 이들이 그린 진정으로 큰 그림은 양립할 수 없다. 사소한 부분은 물론이고 애초에 그림의 중심이 되는 주제부터 의견이 일치하지 않는다. 깊이 자리 잡은 갈등이 불편하게 느껴질 수도 있지만 어떻게든 이를 가리려는 노력은 혼란을 더할 뿐이다.

3. 현상과 당위에 관한 난제를 직시하라. 당위를 규정하는 더욱 현실적인 현실과 더욱 진실한 진실, 즉 '초월적' 현실이 존재한다는 의견에 회의적인 사람이라면 특별히 주의를 기울여야 할 것이다. 당위성 자체를 기꺼이 포기할 것인가? 당위를 선호로 축소할 것인가? 그렇지 않다면 어떤 대안을 찾을 것인가?

4. 지나치게 노력하지 마라. '의문'과 마찬가지로 진정으로 큰 그림에도 항상 위험이 따른다. 우리가 얼마나 열심히 노력하든, 중요한 문제에 잘못된 답을 내놓을 수 있다는 사실은 변하지 않는다. 수많은 사람 사이에서 관찰되는 광범위한 의견 차이를 고려했을 때 대부분이 많은 문제에 잘못된 답을 제시하고 있을 가능성이 크다. 그렇다고 노력을 그만둬서는 안 된다. 우리는 실수에 무력해지지 않고 위험을 진지하게 받아들이며 공존하는 방법

을 배워야 한다. 신뢰와 같이 '의문'을 추구하는 데 없어서는 안 되는 요소를 찾는 방식으로 위험을 다룰 수 있을 것이다.

삶에 적용하기

1. 여러분이 진정으로 큰 그림을 그리는 데 어떤 전통이 영향을 미쳤는가?

2. 여러분은 자신이 어디에 있다고 생각하는가? 다음의 하위 질문이 이에 대답하는 데 도움이 될 것이다.
   - 여러분의 세상과 그 속에 여러분의 위치를 형성하는 데 영향을 미친 일화가 있는가?
   - 여러분에게 세상이란 무엇을 의미하는가? 거대한 우주? 신의 창조물? 상호 의존적 관계? 또는 다른 무언가?
   - 이 세상과 그 속에서 여러분이 차지한 자리를 생각하면 어떤 느낌이 드는가? 스스로가 작게 느껴지는가? 사랑받는 존재, 연약한 존재, 책임감 있는 존재, 감사한 존재라고 느껴지는가?
   - 여러분은 스스로가 그린 진정으로 큰 그림 속에서 어떻게 행동해야 한다고 느끼는가? 스스로의 책임이라고 느끼는 행동이 있는가?

3. 여러분은 자신이 누구라고 생각하는가? 다음의 하위 질문이 이에 대답하는 데 도움이 될 것이다.
   - 여러분의 존재를 형성하는 데 영향을 미친 일화가 있는가?

- 여러분에게 인간이란 무엇을 의미하는가? 진화의 결과물? 스스로를 인식한 우주? 사랑받는 생물? 다른 생물 종보다 늦게 태어난 형제?

- 여러분이 묘사한 방식으로 인간의 존재를 생각하면 어떤 느낌이 드는가?

- 여러분은 인간과 인간이 아닌 생명체 사이의 관계를 어떻게 이해하는가?

- 여러분은 스스로가 그린 진정으로 큰 그림 속에 자리한 인간이 어떻게 행동해야 한다고 느끼는가? 스스로의 책임이라고 느끼는 행동이 있는가?

4부

한계를
마주하기

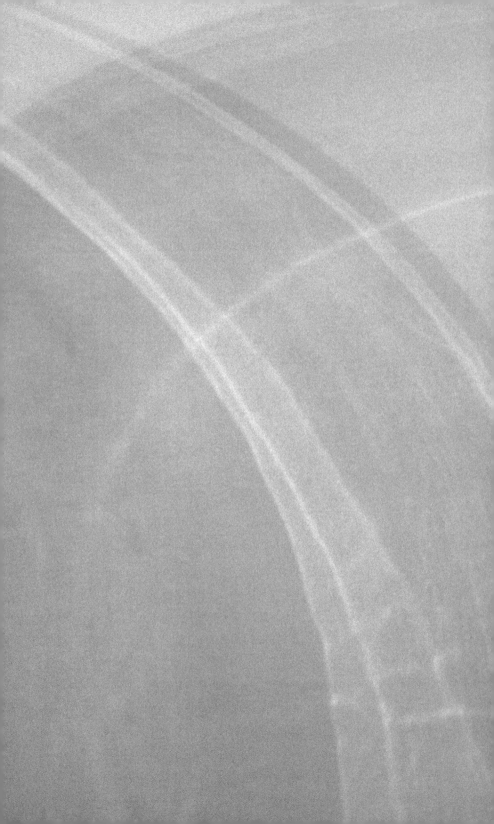

9장
· · · ·
누구나
실패할 수 있다

오스카 와일드는 감방에 앉아 한때는 운명이라고 생각했던 알프레드 더글러스 경과의 관계를 되돌아봤다. 현실을 직시한 와일드는 충격에 휩싸였다. 하지만 이는 잘못을 뉘우치고 범행을 후회하는 범죄자가 느끼는 충격과는 달랐다. 와일드는 자신의 자유를 빼앗은 법과 제도가 정당하지 않다는 사실을 잘 알고 있었다. 법을 어기고 제도에 반항한 과거는 조금도 후회스럽지 않았다. 부당한 법에 신경을 곤두세우는 사람은 타인의 시선을 걱정하는 소인배뿐이기 때문이다. 와일드는 더글러스 경과의 관계 자체를 후회했다. 더글러스 경과의 관계는 스스로를 향한 범죄나 마찬가지였다.

더글러스 경과 함께하는 시간은 즐거웠다. 지나치게 즐거웠다. 매일 아침 느지막이 자리에서 일어나 여유롭게 점심 식사를 즐기고 서로를 바라보며 시간을 보냈다. 오스카 와일드는 살아생전에 가치를 인정받은 몇 안 되는 천재 중 한 명이었다. 혹시나 믿기지 않는다면 와일드의 작품을 읽어보기를 바란다. 드높은 명성을 체감할 수 있을 것이다. 퇴폐적인 글은 유명세를 얻기에 충분했다. 하지만 더글러스 경과 함께하는 시간은 와일드의 작품 활동에 엄청난 영향을 끼쳤다. "수사적 과장이 아닌 절대적 진실과 사실만을 이야기하는데, 우리가 함께하는 시간 동안 나는 글을 단 한 줄도 쓰지 않았다." 이 뛰어난 극작가는 감옥에 갇혀 이런 글을 남겼다. 하지만 와일드의 화살은 더글러스 경이 아닌 스스로를 향했다. "당신(더글러스 경)이 나와 예술 사이를 끈질기게 가로막도록 둔 것을 더없이 수치스럽게 여기며 끝없이 스스로를 자책하고 있다."

누군가는 와일드가 유난을 부린다고 생각할 수도 있다. 예술가라면 한 번씩 슬럼프를 거치지 않나? 하지만 와일드가 어떤 삶의 비전을 추구했는지 아는 사람이라면 깊은 절망을 이해할 것이다.

와일드는 개성을 무척 중요하게 생각했다. 와일드는 인간이 인간답게 살아갈 수 있는 아름답고 경이롭고 매력적인 방법이 수도 없이 많다고 믿었으며, 각자 인간성을 표현하는 독특한 방법을 찾고 최대한 발전시켜야 한다고 생각했다. 그리고 와일드는 자신이 예술에 뛰어난 재능과 천재성을 타고났다는 사실을 조금도 의심하지 않았다.* 그에게 예술적 재능을 낭비하는 것은 끔찍한 실패였으며, 이는 곧 실패한 삶을 의미했다.

자기방어적인 오만함과 독설에도 불구하고 오스카 와일드가 이야기한 실패한 삶에는 심오함이 깃들어 있다. 와일드의 실패는 원하는 것을 얻지 못하는 데서 비롯되지 않았다. 와일드는 원하는 것을 모두 손에 넣었다. 젊은 연인을 품에 안고 사치와 여유를 즐겼다. 하지만 원하는 것을 얻는 과정에서 가장 높은 이상을 배반했다. 자신이 추구하던 인간으로서 진정 가치 있는 삶을 사는 데 실패한 것이다.

　우리는 오스카 와일드가 경험한 실패를 '개인의 실패'라고 부르겠다. 특정한 목적을 달성하는 것에 실패하는 데 그치지 않고 인간으로서 존재를 실현하는 데 실패했기 때문이다. 즉, 개인의 실패는 스스로가 추구하는 인간의 가치에 부합하지 않는 삶, 인간으로서 실패한 삶을 의미한다.

　우리는 누구나 실패를 경험할 것이라는 사실을 명심해야 한다. 그렇게까지 대단하고 끔찍한 실패는 아닐 수도 있다. 사소한 거짓말을 하고, 중요하지 않은 약속을 어기고, 연민이 있어야 할 자리를 차가운 무관심으로 대신한다. 하나씩 떼어놓고 보면 충분히 이해할 만한 별것 아닌 타협이 하나둘 쌓이면서 소중하게 여기던 삶의 방식은 조금씩 멀어져간다. 내가 추구하던 삶의 비전은 어느새 저 멀리 떠내려가고 당장의 만족, 타인의 바람이 그 자리를 차지한다. 이렇듯 사소한 개인의 실패가 모여서 어느 순간 걷잡을 수 없는 실패가 탄생한다.

　실패를 깨달을 수 있을 만큼 운이 좋은 사람한테나 해당하는 이야기이지만, 실패를 깨닫고 스스로에게 실망하면서 느끼는 고통은 꽤 아프게 다가온다. 그리고 우리는 어떻게든 실패를 수습할 방법을 찾아야 할 것이다.

무언가 잘못된 느낌을 받았다면

저널리스트 캐스린 슐츠(Kathryn Schulz)는 2011년 테드 강연에서 청중에게 이런 질문을 던졌다. "무언가 잘못되면 어떤 느낌이 드나요?" 당황스럽다, 끔찍하다 등 흔히 예상되는 대답이 되돌아왔다. 슐츠는 청중에게 강연에 적극적으로 참여해줘서 고맙지만 질문을 잘못 이해한 것 같다고 덧붙였다. 청중은 '무언가 잘못됐음을 깨달았을 때 느끼는 감정'에 관해 이야기하고 있었다.

잘못됐음을 깨닫지 못했지만 무언가 잘못됐을 때의 느낌과 무언가 제대로 됐을 때의 느낌은 완전히 같다. 문제는 여기에 있다. 잘못 행동했을 때도 마찬가지다. 잘못을 스스로 깨닫지 못하면 잘못 행동했을 때의 느낌은 잘못 행동하지 않았을 때의 느낌과 다르지 않을 것이다. 으레 그렇게 해야 하기에 그렇게 행동하고, 그렇게 살아야 하기에 그렇게 살아간다.

이는 심각한 위험이 될 수도 있다. 우리는 선한 가치, 올바른 가치를 품은 채 아무 생각 없이 길에서 벗어나거나 심지어 인간으로서 추구해야 할 가치와 완전히 반대되는 방향으로 향하기도

한다. 이렇게 한번 방향을 잘못 잡으면 무지하게도 같은 길을 계속해서 걸어가려는 의지는 점점 커져만 간다. 애초에 잘못된 방향을 향하고 있음을 깨닫지 못하기에 스스로가 잘하고 있다고 느끼기 때문이다. 그렇게 우리는 자신도 모르게 스스로를 속인다. 자기기만에 빠지기는 쉽지만 빠져나오기는 무척이나 어렵다.

자기기만에서 벗어나려면 우리를 수렁에서 끌어낼 계기가 필요하다. 오스카 와일드는 위기 속에서 스스로를 뒤돌아봤다. 삶과 관계의 규칙적인 흐름이 흐트러질 때 비로소 습관과 선택을 새로운 시각에서 바라볼 기회가 주어진다.

사람이 계기가 되기도 한다. 운이 좋다면 스스로가 정한 목표에서 벗어났을 때 삶의 방향을 바로잡아주는 친구나 스승을 만날 수 있을 것이다. 실제로 마태는 스승에게 친구를 대하는 방식이 '적절하지 못하다'라는 따끔한 지적을 받은 적이 있다. 마태는 아직도 후유증에서 벗어나지 못했다. 하지만 이 꾸짖음에는 제자가 제대로 된 방향으로 나아가기를 바라는 마음이 담겨 있다. 이렇듯 우리는 아끼는 사람이 추구하는 가치를 지키며 살아가기를 원한다.

탐탁지 않겠지만 우리가 해를 끼친 사람이 경종을 울리는 경우도 많다. 이들은 우리에게 어떤 피해를 입었는지, 어떻게 피해를 입었는지 고발한다. 직접 얼굴을 마주하고 이야기할 수도 있고, 타인에게 고충을 토로할 수도 있다. 피해자의 이야기는 어떻게든 우리 귀에 들어올 것이다. 달아날 구석은 없다.

이는 힘들지만 중요한 과정이다. 우리는 스스로의 행동을 똑바로 마주해야 한다. 진실을 마주하지 않으면 우리가 바라는 미래를 손에 넣을 수 없다.

시야를 뒤집어야만 실패를 직시할 수 있다면, 뒤집힐 줄 아는 사람만이 제대로 된 삶을 살 수 있을 것이다. 모처럼 찾아온 위기, 애정 어린 질책, 불편한 진실을 낭비해서는 안 된다. 우리는 강렬한 본능과의 싸움에서 승리하고 다음 단계로 나아가야 한다.

부정하고, 부정하고, 부정하기

실패를 깨달았을 때 대부분은 본능적으로 잘못을 부정할 것이다. 잘못을 부정하는 대상은 스스로가 될 수도, 친구가 될 수도, 완벽한 타인이 될 수도 있다. 상대가 누구든 일단 스스로가 뭔가를 잘못하거나 목표에서 벗어났다는 사실을 부정하고 싶을 것이다.

부정은 보통 세 가지 형태로 나타난다. 먼저, 문제 자체를 부정할 수 있다. ('내가 안 그랬어!') 실패의 책임이 자신에게 없다고 주장할 수도 있다. ('어쩔 수 없었어!') 또는, 골대를 옮겨 실패했다는 사실은 인정하되 개인의 실패까지는 아니라고 실패의 정도를 축소할 수도 있다. ('내가 그랬는데 왜? 아무 문제없잖아!')

부정의 형태가 어떻든 결국 핵심은 같다. '아무것도 잘못되지 않았고 모든 일이 순탄하게 흘러가고 있으니 살던 대로 살아라.' 이렇게 개인의 실패를 카펫 아래에 대충 밀어 넣고 흐지부지 넘어가려는 사람이 많다.

문제를 부정하고 싶은 마음은 이해한다. 개인의 실패를 인정하려면 잘못을 받아들이고 어떻게든 조치를 취해야 하는데, 문제를 해결할 방법을 모르기 때문이다. 12단계 프로그램의 첫 번째 단계는 문제를 인정하는 데서 시작한다. 하지만 나머지 2단계에서 12단계까지 프로그램이 어떻게 진행되는지 모르는 채 문제를 인정했다가는 빠져나갈 길이 없는 막다른 골목에 몰린 것 같은 절망감에 빠질 수도 있다. 행동과 존재를 혼동한 상태로 희망을 완전히 상실했을 때 우리는 대응을 포기한다. '그래, 나는 엉망이야. 이제 어떡하지?'

개인의 실패에 대응하는 방법을 어느 정도 알 것 같을 때도 부정이 현명한 선택처럼 느껴질 수 있다. 우리는 타인이 항상 우리를 최악의 모습으로 규정할 것이라는 부담을 떨쳐버릴 수 없다. 주홍글씨가 찍히고, 악랄한 글이 인터넷을 도배할 것이다. 심지어 약점을 공략해 우리에게 해를 입히고 자신의 이익을 챙기면서 기뻐하는 사람도 있을 것이다.

우리는 경험으로 이를 알고 있다. 우리도 최악의 모습으로 상대를 규정하고, 압박을 가하고, 주홍글씨를 찍고, 타인의 실수에 점수를 매긴 적이 있다. 우리는 다른 사람의 실패에 인간이 얼마나 무자비해질 수 있는지 잘 알고 있다. 우리부터 관대하지 못한

데, 다른 사람이라고 우리 실수에 관대할 수 있을까? 누가 굳이 위험을 무릅쓰려고 할까? 그러니 실패를 카펫 아래에 숨기려는 마음은 충분히 이해가 되지만, 분명 좋은 대응 방법은 아니다.

우선, 부정은 타인은 물론 자신에 대한 기만이다.◆ 개인의 실패를 부정하면 우리는 스스로의 거짓으로 꾸민 무고함과 뛰어남을 증명하려 애써야 한다. 또한, 개인의 실패를 모른 척 넘어가면 또 다른 개인의 실패를 경험할 가능성이 크다. 물이 새는 지붕을 생각해보라. 아무것도 하지 않았는데 저절로 지붕에 난 틈이 메꿔질 리는 없다. 비가 그치고 며칠 동안은 괜찮은 것 같겠지만 다시 비가 내리면 하자가 훤히 드러날 것이다. 물론 아무리 부인해도 어떤 일은 밝혀지기 마련이다. 그리고 그때는 실패뿐 아니라 부정까지 수습해야 한다.

'의문'을 함께 고민하는 많은 사람이 모두 동의하는 의견을 찾기는 쉽지 않다. 하지만 개인의 실패를 부정해서는 실패에 제대로 대응할 수 없다는 말에는 놀랍게도 하나같이 고개를 끄덕인다. 니체처럼 독특하고 별난 인물은 예외였다. "자신의 행동에 비겁하지 말라!" 온전한 정신을 유지할 날이 얼마 안 남았을 때, 니체는 이런 글을 썼다. "행동을 번복해서는 안 된다. 양심의 가책은 곧 어리석음이다." 니체에게 개인의 실패를 인정하는 것은 용기의 실패를 의미했다.

무슨 일이 있어도 자존심과 자부심을 지키는 삶이라니, 썩 괜찮아 보인다고 생각하는 사람도 있을 것이다. 하지만 니체와 함께 길고, 지치고, 아마도 살아남기 힘든 길을 끝까지 걸어가겠다는 굳은 의지가 없다면 개인의 실패를 인정하고 다음 단계로 넘어가야 한다. 어쩌면 실패를 인정할 용기야말로 진정한 용기일 것이다.

일단 잘못을 부정하려는 본능을 극복했다고 가정하자. 어떤 행동이나 실수, 습관 때문에 스스로가 추구하는 기준에서 벗어나는 삶을 살고 있다고 인정했다면 그다음에는 어떻게 해야 하는가?

다니엘 타이거의 노력

유명 어린이 애니메이션 〈다니엘 타이거〉에는 주인공으로 등장하는 호랑이 다니엘이 친구들과 함께 공놀이를 하는 에피소드가 있다. 다른 친구들은 모두 한 번에 공을 잡는 데 성공하지만, 다니엘은 공을 떨어뜨린다. 화가 난 다니엘은 공놀이를 그만두려고 하지만 친구들은 다니엘을 응원한다. "계속 해봐! 잘하게 될 거야!" 다니엘이 공을 떨어뜨릴 때마다 친구들은 노래를 부르며 힘을 북돋워주고, 결국 다니엘이 공을 잡으며 이야기는 행복하게 막을 내린다.

오늘날 우리 문화는 개인의 실패에 '계속 해보기'를 대응 방식으로 제시한다. 무언가 잘못하거나 잘못된 방향으로 나아가고 있다면 실패를 인정하고 다시 도전하면 된다. 계속 하다 보면 점차 나아질 것이다. 강한 의지와 노력으로 문제를 해결할 수 있다.

'계속 해보기'는 강력한 동기를 부여한다. 도전 과제를 주고 충분히 해낼 수 있다고 격려한다. 누구나 열심히 노력해서 성공하기를 바란다.

하지만 노력만으로는 부족하면 어떡해야 할까? '앞으로는 휴대전화를 내려놓고 아이들한테 집중해야지'라고 애써 다짐해봐도 곧 정신이 흐트러지고 자꾸만 주머니로 손이 기어들어간다. 13장과 15장에서 조금 더 자세히 다루겠지만, 어떤 개인의 실패는 한 번의 실수가 아닌 깊이 뿌리박힌 습관에 가깝다.

게다가 실패가 크고 깊으면 다시 도전해볼 자신감도 사라진다. 스스로가 생각만큼 특별한 사람이 아니라는 생각이 든다면 어떻게 문제를 해결해야 할까? '계속 해보기'는 효과가 없다. 상황이 이렇게까지 된 것은 노력이 부족해서가 아니다.

게다가 앞으로의 노력이 성공한다고 과거의 잘못이 사라지지는 않는다. 어떤 실패는 치유해야 할 상처, 바로잡아야 할 잘못을 남긴다. 열심히 노력해서 앞으로 친구를 배신하지 않는다고 하더라도 이미 배신한 친구는 어떻게 해야 할까?

앞으로 우리는 (1) 노력으로 문제를 해결할 수 없거나 (2) 지난 잘못을 바로잡을 수 없는 '계속 해보기'의 한계를 극복하고 개인적 실패에 대응하는 몇 가지 방법을 다룰 예정이다.

작은 실천부터 시작하라

1971년 동파키스탄(오늘날의 방글라데시)에서 안타까운 보도가 이어졌다. 정부의 집단 학살과 내전, 사이클론으로 안 그래도 궁핍하던 국민의 삶은 더욱 힘들어졌다. 수백만 명이 집을 잃었고, 그보다 더 많은 사람이 질병과 굶주림에 시달렸다.

이 모든 일이 일어나는 동안 호주의 젊은 철학자 피터 싱어는 세상이 동파키스탄의 비극에 놀라우리만치 무심하다는 사실을 발견했다. 수많은 사람이 굶거나 병에 걸려서 죽어가고 있었다. 그리고 세상은 제 역할을 충분히 해내지 않았다. 싱어 자신조차 제 역할을 충분히 해내지 않았다.

싱어의 기준에 맞춰 제 역할을 충분히 해내기는 쉽지 않다. 공리주의자인 싱어는 모든 지각 있는 존재를 숲의 범위에 포함했다. 그리고 싱어의 숲을 구성하는 모든 나무는 똑같이 중요하니 누구도 특권을 누려서는 안 된다. 그러므로 원칙대로라면 우리는 기근에 시달리는 동파키스탄 국민이나 매일 1.9달러에 못 미치는 비용으로 삶을 이어나가고 전 세계 어린이 3억 5천만 명에게 돌아가는 이익보다 자신이 입을 피해가 커지는 시점까지 베풀어야 마땅하다. 여기에 조금이라도 못 미친다면 이는 윤리적 의무를 회피하는 삶이라고 할 수 있다.

싱어는 스스로가 세운 기준을 지키지 못했다고 인정했다. 아마이 세상 어느 누구도 싱어의 기준에 맞춰 살 수는 없을 것이다.

그리고 우리는 매일 실패하며 살아간다.

현실을 살아가는 인간에게는 공리주의가 추구하는 윤리적 이상이 터무니없이 높다고 비난하는 사람도 있다. 하지만 싱어의 생각은 달랐다. 윤리적으로 살기가 힘들다는 이유로 윤리의 기준을 바꿔서는 안 된다. 하지만 이렇게 높은 윤리적 기준을 제시하는 세상에서 우리는 공리주의가 추구하는 완벽한 도덕관념을 갖춘 영웅이 아닌 평범한 인간으로서 무엇을 할 수 있을까?

싱어는 작은 실천부터 시작해야 한다고 주장했다. 한 번에 공리주의가 제시하는 윤리적 기준에 맞추려고 노력하지 않아도 된다. 《물에 빠진 아이 구하기》에서 싱어는 일단 수입의 1퍼센트를 기부해 극빈층에 해당하는 세계인의 고통을 덜어주는 데에서부터 베풂을 시작하라고 제안했다.

핵심은 공리주의적 이상에서 영감을 얻어 행동에 작은 변화를 주는 데 있다. 변화를 실천해보면 그렇게 나쁘지만은 않다는 생각이 들 것이다. 그리고 한 걸음 더 나아갈 용기를 얻을 것이다. 아무리 노력해도 공리주의가 추구하는 기준에 도달하기에는 항상 부족하겠지만 점점 더 기준에 가까워질 것이고, 덕분에 세상은 점점 더 나은 곳이 될 것이다. 적어도 싱어는 우리가 그렇게 살아가기를 바랐다.

이렇듯 싱어는 다니엘 타이거의 노력이 제시하는 첫 번째 문제에 어느 정도 해답을 제시한 듯하다. 때때로 반복되는 노력은 반복되는 실패로 이어진다. 하지만 작은 실천으로 시작한 변화는 성공을 향해 나아간다. 소화하지 못할 만큼 많은 양을 삼키려고 노력하지 않아도 된다. 스스로에게 성공할 기회를 주고, 천천히지만 확실하게 번성하는 삶의 비전을 향해 걸어간다면 그것만으로 충분하다.

싱어가 이미 지나간 개인의 실패에 어떻게 대응하기를 바라는지는 확실하지 않다. 반면 앞서 이 세상을 살았던 유대교 랍비는 이에 관련해 할 말이 많았던 듯하다.

회개, 실패로부터 인간을 구원하다

8~9세기쯤 이름이 알려지지 않은 어느 랍비가 하나님이 세상을 창조한 이야기를 글로 남겼다. 아직 창조가 있기 전, 하나님은 세상을 창조하기로 결심했다. 그렇게 하나님은 '스스로를 위해 성을 짓는 왕'처럼 이 세상 모든 것을 포함하는 건축 계획을 세우기 시작했다. 하지만 곧 구상 중인 건축 구조가 불안정하다는 사실을 깨달았다. 그대로 세상을 만든다면 분명 곧 무너질 것이었다. 무언가 중요한 것이 빠져 있었다. 하나님은 먼저 회개를 창조했다. 그제야 세상의 기반이 단단하게 자리 잡았다. 하나님은 창조를 이어나갔다.

이 이름 모를 랍비가 회개를 세상의 존속을 결정할 만큼 중요한 구조물처럼 묘사한 이유는 무엇일까?

우선 랍비는 인간이라면 반드시 실패를 경험한다고 믿었다. 개인의 실패는 어린이 동화책에 나오는 깊고 질척거리는 늪지대와 같다. 우리는 늪지대를 뛰어넘을 수도, 통과할 수도 없다. 어떻게든 늪을 헤치고 반대편으로 건너가야 한다. 반드시 곤경을 겪어야 한다면 곤경을 극복할 방법도 있을 것이다.

하지만 이뿐만이 아니다. 랍비의 일화와 히브리어 성경에는 개인의 실패가 단순히 개인적인 실패에 그치지 않는다는 암시가 담겨 있다. 개인의 실패는 실패한 개인뿐 아니라 개인의 관계에도 부정적인 영향을 미친다. 그리고 랍비에게 인간은 마땅히 신의 뜻을 따라야 할 책임이 있는 존재였으니, 개인의 실패는 하나님과의 관계를 망칠 수도 있다. 이제 그만 인정하자. 개인의 실패는 당사자뿐 아니라 주변 사람에게도 해를 끼친다.

정리하자면, 개인의 실패는 심각한 문제를 야기한다. 멋진 사람에서 그저 그런 사람으로 격이 떨어지는 차원의 문제가 아니다. 오래전 유대교 랍비가 남긴 표현을 빌리자면 개인의 실패는 죄악과 같다.

이제 우리가 던진 질문에 답이 보이기 시작한다. 첫째, 개인의 실패가 그토록 심각한 문제이고 둘째, 개인의 실패를 피할 수 없으므로 인간이 제대로 살아가려면 회개해야 한다는 랍비의 주장을 알 것도 같다.

먼저, 회개를 의미하는 히브리어 '테슈바(teshuva)'를 자세히 알아보겠다. 이 단어는 '뒤돌다'라는 뜻을 지닌 동사에 어근을 두고 있다. 즉, 회개는 180도 방향을 바꿔 관계를 회복하는 행위를 의미한다. 마이모니데스(Maimonides)라는 이름으로 잘 알려진 12세기 유대인 학자 모세 벤 마이몬(Moses ben Maimon, 1138~1204)은 "회개는 멀리 떨어진 것을 가까이 가져온다"라는 말을 남겼다. 회개는 개인의 실패로 갈가리 찢긴 관계의 조각을 다시 이어 붙인다.

회개는 양면을 지닌다. 한 면에 자리한 회개는 실패 그 자체, 즉 뒤를 바라본다. 잘못을 고백하고, 피해를 보상하고, 용서를 구한다. 핵심은 잘못된 관계나 문제를 올바르게 되돌리는 데 있다. 반대쪽 면에 자리한 회개는 뒤를 돌아보되 앞을 바라본다. 이런 종류의 회개는 변화를 추구하고 지금 당장 이 자리에서부터 올바른 일을 행하는 데 초점을 맞춘다.

뒤를 바라보는 회개에서는 가장 먼저 잘못을 고백해야 한다. 개인의 실패에 고통받는 사람은 나뿐만이 아니다. 항상 다른 누군가가 우리가 저지른 개인의 실패로 인해 함께 고통받으니, 개인의 실패를 혼자 인식하고 넘어가서는 곤란하다. 뒤를 돌아보고 회개를 시작하려면 관계 속에서 실패를 인식하고 규정해야 한다. 마이모니데스를 비롯한 유대교 랍비는 모든 죄악이 하나님과의 관계를 망친다고 생각했다. 따라서 회개하려면 반드시 하나님에게 죄를 고백해야 한다. 하지만 많은 개인의 실패는 하나님뿐 아니라 타인과의 관계에도 악영향을 끼친다. 이런 경우에는 꼭 상대방에게 잘못을 고백하고 넘어가야 할 것이다. 실제로 마이모니데스는 우리가 죄를 저질러 다른 사람에게 피해를 입혔을 때, 피해를 입은 당사자뿐 아니라 공동체 전체에 잘못을 고백하고 공동체와 새로운 방식으로 관계를 맺어야 한다고 주장했다.

하지만 고백이 항상 모든 문제를 해결하지는 않는다. 사과를 하는 행위 자체는 바람직하지만 잘못을 사과한다고 이미 일어난 일을 되돌릴 수는 없다. 뒤를 바라보는 회개가 보상을 강조하는 이유가 여기에 있다. 우리는 누구에게 어떤 피해를 입혔든 보상할 수 있도록 최선을 다해야 한다. 마이모니데스가 이야기하기를, 하나님은 피해를 입힌 당사자에게 직접 용서를 구하고 적절한 금전적 보상을 제공하지 않은 이의 죄를 사하지 않는다.

고백과 보상은 잘못을 바로잡기 위해 뒤를 바라본다. 하지만 동시에 회개는 뒤를 바라보는 데 그치지 않고 근본적으로 진로를 수정해 새로운 방향을 향해 나아감을 의미한다. 앞을 바라보는 회개는 삶의 방식을 변화하기를 요구한다. 랍비 아다 바 아하바 (Adda bar Ahavah, 3~4세기경 추정)는 "죄를 고백하는 데 그치는 자는 무엇도 얻을 수 없지만, 죄를 고백하고 버리는 자는 자비를 얻을 것이다"라는 말을 남겼다.✦ 잘못을 사과하는 것만으로는 부족하다. 피해를 보상하는 것도 충분하지 않다. 죄를 제대로 바로잡으려면 살아가는 방식 자체를 변화시켜야 한다.

잘못을 바로잡고 옳은 일을 행한다는 회개의 양면은 개인의 실패가 타인과 맺는 관계에 미치는 영향을 중요하게 생각한다. 하지만 실패한 후 곧바로 잘못을 바로잡고 옳은 일을 실천할 수 있는 능력을 지닌 사람이 몇이나 될까? '옳은 일을 행하라'는 조언이 '계속 해보라'는 응원과 어떻게 다를까? 언젠가 올바른 사람이 될 수 있다는 희망이 없는데 올바른 일을 계속해서 실천할 수 있을까?

랍비는 우리가 실패하고, 또 실패할 것이라는 사실을 알고 있었다. 랍비의 표현에 따르면 인간의 심장 가까이에는 '사악한 충동' 또는 그러한 성향이 자리하고 있다. 그리고 우리는 힘겹게 회개하며 사악한 충동과 맞서 싸운다. 하지만 인간의 능력만으로는 사악한 충동을 완전히 극복할 수 없기에 도움이 필요하다. 하나님은 우리의 잘못을 용서하고 옳은 길로 인도할 것이다. 랍비 시몬 벤 라키쉬(Shimon ben Lakish, 200~275 추정)는 이렇게 해석했다. "인간의 사악한 충동은 매일 우리를 정복하고 죽이려 한다. (중략) 선한 의지로 우리를 도우려는 거룩하고 복되신 주님 없이는 악한 충동을 이겨낼 수 없다." 하나님은 우리를 죄악으로 밀어내는 사악한 충동에 대항할 힘을 준다. 신성한 도움이 없으면 우리의 노력은 아무런 결실을 맺지 못할 것이다.

따라서 우리는 개인의 실패에 죄악이라는 이름표를 붙이고 회개와 용서를 구해야 한다. 유대교 랍비뿐 아니라 기독교 및 이슬람교 사상가 또한 비슷한 관점을 취했다. 하지만 '죄악'을 논하는 자체가 문제라면 어떻게 해야 할까?

자비로운 변화

오늘날 미국에서 불교를 가르치는 페마 초드론(Pema Chödrön, 1936~)은 회개가 필요한 개인의 죄스러운 행동이 아닌 죄악이라는 범주 자체와 죄악이 가져오는 파괴적 습관에서 문제를 찾았다. "괴로움의 근본은 무언가 잘못하고 있다는 느낌, 스스로의 존재에 대한 죄책감과 수치심에 있다." 유일한 해결책은 이런 감정과 '친밀'해지는 것이다. 스스로에게 품은 부정적인 감정에 익숙해지면 자신은 물론 타인에게 자비를 베풀며 함께 어우러져 살아가는 방법을 찾을 수 있을 것이다.

초드론이 이야기하기를, 부처는 '네 가지 요소'를 소유하면 과거의 악행을 극복할 수 있다고 가르쳤다. 네 가지 요소는 부처가 개인적 실패에 내놓은 대답과 같다. 초드론은 이 모든 과정을 고해라고 표현했지만 불교의 고해는 "누구에게도 털어놓지 않고, 누구도 용서하지 않는다"라는 점에서 유대교, 기독교, 이슬람교의 고해와 완전히 다르다. 고해는 개인의 내면에서 이루어진다. 초드론은 네 가지 요소를 다음과 같이 해석했다.

첫 번째 요소는 뉘우침이다. 뉘우침이라고 하면 죄책감에 집어삼켜진 것처럼 느껴질 수도 있지만 초드론은 뉘우침이 우리를 해방시킨다고 주장했다. 우리는 과거에 저지른 과오를 똑바로 바라봐야 한다. 스스로를 보호하기 위해 잘못을 부정해서는 안 된다. 뉘우침의 핵심은 파괴적인 생각, 언어, 행동으로 이어지는 습관을 끊어내는 데 있다. 뉘우침은 자책을 포함하지 않는다. 뉘우침은 우리를 과거의 행동에 옭아매는 부정과 수치심의 끈을 잘라낸다. 우리는 뉘우침을 통해 악을 행하고 큰돈을 내놓거나, 스스로를 정당화하려는 노력을 반복하거나, 파괴적인 습관을 강화하는 행동 양식에서 벗어난다.

두 번째 요소는 자제력이다. 개인의 실패를 있는 그대로 인식하고 뉘우쳤다면 이제 욕구를 억눌러야 한다. 양심의 목소리가 걸핏하면 "그만두지 못할까!"라고 엄격하게 외쳐댄다니, 가혹하다고 생각할 수도 있다. 하지만 초드론은 오해를 바로잡았다. 불교 교리의 중심에는 자비가 자리한다. 그러니 스스로를 벌하려는 가혹한 태도는 역효과를 낳을 뿐이다. "불만을 받아들이는 것은 불만을 실천하는 것과 같다. 가혹함을 받아들이는 것은 가혹함을 실천하는 것과 같다. 그리고 이런 자질은 실천할수록 더욱 강해진다." 다르게 이야기하자면 "타인에게 자비로우려면 먼저 스스로에게 자비로워야 한다."

욕구를 억누르는 데는 엄청난 노력과 의지가 필요하지 않다. 우리는 악행의 폐해를 미리 예상하고 자연스럽게 자제력을 발휘한다. "우리가 욕구를 억누르는 이유는 한 입, 한 모금, 한 마디가 가져올 불행한 연쇄 반응을 이미 알고 있기 때문이다." 자제를 요구하는 내면의 목소리는 소리치지 않는다. "하루씩 참아 보자"라며 부드럽게 격려한다.

세 번째 요소는 개선이다. 마이모니데스를 비롯한 유대교 랍비는 상대에게 입힌 피해를 구체적으로 보상해야 한다고 주장했다. 불교에서 개선은 애초에 개인의 실패를 초래한 원인을 파악해 과거와 다르게 생각하고 행동하려는 자애명상과 같은 노력을 의미한다. 개선은 자비로운 삶의 기반을 닦는다.

네 번째 요소는 결심이다. 우리는 같은 잘못을 반복하지 않겠다고 다짐해야 한다. 초드론이 이야기하는 결심은 변화를 추구한다는 점에서 유대교의 회개와 유사성을 지니는 듯하다. 하지만 자세히 살펴보면 불교와 유대교는 변화에 전혀 다르게 접근하고 있다. 초드론은 변화를 결심할 때도 스스로를 비하하지 않도록 주의해야 한다고 강조했다. 결심은 두 번 다시 같은 실패를 반복하지 말라고 스스로에게 내리는 명령이 아니다. 마음속 깊은 곳에서 실패를 반복하고 싶지 않음을 인정하고 또다시 같은 방식으로 실패하지 않을 수 있다는 사실을 스스로에게 일깨워주는 것이다.

초드론은 잘못을 바로잡기 위해 뒤를 돌아보지 않는다. 초드론이 뒤를 돌아보는 이유는 어떻게 잘못이 일어났는지 알 수 있기 때문이다. 괴로움을 가져오는 양식을 파악하면 평온하게 괴로움에서 벗어날 수 있다. 비난은 아무런 가치가 없다. 우리는 자신과 타인에게 자비를 베풀어야 한다. 개인의 실패를 자비롭게 바라보면 자연스럽게 잘못을 뉘우치고, 욕구를 자제하고, 행동을 개선하고, 변화를 결심할 수 있다.

그래서 우리는 개인의 실패에 어떻게 대응해야 하는가?

작은 실천부터 시작하고, 회개하고, 실패를 자비롭게 바라보라는 조언을 잘 기억해뒀다가 필요한 상황에 적절하게 사용하면 좋겠다고 생각할 수도 있다. 하지만 지금쯤이면 실패에 완전히 다르게 접근하는 이 세 가지 방식을 모두 선택할 수는 없다는 사실을 깨달았을 것이다. '작은 실천부터 시작하라'는 싱어의 조언은 '더 열심히' 노력하는 데 그치지 않고 '더 똑똑하게' 노력하라는 뜻을 담고 있다. 더 열심히 노력하든, 더 똑똑하게 노력하든 우리는 지나간 과거를 걱정할 시간에 미래를 긍정적인 방향으로 변화하는 데 집중해야 한다. 단, 당장 실천할 수 있는 변화부터 시작한다는 전략이 조금 더 유용할 수 있다. 미래에 초점을 맞춘 싱어와 달리, 초드론과 랍비는 과거를 돌아봤다. 하지만 불교와 유대교는 완전히 다른 방식으로 과거에 접근한다. 유대교는 회개가 세상만사를 좌우한다고 생각한 반면, 불교는 회개의 언이가 우리를 도덕적 수렁에 빠뜨린다고 주장했다. 세상을 바라보는 방식이 이렇게 다른 두 종교가 우리의 질문에 같은 대답을 내놓을 수는 없다.

안타깝지만 개인의 실패에 대응하는 방법에 대한 고민은 단순한 학문적 탐구에서 끝나지 않는다. 개인의 실패는 '저 멀리 어딘가'에 있지 않다. 개인의 실패는 바로 이곳, 우리 모두의 삶에 똬리를 틀고 있다. 개인의 실패를 직시하기는 고통스럽다. 개인의 실패를 인정하기는 더욱 고통스럽다.

사소한 개인의 실패가 모여 거대한 개인의 실패가 되는 과정을 직시하려면 수용하는 자세를 길러야 한다. 우리는 시야를 뒤집어 언젠가 닥칠지 모르는 위기를 이용할 수 있도록 미리 준비하고, 부정에서 벗어날 방법을 찾아야 한다.

개인의 실패를 인정하는 단계를 넘어서면 질문을 놓고 함께 고민하는 동료 사이의 합의는 금세 자취를 감춘다. 누군가에게는 해결책을 제시한 대답이 누군가에게는 문제의 원인이 된다. 다음의 두 질문은 우리가 개인의 실패에 어떻게 반응할 것인지 대답을 찾는 데 중요한 역할을 할 것이다.

첫째, 어떻게 변화를 유지할 것인가? 앞으로 같은 실패를 반복하지 않으려면 어떻게 해야 하는가? 삶에서 우리는 십중팔구 또 다른 실패를 경험할 텐데, 이에 제대로 대응하려면 무엇에 의지해야 하는가?

둘째, 과거의 잘못을 어느 정도까지 바로잡아야 하는가? 우리가 잘못을 저질렀거나 해를 끼친 사람 모두에게 용서를 구하고 보상을 제시해야 하는가? 만약 그렇다면 어떤 과정을 거칠 것인가? (자신의 행동이 상대방에게 어떤 영향을 미쳤는지 직접 듣고 이해하는 시간을 가지지 않으면 피해를 입은 당사자와 과거 있었던 일을 다르게 받아들일 수도 있다. 이런 경우에는 진정한 용서와 화해가 이루어지기 어려울 것이다.*) 또는, 실패의 원인을 찾고 앞으로 잘못을 저지르지 않는 것으로 충분한가?

이런 질문은 실패로 인해 발생하는 피해로 관심을 유도한다. 우리가 저지른 개인의 실패는 자신뿐 아니라 타인에게 고통을 준다. 그리고 우리는 이 세상과 우리 삶에 존재하는 고통이 누구의 잘못이든 세심한 주의를 기울일 의무를 지닌다.

삶에 적용하기

1. 타인이 행한 개인의 실패에 영향을 받은 경험을 떠올려 보라.
   - 여러분은 어떻게 반응했는가?
   - 여러분은 실패를 저지른 당사자가 어떻게 반응하길 바랐는가?

2. 스스로가 세운 기준을 지키지 못한 경험을 떠올려보라.
   - 여러분은 잘못된 방향으로 향하고 있다는 사실을 어떻게 깨달았는가? 위기의 순간을 경험했는가? 친구에게 꾸지람을 들었는가? 여러분이 상처를 입힌 사람이 직접 잘못된 행동을 꼬집었는가?
   - 여러분은 잘못을 깨달았을 때 잠시 멈춰 스스로의 행동이 타인에게 어떤 영향을 미쳤는지 고민했는가? 아니면 어쩌면 섣부를지도 모르는 용서를 구했는가?
   - 여러분은 잘못된 관계를 바로잡고 잘못을 만회하는 데 초점을 맞췄는가?
   - 또는, 다음에는 더 잘하겠다고 결심하는 데 초점을 맞췄는가?

3. 우리는 스스로가 저지른 개인의 실패에 어떻게 반응해야 하는가?
   - 과거의 피해를 바로잡는 것이 얼마나 중요하다고 생

각하는가? 우리가 잘못을 저질렀거나 해를 끼친 사람 모두에게 용서를 구하고 보상을 제시해야 하는가? 만약 그렇다고 생각한다면 누군가가 여러분에게 사과했을 때 스스로가 어떻게 대답하는지 생각해보라. "괜찮아"와 "용서할게" 중 무엇에 가까운가?

- 여러분은 동일한 개인의 실패를 반복하지 않는 데 필요한 자질이 스스로에게 이미 주어졌다고 생각하는가, 아니면 다른 곳에서 도움을 받아야 한다고 생각하는가?

10장
때때로
삶은 고통스럽다

바깥 공기가 살을 에는 듯 차가웠다. 관절이 시리고 발가락이 저려왔다. 숨을 쉴 때마다 콧구멍 안쪽이 얼어붙는 것 같았다. 그때, 안쪽에서 유혹하듯 일렁이는 벽난로가 눈에 들어왔다. 안도한 마음에 문을 열고 신발에 쌓인 눈을 털어낸 다음 실내로 들어갔다. 장갑을 벗으며 벽난로를 향해 점점 더 깊이 몸을 기울였다. 온기가 몸과 마음을 끌어당기는 것 같았다.

벽난로에 다가가다가 뒤집힌 카펫 모서리에 발이 걸려 넘어졌다. 쓰러지는 몸을 지탱하려 뻗은 손이 벽난로 안에 들어갔다. 탈것처럼 뜨거웠다. 날카로운 통증에 재빨리 손을 빼냈다.

쾌락은 우리를 끌어당기고 고통은 우리를 밀어낸다. 우리는 쾌락을 찾고 고통을 피한다.

벤담은 쾌락과 고통을 인간이 행동하는 원동력이라고 생각했다. "자연은 인류를 쾌락과 고통이라는 두 군주의 지배 아래 뒀다. (중략) 쾌락과 고통은 우리의 모든 행동과, 말과, 생각을 지배한다. 쾌락과 고통이라는 군주에서 벗어나려는 모든 노력은 지배를 증명하고 확인할 뿐이다."

철학자들은 '심리학적 쾌락주의'라고 불리는 이 학설이 지니는 장점을 두고 격렬한 논쟁을 이어왔다. 하지만 오랜 논의에도 불구하고, 인간은 쾌락을 좇고 고통을 피한다는 기본 가설은 넓은 범위에 걸쳐 현대사회에 큰 영향을 미치고 있다. 고통을 피하려는 인간의 노력 뒤에는 심각한 문화적 부담이 자리한다. 이는 뜨거운 벽난로에서 손을 빼내려는 본능을 넘어 우리의 행동과 인생 계획을 좌우하는 지침을 제시한다. 심리학적 쾌락주의를 굳게 믿어서가 아니다. 인간은 본능적으로 고통과 괴로움을 순수 악으로 받아들이기에 되도록 고통과 괴로움이 없는 삶을 추구하기 때문이다.

오늘날 우리 사회는 고통을 향한 강한 혐오를 구태여 숨기지 않는다. 하지만 우리는 세상의 시작 또는 끝을 묘사하는 다양한 이야기 속에서 고통이 완전히 사라진 낙원이 어떤 느낌을 주는지 어렴풋하게 예상할 수 있을 뿐이다. 어쩌면 고통에서 자유로운 세상은 인간의 가장 깊은 염원일 것이다.

하지만 문제는 그렇게 간단하지 않다. 심리학자 폴 블룸(Paul Bloom, 1963~)이 지적하듯 우리는 때때로 어떤 종류의 괴로움을 선택한다. 인간은 고통 속에서 쾌락을 찾곤 한다. 한계까지 내몰려 근육이 끊어질 것 같은 느낌을 즐기는 육상 선수와 혀가 불에 타는 듯한 매운맛을 좋아하는 미식가를 예로 들 수 있다. 이렇듯 쾌락과 고통이 항상 상호 배타적이지는 않다. 고통이 아무런 쾌락을 주지 않더라도 더 큰 의미를 좇아 즐거움을 희생할 때도 있다. 우리는 출산의 고통과 육아의 괴로움을 알면서도 아이를 낳고 키운다. 또한, 역사를 살아온 수많은 사람이 영광을 얻기 위해, 또는 조국의 수호하기 위해 전쟁이라는 지옥으로 기꺼이 뛰어들었다.

심리학적 쾌락주의를 향한 집착은 적신호일 것이다. 쾌락과 고통은 단순한 끌림과 혐오 이상의 의미를 지닌다. 인간으로서 가치 있는 삶은 물론이고, 기쁨을 누리고 의미를 추구하는 삶을 바란다면 고통을 포용해야 한다. 이는 우리의 신념과, 우리가 사랑하는 사람과, 진정으로 숭고한 대의를 위한 선택이다.

하지만 문제는 이 세상에 넘쳐나는 고통 대부분이 선택에 의한 결과가 아니라는 데 있다. 악의와 태만은 바다를 가득 채우고도 남을 만큼 많은 눈물을 쏟아냈다. 전쟁의 공포에 떠는 피해자 중 전쟁이 일어나기를 바란 사람은 거의 없을 것이다. 하지만 우리가 겪는 상당한 고통은 물리적인 세상을 살아가는 인간의 나약함에서 비롯된다. 이렇듯 우리의 선택과 관계없이 주어지는 두 종류의 고통은 두 가지 물음을 떠올리게 한다. 첫째, 어떻게 괴로움에 맞서 고통을 제거하고 완화할 수 있을까? 둘째, 피할 수 없는 고통이 존재한다면 그 고통은 어떻게 견뎌야 할까? 이번 장과 다음 장에서 우리는 이 두 가지 질문을 중점적으로 다룰 예정이다.

효율적 이타주의자의 나눔

줄리아 와이스(Julia Wise)의 부모는 어린 딸에게 세상은 불공평하며, 힘겹게 생계를 꾸려가는 수많은 사람 가운데 우리 가족이 이토록 풍족하게 누리고 살 수 있는 것은 굉장한 행운이자 특권이라고 가르쳤다. 가르침을 받은 줄리아는 단순하고도 불편한 결론에 도달했다. 우리가 필요 이상으로 많은 것을 가졌다면 부족한 사람에게 나눠줘야 하지 않을까?

줄리아는 검소하게 살면서 남는 재산을 모두 기부하는 험난한 삶을 선택했다. 대학교에서 만나 훗날 줄리아와 부부의 연을 맺은 제프는 나중에 결혼할 때를 내비해 따로 돈을 모으기를 바랐지만 줄리아는 결국 제프를 설득했다. 부부가 된 두 사람은 '효율적 이타주의' 운동에 참여하며 비슷한 신념을 가진 사람을 만나기 시작했다. 이 모임의 구성원은 (1) 되도록 많이 나누고 (2) 가장 큰 변화를 일으킬 만한 나눔을 실천하는 데 전념했다. 현재 줄리아는 효율적 이타주의 공동체에서 일하며 예일대학교에서 진행하는 '가치 있는 삶' 강의에 종종 참석하고 있다.

결혼 후 줄리아와 제프 부부는 매년 전체 수입의 30퍼센트에서 50퍼센트를 구호 단체에 기부해왔다. 미국 가정의 평균 기부 비율은 수입의 2~5퍼센트에 그치며, 그중 세상의 고통과 빈곤의 원인을 줄이기 위해 사용되는 돈은 일부에 불과하다.

하지만 줄리아는 더 큰 베풂을 실천해야 한다고 생각했다. 많은 효율적 이타주의자가 그렇듯, 줄리아 또한 공리주의 사상에 많은 영향을 받았다. 6장, 7장, 9장에서 소개한 피터 싱어 역시 효율적 이타주의 운동을 이끈 주요 인물 중 한 명이었다. 싱어는 이상적인 도덕관념을 실천하려면 "한계 효용에 도달할 때까지" 베풀어야 한다고 주장했다. 즉, 우리는 타인에게 돌아가는 이익보다 자신이 입을 피해가 커지는 시점까지 나눔을 베풀어야 마땅하다. 여기서 싱어가 이야기하는 타인은 누구인가? 모든 사람이다. 그러니 (1) 자신보다 가난하고 (2) 내가 가진 일부를 나눠줄 수 있는 사람이 존재하는 한, 우리는 나눔을 실천할 의무를 지닌다. 아마 우리 중 누구도 싱어의 기준에 맞춰 살 수 없을 것이다. 하지만 싱어는 실천할 수 없다는 이유로 기준을 낮춰서는 안 된다고 생각했다.

줄리아는 매년 예일대학교를 찾아 '가치 있는 삶' 강의에서 자신의 이야기를 공유하며 놀라움을 선사한다. 줄리아는 결코 평범하다고 할 수 없는 나눔을 평범한 일상으로 만들었다. 많은 학생이 줄리아의 이야기에 매료됐고, 일부는 효율적 이타주의자가 되기로 결심했다. 하지만 질의응답 시간에 항상 나오는 질문이 있다. 체계를 변화시킬 필요는 못 느꼈는가? 화재를 진압하는 데 어마어마한 돈과 에너지를 쏟아부으면서 화재의 원인을 파악해야 겠다고 생각한 적은 없는가? 진부한 예를 들자면 강에 빠진 사람을 아무리 많이 건져내더라도 근본적으로 상류에 올라가서 강에 빠지는 사람이 없도록 사고를 예방하는 것이 낫지 않겠는가? 줄리아의 나눔은 분명 급진적이지만, 이 나눔이 세상의 깊은 문제를 근본적으로 해결할 만큼 급진적이라고 할 수 있는가?

"사회가 새롭게 구성될 때까지"

메리 울스턴크래프트(Mary Wollstonecraft, 1759~1797)는 가세가 기울어가는 집안에서 태어났다. 영국 상류층에서 가장 낮은 계급에 속한 아버지는 돈 관리라고는 할 줄 모르는 사내였다. 아버지가 가산을 탕진하고 그나마 남은 돈은 남자 형제에게 갔고 울스턴크래프트를 비롯한 나머지 여자 형제는 직접 생계를 꾸려나가야 했다.

그녀는 이 모든 불행을 딛고 일어났다. 혼자 공부해 런던 외곽에 여학교를 설립했다. 학교가 사라진 후에는 가정교사로 일하다가 그마저도 여의치 않자 프리랜서 작가로 일을 시작해《애널리티컬 리뷰》라는 소규모 월간 잡지에 서평을 기고하면서 폭넓게 사고하고 논리적으로 글을 쓰는 기술을 익혔다. 마침내 울스턴크래프트는 대표작으로 알려진《여성의 권리 옹호》로 유명세를 얻었다. 오늘날 그녀는 위대한 페미니스트 사상가로 알려져 있다.

스토아학파가 그랬듯 메리 울스턴크래프트 또한 삶을 잘 이끌어나가는 것이 가장 중요하다고 믿었으며 미덕이 인류의 번성을 가져온다고 주장했다. 삶의 목적은 이성을 발전시키고 미덕을 갖추는 데 있었다. 하지만 스토아학파와 달리 울스턴크래프트는 환경이 미덕을 실천하는 데 상당한 영향을 미친다고 생각했다.

그중에서도 교육과 평등은 중요한 역할을 했다. 우리는 교육을 통해 이성적인 사고를 키운다. 또한, 평등은 미덕이 싹을 틔우는 바탕을 제공한다. 울스턴크래프트가 이야기하기를, "미덕은 평등 속에서만 번성할 수 있다." 불평등한 세상 속에서 특권층은 원하는 것은 무엇이든 얻으면서 미덕을 실천하지 않는 "권태로운 독재자"로 살아간다. (라훌라에게 물질적 유산을 남겨주기를 꺼렸던 부처와 마찬가지로 울스턴크래프트 또한 부와 권력을 부정적으로 생각했다.) 반대로 비특권층은 이득만을 좇는 "교활하고 시샘 많은 피부양자"로 살아간다.

메리 울스턴크래프트는 스토아학파 사상가보다 잘 흘러가는 삶, 느낌이 좋은 삶을 중요하게 여겼다. 그녀는 온갖 시험이 끊이지 않는 이 세상을 "엄격한 도덕적 규율을 요구하는 학교"라고 생각했지만 미덕을 실천하는 구성원이 모인 사회는 우정, 행복과 같은 진정한 선을 누릴 것이라고 믿었다.

하지만 주변을 둘러본 울스턴크래프트는 실망할 수밖에 없었다. 사회는 번성과 정반대 방향을 향해 나아가고 있었다. 미덕이 아닌 악덕을 조장하는 사회에서 누군가는 공허하고 불안정한 환영을 좇았으며 누군가는 짙은 불행에 괴로워했다.

교육 역시 엉망이었다. 교육의 기회는 부유한 가정에서 태어난 남자아이에게만 돌아갔으며, 그마저도 현명한 사회 구성원이 갖춰야 할 미덕이 아닌 신사다운 예절을 가르치는 데 초점을 맞추고 있었다.

반면, 평등은 어디에서도 찾아볼 수 없었다. 메리 울프턴크래프트가 살던 사회에서는 "터무니없는 계층의 구분"이 당연하게 받아들여졌다. 왕은 만인 위를 군림했고, 귀족은 평민을 다스렸으며, 부자 아래에는 빈자가 자리했다. 하지만 울스턴크래프트는 무엇보다 심각한 불평등은 남성과 여성의 구분이라고 믿었다. 여성은 사회 전반에 걸쳐 "주권을 가진 남성이 씌운 뻔뻔스러운 멍에" 아래에서 고통받고 있었다. 가부장제는 울스턴크래프트의 아버지처럼 그리 대단치 못한 남성에게도 여성 가족 구성원을 통제할 권리가 주어진다는 왜곡된 도덕관을 심어줬다. 한편 그녀와 여자 형제들은 비교적 부유한 가정에서 태어났지만 도덕적 성장을 이룰 기회조차 얻지 못했다.

메리 울스턴크래프트는 변화를 바랐다. 성별 불평등은 사회에 뿌리를 내리고 있었기에 이를 극복하려면 사회가 변화해야 했다. "세상에 부족한 것은 자선이 아니라 정의다!" 울스턴크래프트는 이렇게 주장했다. "사회가 새롭게 구성될 때까지" 개인적 차원에서 대단한 발전을 꿈꾸기는 어려울 것이다.

울스턴크래프트가 이끌던 운동은 여성이 (1) 투표권을 얻어 정치에 참여하고, (2) 남성이 우위를 점한 상업 분야에 진출해 경제적 독립을 이루고, (3) 남성과 동등한 교육을 보장받는다는 목표를 지니고 있었다. 그녀는 이 세 가지 목표가 이루어지면 남성과 여성 모두가 "현명하고 덕스러워질 것"이라고 믿었다. 이렇듯 새롭게 구성된 사회는 번성을 향한 길을 열어줄 것이다.

오늘날 메리 울스턴크래프트가 바라던 개혁은 불완전하게나마 모두 실현됐다. 하지만 메리가 현대사회를 보고 만족할 것 같지는 않다. 합리성에 바탕을 둔 미덕은 여전히 찾기 힘들고, 불필요한 고통은 사라지지 않았다.

그리고 이는 의문을 제기한다. 여성의 정치 참여, 경제적 독립, 동등한 교육이 아직 충분한 수준에 이르지 못했는가? 메리 울스턴크래프트는 잘못된 개혁을 바랐는가? 상황을 바로잡으려면 사회를 더욱 포괄적으로 재구성해야 하는가?

이름을 바로잡다

역사와 전설 사이, 안개가 짙게 낀 어느 지방에서 위대한 요임금이 남쪽을 향해 절을 올렸다. 전해져 내려오는 이야기에 따르면 끔찍한 홍수가 땅을 덮쳤다고 한다. 백성은 집을 잃었다. 굶주림과 질병에 목숨을 잃은 사람도 헤아릴 수 없었다. 사회 전체가 혼란에 빠졌다. 하지만 강은 범람을 멈출 줄 몰랐다. 수년에 걸친 홍수로 흠뻑 젖은 땅은 더 이상 사람이 살 수 없는 곳이 됐다. 요임금은 덕망 높은 순임금을 후계자로 삼고 나라를 구하라는 임무를 맡겼다. 순임금은 제사를 지내고, 나라를 돌아보고, 행정 개혁을 실시했다. 순임금의 섭정이자 후계자인 우는 강을 준설하고 수로를 파서 홍수를 막았다. 현명한 군주가 재난에 마침표를 찍으며 백성은 마침내 평화와 번영을 누렸다. 공자의 시대에 요임금, 순임금, 우임금은 도(道)를 실천한 영웅과 같은 존재로 추앙받았다.

7장에서 이야기했듯, 공자는 도가 우리를 번성으로 이끈다고 생각했다. 사회가 도를 따르면 모든 것이 딱 맞아떨어진다. 질병과 자연재해는 어쩔 수 없지만 도를 따르는 사회는 인재(人災)로 인한 고통에서 자유로운 편이다.♦ 공자는 요순시대 홍수 일화를 통해 피할 수 없는 재앙이 닥치더라도 도를 따르면 피해를 줄일 수 있다는 뜻을 전한다.

반대로 일이 제대로 풀리지 않는다면 이는 사회가 도를 잃었음을 의미한다. 대부분 문제는 꼭대기에서 시작된다. 생선은 머리부터 썩는다는 오랜 격언이 있다. 즉, 권력을 잡은 사람이 도를 잃으면 사회 전반에 영향을 미친다. 한번은 노나라의 지도자가 공자에게 조언을 구했다. 나라에 도둑이 들끓는데 어떻게 해야 하겠는가? 공자는 놀라운 대답을 내놓았다. "선생이 먼저 욕심을 버리면 백성은 상을 준다 하더라도 도둑질을 하지 않을 것이다."

권력자가 욕심을 부리면 사회는 강도와 같은 논리를 따르니, 실제 강도가 나타나는 것은 당연한 수순이다.

후대에 유학을 공부한 맹자는 이익의 관점에서 나라를 바라보는 군주를 꾸짖었다. 이는 사회를 파멸로 이끈다. 군주가 이익을 좇으면 백성 또한 이익을 좇을 것이다. 그리고 "만백성이 자신의 이익만을 추구하면 사회는 반드시 파멸한다." 이익만을 좇는 사람은 결코 도를 실천할 수 없다.

따라서 피할 수 있는 고통의 원인은 도의 상실로 거슬러 올라간다. 대개는 군주가 도를 잃는 데에서부터 문제가 시작된다. 이를 어떻게 해결할 것인가?

해답은 도에 있다. 맹자가 이야기하기를, "천하가 도탄에 빠지면 도로 구원해야 한다." 천하를 구하려면 먼저 군주가 제자리를 찾아야 한다. 꼭대기에서 횡포를 부리면 온 세상이 혼란에 빠지듯, 군주가 미덕을 실천하면 만백성이 도를 따른다.

하지만 제멋대로 날뛰는 군주를 어떻게 덕스럽게 탈바꿈시킬 수 있을까? 정답은 교육에 있다. 군주는 예의와 풍습을 다시 배우고 익혀야 한다. 어지러운 나라에서 정사를 맡는다면 어떻게 하겠냐는 질문에 공자는 단 한 가지 방안을 제시했다. "나는 이름을 바로잡겠다." 여기에는 각자에게 주어진 이름이 실제에 맞도록 바로잡겠다는 의미가 담겨 있다. 공자는 "임금은 임금답고, 신하는 신하답고, 아버지는 아버지답고, 아들은 아들답게" 명분을 바로잡아야 한다고 주장했다. 한 나라를 다스리는 군주부터 시작해 모두가 주어진 이름에 맞는 역할을 충실히 수행한다면 번성한 삶은 자연스럽게 따라올 것이다.

공자는 군주가 제자리를 찾으면 모든 문제가 해결될 것이라고 이야기했다. "도로 다스리는 진정한 군주가 나타나면 (중략) 한 세대 후 세상은 반드시 선을 되찾을 것이다." 이는 마치 귀감이 되는 지도자만으로 충분하다는 느낌을 준다. "정치는 바로잡는 것이니 직접 올바른 모범을 보인다면 누가 감히 올바르지 않을 수 있겠는가?"

하지만 도를 실천해서 혼란스러운 나라를 바로잡으려면 놀랍도록 넓은 범위에 걸친 사회 개혁이 필요한지도 모른다. 적어도 맹자는 그렇게 생각했다. 메리 울스턴크래프트가 그랬듯 맹자 또한 몇 가지 개혁안을 제시했다. 실제로 맹자는 모든 가정에 토지를 공평하게 나누고, 미덕을 기준으로 관리를 뽑고, 세금 부담을 줄이고, 재생 가능한 범위 안에서 자원을 활용하고, 사회적 역할에 적합한 덕목을 가르치는 학교를 세워야 한다고 주장했다.

도를 따르는 군주만이 개혁을 실천할 수 있다. 하지만 대부분의 군주는 요임금과 순임금처럼 도덕적이지 못했다. 이는 군주가 아닌 나머지 백성에게 심각한 문제를 제기한다. 우리는 결국 권력을 지닌 사람의 미덕과 악덕에 휘둘리며 살아갈 수밖에 없는가?

공자와 맹자는 누구나 도를 따를 수 있으며, 세상이 도를 잃고 사회가 혼란에 빠지더라도 모두가 도를 따라야 한다고 이야기했다. 하지만 대단한 영향력을 행사할 수 없는 평범한 사람 또한 고통과 혼란을 가져오는 원인에 맞설 수 있는가? 공자는 도를 따르는 사회를 만드는 데 누구나 충분히 기여할 수 있다고 확신했다. 한번은 어떤 사람이 공자에게 "어째서 정치를 하지 않는가?"라고 물었다. 이에 공자는 고서를 인용해 이렇게 대답했다. "부모에게 효도하며 형제간에 우애하니, 이미 정치를 하고 있다." 즉, 우리는 주어진 사회적 역할에 충실함으로써 도를 실천할 수 있다. 하지만 정말 그것만으로 충분한가?

공자와 맹자가 추구하던 엘리트주의의 이면에는 더 큰 문제가 잠재돼 있다. 첫째, 사회적 피라미드의 꼭대기를 구성하는 부서진 돌 몇 조각을 바꿔 끼우는 것만으로 유의미한 변화를 기대할 수 있을까? 그보다 더 구조적인 조치가 필요하지 않을까? 둘째, 공자와 맹자는 사회 붕괴로 가장 큰 피해를 입은 당사자의 말에 크게 귀를 기울이지 않았다. 꼭대기보다 바닥에 가까운 곳에서 보는 고통은 어떤 모습일까? 바닥에 가까운 곳에 있는 사람의 의견이 더 믿을 만하지 않을까?

영원히, 속수무책으로, 함께

제임스 볼드윈(James Baldwin, 1924~1987)은 낙천주의자가 아니었다. 볼드윈은 인간이 서로를 잔인하게 대하는 모습을 지나치게 자주 목격하고 경험하며 불의가 삶과 관계를 어떻게 왜곡하는지 깨달았다. 검은 피부를 타고난 볼드윈은 20세기 중반 할렘에서 성장했다. 이유 없이 경찰에게 붙잡혀 구타당한 적도 여러 번 있었다. 어른이 된 볼드윈은 남부로 여행을 갔다가 시민 평등권 운동 현장을 목격했다. 백인과 경찰관은 평등한 권리는 요구하는 흑인에게 무자비한 폭력을 행사했다.

무엇이 이런 적의를 불러일으켰을까? 이들은 도대체 무엇 때문에 비인도적 인종차별을 가하고, 미국 역사에 지워지지 않는 얼룩을 남겼을까?

볼드윈은 비극의 근원을 찾아 내려가다가 인간의 본성이라는 토양 깊은 곳에서 마구잡이로 엉켜 있는 뿌리를 발견했다. 볼드윈은 이렇게 이야기했다. "악은 거대하고 설명할 수 없으며 근절할 수 없는 인간의 결점에서 비롯된다." 우리가 삶과 인간을 있는 그대로 들여다보면 "어디에서나 흔하게 불의를 찾을 수 있을 것이다."

하지만 깊게 뿌리내린 악과 어디에서나 관찰되는 불의를 그대로 내버려둬서는 안 된다. 체념은 답이 될 수 없다. 우리는 투쟁해야 한다. "스스로의 삶에 주어진 불의를 당연하게 받아들여서는 안 된다. 온 힘을 다해 불의와 맞서 싸워라."

불의와 맞서 싸우려면 먼저 불의를 있는 그대로 마주하고 원인을 파악해야 한다. 모든 불의는 저마다 다른 맥락을 지닌다. 볼드윈은 미국을 집어삼킨 병을 진단하는 데 일생을 바쳤다.

볼드윈은 많은 문제가 억압된 두려움과 고통을 향한 반감에서 비롯된다고 믿었다. 백인은 흑인이 가지지 못한 힘을 손에 넣었고, 고통으로부터 스스로를 보호하기 위해 이 힘을 휘둘렀다. 역설적이게도 고통을 피하려는 백인의 비뚤어진 대응은 미국에 무엇보다 심각한 고통과 불의를 가져왔다. 이렇듯 비뚤어진 대응의 원인은 다양하다. 누군가는 자신이 지닌 결점이 드러날까 봐, 누군가는 자신 또는 친족이 휘두른 폭력에 말할 수 없는 공포를 느껴서, 누군가는 다른 인종에 성적(性的)으로 이끌렸다는 사실이 당혹스러워서 잘못된 방식으로 감정을 표출했다. 그리고 볼드윈은 자신이 목격한 모든 반응을 조사하고 기록했다.

오스카 와일드가 그랬듯 제임스 볼드윈 또한 고통의 강줄기가 삶 전체를 관통한다고 생각했다. 인간은 나약하고 외로운 존재로 쉽게 상처받으며 스스로를 보호할 능력이 없다. 하지만 우리는 취약함 속에서 번성했다. 볼드윈은 인간의 연약함에 삶의 의미, 존엄성, 아름다움이 깃들어 있다고 믿었다. 즉, "삶은 비극적이기에 눈부시게 아름답다."

아름다움과 비극이 고통스럽게 공존하는 삶 속에서 우리는 서로를 지지하며 살아갈 수 있도록 하나로 뭉쳐야 한다. 하지만 볼드윈에게 이는 힘겨운 진실이었다. 누군가는 비극적인 삶이 아름답지 못할까 봐 두려워한다. 비극적인 동시에 추한 삶이라니, 끔찍하지 않은가? 또 다른 누군가는 삶의 비극이 자신을 무너뜨릴까 봐 겁을 낸다. 바닥에 흩뿌려진 유리 파편이 반사하는 빛이 제아무리 아름다워도 깨진 창을 이어 붙일 수는 없다.

볼드윈은 이런 공포가 미국 사회를 병들게 했다고 믿었다. 백인 우월주의를 비롯한 불안과 악의는 두려움의 씨앗에서 싹을 틔웠다. 흰 피부를 가진 미국 시민은 위태로운 삶 속에서 스스로를 지키기 위해 백인이 흑인보다 우월하다는 헛된 주장을 이어나갔다. 그리고 백인의 비뚤어진 노력은 안타까운 결과를 낳았다. 분노와 비통함은 물리적으로, 또 정신적으로 흑인을 좀먹었다. 하지만 한편으로 차별은 백인의 도덕관념을 부패시켰다. "타인을 헐뜯는 것은 스스로를 헐뜯는 것과 같다." 볼드윈은 메리 울스턴크래프트와 마찬가지로 불평등이 가해자와 피해자 모두에게 악영향을 끼친다고 생각했다.

그렇다면 이런 사회에서 우리는 어떻게 대처해야 하는가?

제임스 볼드윈은 사회적, 정치적 개혁이 반드시 필요하다고 주장했다. 하지만 동시에 볼드윈은 "국가를 막론하고 정치 제도는 항상 위협에 노출돼 있으며 궁극적으로는 그 국가의 정신적 상태에 따라 좌우된다." 따라서 지독하고 터무니없는 고통과 부당함을 개선하는 과정은 개종과 유사하다. 우리는 같은 운명을 공유하기에, 사회적 변화를 꾀하는 동시에 자신과 타인의 개인적 변화를 추구해야 한다.

변화의 첫 번째 단계는 먼저 자신의 존재와 뿌리를 있는 그대로 받아들이는 데서 시작하다. 이 과정은 아프고, 실망스러울 것이다. "우리가 마주한 모든 것을 변화시킬 수는 없다. 하지만 마주하기 전까지는 무엇도 변화하지 않는다." 수용과 변화는 고달프다. 볼드윈은 "변화하기보다 죽이기가 언제나 훨씬 쉬워 보였다"라고 한탄했다. 하지만 백인이 온몸과 마음을 다해 변화를 좇는다면 "우리 모두는 영원히, 속수무책으로 서로를 품고 있다"라는 인식을 바탕으로 새로운 사회를 만들 수 있을 것이다.

삶의 비극은 사라지지 않는다. 하지만 비극이 계속될 것이라는 사실을 받아들임으로써 우리는 사나운 폭풍에서 서로를 보호하는 피난처가 돼줄 것이다. 볼드윈은 이런 말을 했다. "파도가 휘몰아치고 빛이 희미해지면 연인은 서로에게 매달리고 아이는 어른에게 매달릴 것이다. 우리가 서로를 놓치는 순간, 서로의 믿음을 깨는 순간, 바로 그 순간 바다가 우리를 집어삼키고 빛이 사라질 것이다."

제임스 볼드윈은 미국 사회의 문제를 파악하면서 인간의 문제를 파악했다. 그러니 볼드윈의 분석 결과가 모든 장소, 모든 시간에 완벽하게 적용될 수는 없겠지만 어느 정도 설득력을 지닌다고 생각하는 사람에게는 스스로를 대변할 입장을 제공한다. 볼드윈은 불의와 고통에 맞서 싸우는 동시에 우리 삶에는 피할 수 없는 고통이 존재한다고 이야기했다. 또한, 사회적 변화와 개인적 변화를 긴밀하게 연관 짓고 두 가지 변화를 모두 추구했다. 세상이 선사하는 고통에 맞서려면 자신의 삶에 주어진 고통을 견뎌야 한다. 그래야만 자신의 고통을 타인에게 떠넘기지 않는 사람이 될 수 있다.

제임스 볼드윈의 비전은 이번 장의 시작에서 언급했던 두 번째 질문으로 이어진다. 우리 삶에 피할 수 없는 고통이 존재한다면, 우리는 어떻게 그 고통을 견뎌야 할까? 다음 장에서 자세하게 이야기해보겠다.

삶에 적용하기

1. 여러분은 스스로의 고통에 어떻게 대응하는가? 또한, 타인의 고통에는 어떻게 대응하는가? 두 대응에는 어떤 차이점이 있는가?

2. 여러분은 세상의 고통에 어떻게 대응하는 것이 가장 바람직하다고 생각하는가? 개인의 변화? 실질적, 물질적 개입? 정치적이고 경제적인 체계의 변화?

3. 여러분은 타인의 고통을 덜어주기 위해 어떻게 행동해야 한다고 생각하는가? 구체적인 방법을 떠올려보라. 가치 있다고 생각하는 곳에 기부를 해도 좋고, 망가진 관계를 개선하기 위해 노력을 해도 좋고, 타인의 고통에 공감할 수 있도록 자신이 지닌 고통을 극복하려 노력해도 좋다.

11장

피할 수 없는
삶의 고통에 대하여

제임스 볼드윈은 우리에게 한 가지 질문을 남겼다. 우리 삶에 피할 수 없는 고통이 존재한다면, 어떻게 그 고통을 견뎌야 할까? 고통스러운 진실과 진실한 고통을 마주하라는 볼드윈의 조언은 환경 개선에 초점을 맞추지 않는다. 물론 환경 개선은 고통을 줄이고 불의를 바로잡는 데 반드시 필요하다. 하지만 고통을 잘 견디려면 자신과 자신이 고통을 대하는 태도를 변화시키는 데 초점을 맞춰야 한다. 이번 장에서는 다양한 방식으로 스스로를 변화시키고 고통에서 벗어난 인물들을 소개하겠다. 먼저, 환경에는 조금의 변화도 없이 고통이라는 문제를 완벽히 해결할 수 있다는 극단적인 인물을 만나보자.

불타는 집

고타마 싯다르타의 유년기는 고통과 거리가 멀었다. 적어도 일
반적인 시선에서는 그랬다. 앞서도 이야기했지만 싯다르타는 자
신에게 주어진 부, 권력, 안락함을 모두 버리고 떠났다. 이는 부처
가 괴로움을 어떻게 바라봤는지, 또 부처가 생각하기에 괴로움이
번성한 삶에서 어떤 역할을 하는지 잘 보여준다.

시인 아슈바고사(Aśvaghosa, 80~150 추정)가 이야기했듯, '위대
한 희생'의 핵심에는 연민이 있다. 어느 날 궁전 밖으로 나간 싯
다르타는 농부가 밭을 가는 모습을 목격했다. 쟁기에 찍혀 죽은
벌레, 지쳐 헐떡이는 황소, 햇볕에 까맣게 그을린 농부는 싯다르
타에게 큰 충격으로 다가왔다. "싯다르타는 마치 피붙이가 죽은
것처럼 크게 슬퍼했다." 연민이 싯다르타를 덮쳤다.

연민은 벌레, 가축, 노동자에 안타까움을 느끼는 데 그치지 않
았다. 싯다르타는 왕자로 태어나 궁전에 살고 있지만 자신 또한
쟁기에 찍혀 죽는 벌레와 다르지 않다는 끔찍한 깨달음을 얻었
다. 누구도 질병, 노화, 죽음을 피해갈 수 없다. 모두가 언젠가는
늙고 병들어 죽음을 맞이할 것이다. 왕자도 마찬가지였다. 싯다
르타의 아버지인 왕은 아들이 궁전에 남아 언젠가 왕국을 이어받
기를 바랐다. 어차피 나이가 들면 왕좌에서 내려와 영적 수행에
집중할 것이니, 군주로서 의무를 다한 후에도 '의문'을 고민할 시
간은 충분할 터였다.

이에 싯다르타는 아버지에게 네 가지를 약속하면 깨달음을 찾아 출가하지 않겠다는 조건을 걸었다. "영원히 늙지 않고, 병들지 않고, 죽지 않으며, 불행이 행복을 앗아가지 않는 방법을 알려준다면 집을 나가지 않겠습니다."

아들이 불가능한 조건을 걸자 기분이 상한 왕은 대안을 제시하라고 부추겼다. 하지만 싯다르타는 이렇게 대답했다. "그렇다면 저를 붙잡지 마십시오. 불타는 집을 떠나려는 사람을 붙잡는 것은 합당하지 않습니다." 그렇게 싯다르타는 궁전을 떠났다.

깨달음을 얻은 부처는 자신의 말에 귀를 기울일 만한 사람을 찾아 가르침을 베풀었다. 최초의 설법을 기록한 경전에 따르면, 부처는 "과거에도 현재도 오직 괴로움과 괴로움의 소멸만을 논한다." 괴로움은 부처의 모든 가르침을 관통하는 핵심 주제였다. 부처의 가르침을 요약하는 네 가지 고귀한 진리, 즉 사성제(四聖諦) 또한 괴로움을 이야기하고 있다. 네 가지 고귀한 진리는 다음과 같다.

1. 괴로움이 만연한 현실
2. 괴로움의 원인
3. 괴로움을 소멸하는 수단
4. 괴로움에서 벗어나 자유를 얻는 길

문제의 원인을 파악하면 자연스럽게 해결책을 찾을 수 있으니,

고귀한 진리의 중심은 괴로움의 원인을 밝히는 데 있다. 부처는 모든 괴로움이 '탐애'에서 온다고 이야기했다. 탐애는 쾌락, 부, 권력, 정치적 이상, 자아 등 이 세상 모든 것을 향한 자기중심적 집착을 의미한다. 하지만 동시에 탐애는 형제, 배우자, 아이와 같이 자신이 아끼고 사랑하는 것을 잃을지도 모른다는 두려움으로 나타나기도 한다.

이렇듯 탐애의 이중성은 흔히들 괴로움에서 벗어나기 위해 선택하는 두 가지 방법을 무력화한다. 원하는 모든 것을 얻어도 괴로움은 사라지지 않는다. 탐애하는 것을 가지는 순간, 탐애는 더욱 강해지기 때문이다. 무언가를 원하는 마음이 클수록 대상을 향한 집착 또한 커진다. 마찬가지로 극단적인 결핍 또한 괴로움에서 벗어나는 방법이 될 수 없다. 지나친 거부 또한 집착을 가져온다. 부처는 고행을 거쳐 마침내 깨달음을 얻었다. 하루에 쌀 한 톨만 먹으며 굶어 죽을 지경에 이르렀지만 괴로움은 사라지지 않았다.

부처는 방종도 결핍도 아닌 '중도'만이 괴로움에서 벗어날 유일한 길이라고 이야기했다. 우리가 탐애하는 대상에는 아무런 문제가 없기 때문이다. 문제는 우리한테 있다. 탐애는 집착하는 대상을 소유하려는 '나'라는 존재가 안정적이고, 자립적이며, 일관된 실체라는 착각에서 비롯된다. '무아(無我)', 즉 스스로가 불안정하고, 변화하고, 흘러가는 현상의 모음일 뿐이라는 사실을 깨달으면 집착은 기름이 다한 등불처럼 한순간에 사라진다.

부처는 세심하게 계획을 세우고 영리하게 환경을 변화시켜 세상에 존재하는 괴로움을 없애려 하지 않았다. 고통받는 자아를 놓아줌으로써 괴로움의 근원을 잘라내려 했다. 이렇듯 부처는 극단적인 깨달음을 얻은 후에도 여전히 아픔과 질병에 시달렸지만 탐애의 불꽃을 꺼버렸기에 더 이상 괴롭지 않았다. 우리는 고통에서 벗어날 수 없지만 괴로움을 끝낼 수는 있다. 괴로움은 유쾌한 것이든 불쾌한 것이든 대상과의 관계에서 비롯되기 때문이다.

부처는 괴로움에 원인은 있지만 이유는 없다고 믿었다. 괴로움은 결실을 맺지 않는다. 괴로움은 이해할 수도, 합리화할 수도 없다. 당연히 이미 경험한 괴로움을 되돌릴 수도 없다. 그리고 이는 괴로움을 바라보는 우리 사회의 일반적인 견해와 상충된다.

모든 일에는 이유가 있다

2014년, 힙합 가수 드레이크는 팔뚝에 문신을 하나 더 새겼다. "자기, 모든 일에는 이유가 있어." 썩 독창적인 문장은 아니었다. 이는 매릴린 먼로부터 오프라 윈프리, 샤킬 오닐에 이르기까지 많은 유명인이 인용한 흔하고 진부한 표현이다.

모든 일에 이유가 있다고 생각한 사람은 방송인 외에도 많았다. 심리학자 폴 블룸과 코니카 배너지(Konika Banerjee)의 조사에 따르면 정도에 차이는 있지만 피험자의 69퍼센트가 인생에서 중요한 사건이 발생하는 데는 그럴듯한 이유가 존재하며 '근본적 질서'가 사건의 결과를 결정한다고 믿었다. 어떻게 생각하면 당연하겠지만 신앙을 가진 사람은 그렇지 않은 사람보다 확고한 믿음을 보였다. 그럴 만한 게, 자비롭고 전지전능한 신이 온 우주를 관장하고 있으니 인간에게 일어나는 모든 일에는 이유가 있지 않겠는가? 어쩌면 괴로움과 고통으로 가득한 이 세상이야말로 신이 창조할 수 있었던 최선의 세계인지도 모른다.

서구 세계에서는 '신이 창조할 수 있었던 최선의 세계' 개념이 철학자이자 수학자인 고트프리트 라이프니츠(Gottfried Leibniz, 1646~1716)의 표현으로 잘 알려져 있지만, 사실 라이프니츠가 이표현을 생각해낸 최초의 인물은 아니다. 라이프니츠가 태어나기 6세기 전, 저명한 이슬람 사상가 아부 하미드 알 가잘리(Abu Hamid al-Ghazali, 1058~1111)가 처음으로 '신이 창조할 수 있었던 최선의 세계' 개념을 생각해냈다.

이슬람교는 유일신을 믿는다. 신은 창조자이자 세상의 근원이니 신이 하나뿐이라는 믿음은 신이 곧 유일한 창조자이자 모든 것의 근원이라는 믿음으로 이어진다. 따라서 신은 창조에 아무런 제약이 없다. 진흙으로 모양을 빚는 조각가나 음파로 소리를 만들어내는 음악가와 달리 신이 세상을 창조하는 데는 어떤 재료도 필요하지 않다. 신에게는 '세상이 돌아가는 원리'를 설명할 의무가 없다. 모든 것은 애초에 신이 이 세상을 창조할 때 뜻한 대로 이루어져야 한다.

알 가잘리는 "위대하신 알라 외에는 누구도 주권을 행사할 수 없다"라는 의미에서 이런 말을 했다. 즉, 이 세상에 일어나는 모든 일은 신의 의지에 따른 결과라고 봐도 무방하다. 알 가잘리에 따르면 "행복과 불행, 삶과 죽음, 부와 빈곤을 비롯해 우리가 이름 붙일 수 있는 모든 것"은 오직 신만이 "계획하고 시작할 수 있다."

이 말이 별로 위로가 되는 것 같지는 않다. 위로는커녕 실망스럽다. 우리가 겪는 모든 고통이 전지전능한 신의 뜻이라니, 희망과 믿음이 컸던 만큼 절망과 분노 또한 깊다.

하지만 알 가잘리의 생각은 달랐다. 신은 단순히 전지전능할 뿐 아니라 더할 나위 없이 현명하고 무엇과도 비교할 수 없을 만큼 자애롭다. 《코란》에서는 '한없이 선량한 자', '자비로운 자', '정의로운 자', '인자한 자', '지혜로운 자', '선을 행하는 자'를 비롯한 99가지 이름으로 신을 표현하고 있다.♦ 이렇듯 선한 신은 이 세상 모든 일을 가장 좋은 방향으로 주관한다. 알 가잘리는 이렇게 이야기했다.

보살핌과 시간, 기쁨과 슬픔, 강점과 약점, 믿음과 불신, 복종과 배교를 포함해 위대하신 알라가 하인에게 나누어 주시는 모든 것은 조금의 부정도 섞이지 않은 완전한 정의이며, 어떠한 잘못도 찾아볼 수 없는 절대적 진실이다. 모든 일은 마땅히 그래야만 하는 적절한 방식으로 필연적이고 진정한 질서에 따라 발생한다. 가능성의 영역 내에서 이보다 더 적합하고, 완벽하고, 아름다운 세상은 없다.

넓은 시야에서 바라본 세상에서 모든 것은 가능한 최선을 향해 나아가고 있다. 지금 이 세상에 존재하는 결함은 나중에 올 세상에 발전을 가져올 것이다. 마찬가지로 현재 누군가가 경험하는 결핍은 미래에 다른 누군가에게 이익을 줄 것이다. "지옥이 없다면 낙원에 사는 사람은 스스로가 얼마나 축복받은 존재인지 알 수 없다."

알 가잘리의 주장이 사실이라면 우리는 괴로움을 참고 견뎌야 한다. 위대하고 지혜로운 신이 관장하는 모든 일에는 그만한 이유가 있다. 그러니 우리는 참을성을 갖고 괴로움을 인내하며 더 나은 미래를 기다려야 할 것이다.

하지만 괴로움을 인내하려면 신이 지혜롭고 선한 존재라는 확신이 필요하다. 믿음이 없다면 고통을 참고 기다릴 이유 또한 사라진다.

마지막으로, 모든 것은 무한히 지혜롭고 선한 신의 뜻대로 이루어지니 우리는 "좋을 때나 힘들 때나 (중략) 어떤 상황 속에서도" 감사해야 마땅하다. 우리가 겪은 괴로움이 마침내 어떤 선한 결과를 낳을지 직접 볼 수 없을지도 모르지만 신앙을 지닌 사람은 당장 눈앞에 닥친 괴로운 현실이 아닌 과거, 현재, 미래에 이르기까지 보다 큰 뜻 안에서 신에게 감사할 수 있을 것이다.

부처는 집착을 버리고 괴로움에서 벗어나 평정을 찾았다. 하지만 알 가잘리는 집착을 버릴 필요가 없다고 생각했다. 신의 선함을 믿으면 저절로 평정을 얻을 것이다.

욥은 이슬람교가 강조하는 인내, 믿음, 감사를 실천한 대표적인 인물로, 엄청난 부를 누리면서도 늘 겸손했으며 크나큰 축복을 선물한 신에게 감사했다. 그러던 어느 날 욥은 모든 것을 잃고 신체적으로 극심한 고통을 겪었지만 신을 향한 믿음으로 괴로움을 인내했다.

알 가잘리는 모든 일에는 신성한 이유가 있다는 믿음을 강조했다. 이슬람교의 신을 믿는 사람에게 이르기를, "크고 작은 모든 일은 신의 뜻에 따라 기록되고 실행된다. (중략) 괴로움 없이는 진보할 수 없으며, 진보하지 않으면 괴로움 또한 없다." 우리는 신의 선함과 지혜로움과 전능함을 믿음으로써 "신성한 섭리를 신뢰"하고 모든 것과 그 이유를 부여하는 신을 찬양하고 축복할 수 있다.

하지만 모든 일에 이유를 부여하는 전능하고 자비로운 신의 존재를 믿지 않는 사람은 어떻게 해야 하는가?

우리를 죽이지 못하는 것

프리드리히 니체는 이탈리아 북부에 자리한 도시 토리노에서 보내는 가을날이 온전한 정신을 유지하는 마지막 시간이 될 것임을 몰랐다. 니체는 끊이지 않는 영감과 통찰을 재료로 삼아 쉬지 않고 글을 써 내려갔다. 이 천재의 펜 끝에서 수많은 문장이 완성됐다. 그중에서도 "나를 죽이지 못하는 것은 나를 더욱 강하게 만든다"라는 문장은 누구나 한 번쯤은 들어봤을 것이다. 우리는 동기부여를 위한 포스터, 체육관 벽, 투팍(Tupac)의 가사나 〈심슨네 가족들〉 대사는 물론이고 전 세계 방방곡곡 헤아릴 수 없이 많은 가슴팍에서 니체의 명문을 발견할 수 있다. 하지만 이 문장 바로 앞에 어떤 내용이 붙는지 아는 사람은 흔치 않다. 니체의 유명한 인용문 전문은 다음과 같다. "삶이라는 사관학교에서 나를 죽이지 못하는 것은 나를 더욱 강하게 만든다."

니체는 스스로를 삶이라는 사관학교를 수료한 졸업생이라고 생각했다. 실제로 니체는 1870년부터 1871년까지 이어진 프로이센 프랑스 전쟁에 의무병으로 참전했으며 복무 중 디프테리아와 이질에 걸려 고생했다. 하지만 신체적 고통은 전역 후에도 사라지지 않았다. 니체는 성인이 된 이후 꾸준히 끔찍한 두통과 메스꺼움에 시달렸다. 한번 아프기 시작하면 몇 주 동안 계속되는 고통에 힘을 쓸 수 없었다. 심리적으로도 순탄한 삶은 아니었다. 거부와 배반을 견뎌야 했으며 의미 있던 관계는 대부분 끊어졌기 때문이다.

그러니 니체가 스스로를 괴로움 속에서 고통과 더불어 살아간 인물로 묘사한 것도 아주 터무니없는 이야기는 아니었다. 니체는 자기 극복을 통해 자신에게 주어진 고통, 시련, 불행을 심오함, 고귀함, 용기로 탈바꿈시켰으니 스스로의 삶 또한 어느 정도는 승리한 투쟁이라고 바라봤다.

니체의 견해는 고통이 궁극적인 악이며 쾌락이 궁극적인 선이라는 주장에 내놓을 수 있는 가장 강력한 반발일 것이다. 니체는 쾌락주의에 대해 "우리가 쾌락을 발명"했다고 경솔하게 떠들어대는 "인간 말종", 보잘것없는 삶에 기어들어온 고통이라면 무엇이든 일단 마비시키려는 하찮은 인간이나 고집할 만한 사고방식이라고 생각했다. 신을 믿는 사람이든 믿지 않는 사람이든 쾌락주의자는 누구나 괴로움을 존재의 일부 또는 자기 극복의 기회가 아닌 "사악하고 혐오스러우며 사라져야 할 존재적 결함"으로 바라보는 "자비의 종교"를 실천했다.

니체의 주장에 따르면 자비의 종교는 행복의 본성을 잘못 이해하고 있다. 현실에서 행복과 불행, 쾌락과 고통, 기쁨과 슬픔은 언제나 함께한다. "행복과 불행은 함께 성장하는 오누이이자 쌍둥이다." 그러므로 불행을 최소화하려는 노력은 행복 또한 최소화한다. 행복이 성장을 멈추면 불행 또한 성장을 멈춘다. 하나가 크려면 나머지도 번성해야 한다.

이런 의견 뒤에는 괴로움의 억압은 곧 삶의 억압이라는 단순하지만 흥미로운 생각이 자리한다. 니체는 삶이란 근본적으로 성장하는 과정이라고 여겼다. 그리고 인간은 장애, 좌절, 고통을 극복하면서 성장한다. "고통을 견디는 훈련, 거대한 고통을 견디는 훈련은 (중략) 인류의 모든 발전을 가져온 유일한 원인이다." 니체는 병마에 시달리는 나약한 육체를 건강과 용기로 변화시킨 자신의 인생을 되돌아보며 이를 깨달았다. 고통, 슬픔, 질병과 같은 비참한 길을 걷지 않고는 위대함, 고귀함, 천재성을 향해 나아갈 수 없다. 니체는 이런 진리가 개인뿐 아니라 인류에 두루 적용된다고 이야기했다.

니체는 고통이라면 일단 질색하고 보는 변변치 못한 현대인에 대항해 괴로움의 변호인을 자처했다. 괴로움은 인류 발전의 근간이니 인간성 향상을 위해 괴로움을 포용하라고 요구했다. 위대한 인간으로 거듭나는 길에는 수많은 인간에게서 비롯된 괴로움이 흩뿌려져 있겠지만 중요하지 않다.

니체는 종교가 주는 위안이 연민을 조장한다고 생각했다. 종교는 서로의 고통과 괴로움을 쓰다듬으며 살아가라고 타이르지만 역설적이게도 이는 행복으로 향하는 유일한 길을 차단한다. 게다가 연민은 고통받는 이를 무력하고 안쓰러운 존재로 낮잡아본다. 결과적으로 "돕지 않으려는 마음이 도우려는 행동보다 더 고귀할 수 있다."

고통은 삶의 일부다. 고통은 없애거나 벗어나야 할 대상이 아니다. 우리는 승리한 군주의 엄격하지만 명랑한 시선으로 삶이 지닌 비극적인 측면을 바라보고 고통을 받아들여 그를 거름 삼아 성장하는 방법을 배워야 한다. 하지만 니체는 여기에서 한 걸음 더 나아가 개인의 고통뿐 아니라 온 세상의 괴로움, "온갖 종류의 비통함이 더해진 거대한 슬픔"을 품으라고 이야기했다. 그 이유가 무엇일까?

니체는 모든 것이 연결돼 있다고 믿었다. 모든 인간의 삶은 이미 지난 역사의 덩어리 위에 자리하고 있으며, 지난 역사에 조금이라도 변화가 있었다면 모든 인간의 삶은 지금과 다른 모습이 됐을 것이다. 그러므로 찰나라 할지라도 누군가의 삶을 긍정하는 것은 모두를 긍정하는 것과 같다. "단 한 번이라도 기쁨을 받아들인 적이 있는가? 친구여, 그렇다면 자네는 모든 고통을 받아들인 것이라네. 모든 것은 긴밀한 관계를 맺고 있다네." 그러하니 피부를 간질이는 바닷가의 햇살이든, 아이의 미소든, 개인적인 승리든, 달콤한 첫 키스든 되돌리고 싶은 경험이 하나라도 있다면 "자네는 모든 것을 되돌리길 원한다네."

니체는 이렇듯 높고도 깊은 괴로움의 긍정을 열망하며 스스로 "심연의 사고"라고 부르는 극단적인 견해를 설명했다. 이 세상에 일어날 수 있는 모든 일은 이미 일어났으며, 영원한 순환 속에서 앞으로도 동일하게 반복될 것이다. 니체는 이런 현상에 '영원회귀'라는 이름을 붙였다. 영원회귀는 고통에도 불구하고 세상을 긍정하려는 인간의 능력을 극단까지 시험한다. 어떤 인간이 한 번도 아니고 영원히 반복되는 고통을 조금도 빠짐없이 모두 받아들일 수 있겠는가? 신성을 모독하고, 무의미한 것에 의미를 부여하고, 과거를 구원해 새로운 미래가 탄생하도록 자신과 자신의 삶을 직시하고 또 받아들이는 인간이 되려면 어떻게 해야 하는가?

여기에서 우리는 알 가잘리의 세속적 메아리를 찾을 수 있다. 이 세상에는 신도, 이유도, 완벽도 없다. 잔인한 현실과 그 모든 잔인함을 품는 애정이 있을 뿐이다. 이것이 니체가 이야기하는 괴로움에 대한 승리였다.

부처는 괴로움의 원인을 해결해야 한다고 생각했다. 알 가잘리는 괴로움에는 그럴 만한 이유가 있으니 인내, 믿음, 감사로 고통을 견뎌야 한다고 주장했다. 니체는 인간이 경험하는 고통에는 높으신 분의 의지가 개입하지 않으니 괴로움을 받아들이고 성장해 스스로 괴로움에 이유를 붙여야 한다고 이야기했다. 고통 자체에는 어떤 의미도 없다. 그러니 우리는 모든 고통에 나름의 의미가 깃들도록 철저하고, 심오하며, 강렬한 삶을 살아야 할 것이다.

하지만 이 세 사람의 견해는 지나치게 단순하다. 부처는 지나치게 단정적이었고, 알 가잘리는 지나치게 순종적이었으며, 니체는 지나치게 영웅적이었다.

욥의 항의

우리는 앞서 욥의 이야기를 간단하게 언급하고 넘어왔다. 이슬람교가 인정한 많은 예언자와 마찬가지로 욥 또한 히브리어 성경에 등장한다. 하지만 성경에 기록된 욥의 이야기는 이슬람 전통에서 전해져 내려오는 내용과 다소 차이가 있다.♦ 성경에 등장하는 욥은 신의 지혜를 당연하게 신뢰하지도, 자신에게 주어진 고난을 신이 내린 시험으로 받아들이지도 않았다. 성경의 욥은 항의했다. 욥은 자신의 운명을 받아들이는 동시에 운명이 부당하다고 격렬히 불평했다. 모두 하나님을 향한 믿음을 지키는 데 필요한 행동이었다.

욥의 이야기를 기록한 〈욥기〉는 수많은 고대 설화를 통틀어 가장 불가사의하고 도전적인 작품으로 손꼽힌다. 〈욥기〉를 둘러싼 의견은 무궁무진하지만 누구나 동의할 만한 해석은 아직 나오지 않았다. 우리가 몇 페이지 글을 보탠다고 이런 사실이 달라지지는 않겠지만 괴로움을 마주하는 독특하고 도전적인 태도를 배울 수는 있을 것이다.

대략적인 이야기는 다음과 같다. 욥은 착한 사내로 번듯한 삶을 꾸려나가고 있었다. "동방에서 제일가는 부자"라고 불릴 만큼 행복하고 부유했다. 성경에 따르면 욥은 "순전하고 정직"했으니 좋은 삶을 누릴 자격이 있었다. 그러던 어느 날, 사탄이 하나님 앞에 모습을 드러냈다. 하나님은 이때다 싶어 사탄에게 자랑을 늘어놨다. 욥은 정말 최고란다! 그러자 사탄이 시비를 걸었다. "욥 정도 되면 당연히 그래야죠. 쾌적한 환경에서 편안히 모든 걸 가졌는데, 안 그렇습니까? 시련을 내리면 하나님을 저주할 겁니다." 이에 하나님은 사탄의 도전을 받아들였다. 물론 누구도 욥의 의견을 묻지 않았다.

사탄은 욥의 삶을 쑥대밭으로 만들었다. 도적을 보내 욥의 가축을 훔치고, 하인을 죽였으며, 사고를 가장해 자녀의 목숨을 빼앗았다. 급작스러운 비극에도 욥이 하나님을 탓하지 않자 사탄은 욥에게 직접 해를 가했다. 머리부터 발끝까지 온몸이 다 아팠다.

욥에게 큰일이 생겼다는 소식을 들은 친구 세 명이 욥을 위로하러 찾아왔다. 끔찍한 상황에 세 사람은 아무 말 없이 일주일 내내 욥의 곁을 지켰다. 마침내 욥이 불평을 쏟아내자 세 사람도 입을 열었다. 이 세 친구가 순식간에 욥을 덮친 터무니없는 고난을 두고 늘어놓은 시적인 연설은 〈욥기〉의 상당 부분을 차지한다.

욥은 자신이 결백하니 이런 고통을 받을 이유가 전혀 없다고 항변했다. 어떻게 생각해도 이는 하나님의 잘못이니 합당한 설명이 필요하다고 이야기했다. 하지만 세 친구는 하나님이 이유 없이 상과 벌을 내릴 리가 없다며 하나님을 거역한 적이 없는지 곰곰이 생각해보라고 조언했다. 이들은 욥이 잘못을 깨닫고 회개한 후 하나님에게 자비와 은혜를 구해야 한다고 생각했다. 위로를 건네러 온 친구들은 도리어 욥을 비난했다. 연민이 뒤섞인 비난은 쓰라렸다. 욥의 행실을 놓고 시시비비를 가리는 대화가 이어지던 중, 폭풍 한가운데서 경이로운 음성이 들려왔다. 위대한 하나님 앞에 욥은 불평을 멈추고 침묵을 지켰다.

잠시 욥이 어떤 불만을 품었는지 살펴보자. 우선, 욥은 과도하고 불필요한 고통을 원망했다. 원한다고 피할 수 있는 고통도 아니었지만, 모든 인간이 당연하게 겪어야 할 종류의 고통 또한 아니었다. 욥은 평범하게 사랑하는 사람을 떠나보내지 못했다. 갑작스럽고 끔찍한 사고로 미처 다 자라지도 못한 아이들을 잃었다. 욥의 불평은 연약하고 덧없는 인간이라는 존재의 선함을 가정하고 있다. 하지만 이런 연약함과 덧없음 속에서 욥은 번영, 다산, 건강, 평판과 같은 가치를 추구했다.

욥은 흠 없는 사람에게 이렇게 극심한 고난이 들이닥치다니, 뭔가 잘못됐다고 확신했다. 이는 심각한 문제였다. 세상이 이럴 수는 없었으니 소리 높여 불평함이 마땅했다. 욥은 부당한 현실에 항의했다. 하나님을 향한 항의였지만 하나님이 부당하다고 생각해서는 아니었다. 욥은 하나님의 공정함을 믿었으며, 자신이 잃은 모든 것이 하나님의 선함에서 나왔음을 알았다. 욥은 자신의 운명에 대한 해명을 거부했다. 어떤 이유가 됐든 자신이 겪은 고통을 합리화하거나 정당화할 것이 분명하기 때문이다. 또는, 상황이 그렇게까지 나쁘지는 않다고 욥에게 닥친 불행을 하찮게 여겼을 수도 있다.

폭풍에서 들려오는 하나님의 음성 앞에 욥은 납작 엎드리다시피 했다. 자신에게 주어진 불행이 징벌이든 부당한 억압이든 상관없었다. 욥은 신비로운 현상 앞에 양팔을 번쩍 들었다. 하지만 하나님은 두 가지 놀라운 일을 행했다. 첫째, 욥을 찾아온 친구 한 명에게 이렇게 이야기했다. "나는 너와 네 두 친구에게 노했으니, 이는 너희가 나와 내 종 욥을 가리켜 한 말이 정당하지 않기 때문이다." 둘째, 하나님은 "욥의 고경(苦境)을 돌이키고 (중략) 욥에게 원래 있던 재산의 두 배를 주셨다."

하나님의 주장에 따르면 친구들은 욥의 고난을 탓해서는 안 됐다. 이뿐만이 아니다. 엉망이 돼버린 삶을 두고 하나님에게 설명을 요구한 욥의 행동은 잘못되지 않았다. 하나님은 욥에게 어떤 해명도 내놓지 않았지만 욥에게는 시련에 항의할 정당한 권리가 있었다. 우리는 어지러운 그림 속에 살아가고 있다. 그리고 신은 인간이 이해할 수 있는 범위를 넘어선 곳에 머무른다.

우리는 욥의 일화에서 어떤 교훈을 얻을 수 있을까? 〈욥기〉는 인간의 지식이 지닌 한계와 확고한 도덕적 신념을 존중한다. 먼저, 우리는 복잡하게 얽히고설킨 세상의 도덕적 구조를 전부 파악할 수 없다는 사실을 인정해야 한다. 모든 퍼즐 조각을 맞출 수는 없다. 퍼즐 조각이 제자리를 찾았는지 확신할 수도 없다. 또한, 욥은 하나님과의 갈등에서 평화를 찾았지만 세상과의 싸움은 끝나지 않았다. 욥은 자신에게 주어진 가혹한 시련이 부당하다고 항의했고 하나님은 이를 받아들였다. 우리는 세상에 애착을 버리거나, 고통에는 그럴 만한 이유가 있다고 주장하거나, 괴로움을 발판 삼아 성장할 수 있다며 괴로움을 묵인해서는 안 된다.

하나님의 뜻으로 모든 것을 얻었다가 모든 것을 잃은 욥이 그랬듯, 우리는 끔찍한 고난 한가운데서도 괴로움에 맞서 싸워야 한다. 이는 괴로움에 맞서 고통을 제거하고 완화하는 방법을 이야기한 지난 장의 주제와 연결된다. 니체는 세상의 고통에 맞서 싸우려는 노력을 비웃을지도 모른다. 하지만 이번 장에서 만난 나머지 인물들은 괴로움에서 벗어나려 애썼다. 어떤 삶의 비전을 가졌는지에 따라 노력의 형태와 정도에는 차이가 있다. 불교에서 강조하는 자비는 공리주의가 중시하는 나눔과 다르며, 공리주의가 중시하는 나눔은 이슬람교의 관용과 다르고, 이슬람교의 관용 또한 무엇과도 다르다. 하지만 이번 장에서 소개한 서로 다른 비전은 괴로움에 맞서는 것과 괴로움과 더불어 살아가는 것이 동전의 양면과 같이 밀접한 연관을 맺고 있다는 사실을 잘 보여준다.

그래서 고통에 맞서고, 또 고통과 더불어 살아가려면 어떻게 해야 할까?

첫째, 우리는 고통을 줄이는 '객관적' 노력과 고통과 더불어 살아가려는 '주관적' 노력 사이에 적절한 균형을 찾아야 한다. 둘 중 어느 쪽에 얼마나 비중을 둬야 할까? 볼드윈이 그랬듯 두 가지가 동전의 양면과 같이 떼려야 뗄 수 없는 관계임을 인식하더라도 한 가지를 선택하면 다른 한 가지에 투자할 시간과 에너지는 자연히 줄어든다. 효율적 이타주의에 헌신하는 삶은 승려의 삶과 전혀 다른 모습일 수밖에 없다.

둘째, 고통을 겪고 있는 사람에게 조언을 할 때는 신중해야 한다. 타인의 고통을 완전히 이해하기는 불가능하다.◆ 상대가 겪고 있는 괴로움을 설명하고, 그 고통을 안고 살아갈 방법을 알려줄 수도 있겠지만 때로는 무엇보다 공감이 가장 큰 도움이 된다. 언젠가는 고통을 받아들이고 앞으로 나아가야 할 순간이 오겠지만 침묵이 가장 현명한 선택이 될 때도 있다.

안젤라 윌리엄스 고렐(Angela Williams Gorrell)은 예일대학교에서 우리와 함께 3년 동안 '가치 있는 삶' 강의를 가르쳤다. 안젤라는 훌륭한 스승이었다. 안젤라가 없었다면 '가치 있는 삶' 강의는 지금과 같지 않았을 것이다. 새로운 시작을 앞둔 안젤라는 예일대학교에서의 마지막 학기, 마지막 시간에 학생과 강사를 모두 모아놓고 작별 인사를 했다. 강의에 참여한 모두가 무척 아쉬워했다.

안젤라는 기쁨의 신학을 주제로 한 연구 프로젝트를 위해 예일대학교에 합류했다. '가치 있는 삶' 강의에 강사로 참여한 첫 학기에 안젤라는 끔찍한 상실을 세 번이나 경험했다. 마음을 추스를 여유도 없이 잇달아 덮친 비극 한가운데서 안젤라는 고통을 안고 살아가야 했다.

유독 힘들었던 첫 학기의 마지막 날, 안젤라는 가족이 스스로 목숨을 끊은 마음 아픈 경험을 모두와 공유했다. 우리는 안젤라의 책《기쁨의 중력 The Gravity of Joy》에서 이 비통한 이야기를 찾아볼 수 있다.

조수석 문을 열고 바닥에 떨어진 휴대전화를 주워 들었다.

엄마에게서 부재중 전화 일곱 통, 문자 메시지 한 통이 들어와 있었다.

문자 메시지에는 이렇게 적혀 있었다.

"더스틴이 자살했다……."

가장자리까지 차오른 욕조에 물이 넘치듯 눈물이 얼굴을 타고 흘러내렸다. 아무 생각 없이 엄마에게 전화를 걸었다.

"안 돼!"라고 수도 없이 울부짖으며 엄마에게 거짓말이라고 이야기해달라며 애원하던 기억이 난다.

하염없이 주차장을 헤맸다. 엄마는 거짓말이 아니라고 했다. 비보를 들은 지 이미 몇 시간이 지났을 텐데, 엄마는 내 전화를 받을 때도 울고 있었다.

나는 교회 주차장 바닥에 휴대전화를 떨어뜨리고 길 한복판에 주저앉아 목 놓아 울었다.

이야기를 마친 안젤라는 강의실을 가만히 돌아봤다. 강의실에는 침묵이 흘렀다. 안젤라는 숨을 크게 들이쉬고 다시 입을 열었다. "여러분이 길 한복판에서 울음을 터뜨려야 하는 순간이 왔을 때, 삶의 비전이 여러분을 지탱해주길 바랍니다. 언젠가는 세상이 멈추고, 가슴이 찢어지는 것 같은 날이 올 거예요. 그리고 폭풍 속에서 살아남으려면 가치 있는 삶의 비전이 필요할 겁니다. 여러분이 길 한복판에 주저앉아 울게 되는 날, 여러분의 비전은 지금보다 훨씬 깊고 강하고 날카로워져 있을 것이라 믿습니다.

하지만 저는 지금 당장 여러분의 비전이 여러분이 나아갈 방향을 가리키는 나침반이자 여러분을 단단히 잡아주는 닻이 되었으면 합니다."

그날 강의실에 있던 모두가 '길 한복판에서 울음을 터뜨려야 하는 순간'에 대비해 번성한 삶에 대한 비전을 키워야겠다고 다짐했다. 가치 있는 삶을 그리는 단단한 비전은 단순히 태풍에서 살아남는 것 이상의 힘을 지니지만 안젤라가 이야기했듯 이미 배에 올랐다면 닻을 준비해둬도 나쁠 것은 없다.

우리는 이성을 추구하는 동물이자, 고통받는 인간이다. 그러니 우리가 세상을 살아가면서 마주하는 고통과 혼란이 보다 큰 그림 속에서 조화를 이룰 수 있도록 괴로움에 대응하는 방법을 배워야 한다. 고통에 관한 폭넓은 사고는 위안이 되지만 그렇다고 고통이 사라지지는 않는다. 마찬가지로 고통을 이겨내는 방법은 괴로운 현실을 살아가는 데 도움이 되지만 그렇다고 고통이 달가워질 수는 없다. 고통을 둘러싼 질문이 현실에 대응하는 데 도움이 되지 않는다면 질문에 대답한들 무슨 소용이 있는가? 결국 '의문'은 삶에 대한 질문이다.

삶에 적용하기

※ 우리는 앞서 본문에서 고통을 겪고 있는 사람에게 조언을 할 때는 신중해야 한다고 이야기했다. 그러므로 이번 장의 '삶에 적용하기'를 시작하기에 앞서 우리는 여러분이 현재 어떤 고통을 겪고 있는지 모른다는 사실을 짚고 넘어가겠다. 믿을 만한 친구든, 상담자든 누군가의 도움이 필요하다면 이 책에 의지하지 말고 주변에 도움을 요청하기를 바란다. 상처를 깊이 파고들어갈 준비가 됐다면 스스로가 가장 먼저 변화를 느낄 것이다. 때로는 고통과 거리를 둔 채 시간을 가지는 것이 가장 큰 도움이 된다.

1. 자아가 공허함을 깨닫고 집착을 버리면 고통에서 벗어날 수 있다는 부처의 견해에 대해 어떻게 생각하는가?
   • 여러분은 감정 너머에 무엇이 있다고 생각하는가?

2. 이 세상에 존재하는 고통 뒤에 거대한 계획이 자리한다고 생각하면 한결 편안하게 괴로움을 받아들일 수 있을 것 같은가? 또는, 신이 시련을 내린다는 생각이 불편하게 느껴지는가?
   • 여러분에게 고통을 둘러싼 진실은 위안이 되는가, 아니면 고민을 안겨주는가? 그 이유는 무엇인가?

3. 고통을 성장의 계기로 삼아야 한다는 니체의 주장은 고통을 과소평가하는가, 아니면 고통에 의미와 가치를 부여하는가?

4. 욥이 그랬듯 이해할 수도, 극복할 수도 없는 괴로움에 항의해본 경험이 있는가?
   • 그때 어떤 기분이었는가?
   • 주변 사람은 여러분의 괴로움에 어떻게 반응했는가?
   • 친구가 욥과 같은 상황에 놓였을 때 여러분은 어떻게 행동했는가?

5. 고통을 이해하는 것이 얼마나 중요하다고 생각하는가?

12장

모든 것이 끝날 때

어깨까지 잘린 거대한 상반신이 강의실 벽면에 두둥실 떠올랐다. 2차원으로 옮겨진 졸탄 이스트반(Zoltan Istvan, 1973~)이 우리 학생들 앞에서 트랜스휴머니즘이라고 알려진 철학 운동을 이야기했다. 직접 강의실을 찾지 않아서 더 설득력 있었다. 기술이 삶을 번성시킨다는 비전을 기술이라는 매개를 통해 전달하니 이스트반의 주장이 더욱 그럴듯하게 느껴졌다.

수년 동안 '가치 있는 삶' 강의에서 소개했던 대부분의 인물과 달리 졸탄 이스트반은 무척 정치적이다. 특정 정당 대표로 미국 대통령 선거에 출마한 적도 있는데, 선거 유세에 나선 이스트반은 미국을 불멸로 이끌겠다는 한 가지 단순한 공약을 내세웠다. 이쯤에서 트랜스휴머니스트를 자처한 레이 커즈와일이 떠오를 것이다. 이스트반 또한 충분한 노력을 들인다면 수십 년 안에 인간의 수명을 급진적으로 연장할 수 있다고 믿었고, 자신의 신념을 세상에 알리기 위해 관 모양 버스를 타고 미국을 돌아다니며 선거 유세를 펼쳤다.

'가치 있는 삶' 강연에서 이스트반은 자신의 논리를 펼쳤다. 이스트반이 주장하기를, 인간이 직면한 가장 큰 문제는 언젠가 다가올 죽음이다. 죽음 앞에서는 다른 모든 문제가 사소해진다. 그도 그럴 것이 삶보다 더 중요한 문제가 어디 있단 말인가! 그런데 정부는 이 엄청난 문제를 해결할 의지가 조금도 없는 듯하다. 우선순위를 잘못 설정한 대표적인 사례로 손꼽아도 손색이 없다.

이 책에 관해서도 비슷한 주장을 할 수 있을 것이다. 여기저기에서 조금씩 언급하긴 했지만 죽음은 우리가 '의문'을 고민하는 데 대단한 역할을 하지 않았다. 하지만 적어도 한 가지는 분명하다. 우리는 모두 언젠가 죽을 것이며, 그 시기는 알 수 없다. 우리가 알든 모르든, 죽음은 삶의 모든 순간에 그림자를 드리운다.

어떤 비전도 죽음을 무시하고는 번성하는 삶을 추구할 수 없다. 우리가 얼마나 좋은 삶을 살든, 삶이 얼마나 잘 풀리든, 삶이 주는 느낌이 어떻든 모든 삶은 언젠가 죽음으로 막을 내릴 것이다. 그렇기에 죽음에 관한 비전은 삶을 대하는 태도에 큰 영향을 미친다.

만병통치약

기원전 399년, 특별한 사건 사고 없이 평이하게 흘러가던 어느 날 아테네 배심원단은 저명한 시민 한 명에게 '신성 모독 죄'와 '청년을 타락시킨 죄'로 독살형을 선고했다.

사형이 집행될 때까지 주어진 짧은 시간 동안 사내는 친구 몇 명과 정의, 영혼, 죽음에 관해 이야기를 나눴다. 일부 추종자는 사내에게 바다 건너 타국으로 망명할 수 있도록 탈옥을 돕겠다고 제안했다. 하지만 사내는 거절했다.

사형 집행 당일 친구들은 눈물을 흘렸지만 사내는 덤덤했다. 사형 집행인이 독미나리로 만든 사약을 건넸다. 사내는 침착하게 독배를 들이켰다. 생의 불꽃이 꺼져갈 때쯤, 위대한 그리스 철학자 소크라테스는 마지막 부탁을 남겼다. 제자 플라톤을 옆에 두고 소크라테스는 오랜 친구인 크리톤에게 이렇게 당부했다. "크리톤, 내 아스클레피오스에게 닭 한 마리를 빚졌네.✦ 자네가 잊지 말고 꼭 갚아 주게나."

아스클레피오스는 의학의 신이었으니, 아스클레피오스에게 닭 한 마리를 빚졌다는 말의 이면에는 치유를 구하는 기도에 신이 마침내 응답했다는 의미가 숨어 있다. 소크라테스는 죽음을 치유의 한 형태로 바라봤다. 하지만 죽음이 치유라면 니체의 말대로 "삶은 질병"이 될 것이다.

소크라테스는 재미없는 사람이 아니었다. 상대방을 구석으로 몰고 곤란한 질문을 쏟아대는 점을 제외하면 꽤 태평하게 삶을 즐겼다. 이런저런 기록을 종합해보면 소크라테스는 대부분의 시간을 행복하게 보낸 듯하다. 포도주, 성관계, 파티를 즐겼으니 쾌락을 멀리하는 금욕주의자라고 할 수도 없다. 그래서 문제가 무엇일까?

플라톤은 모든 문제의 핵심에는 영혼이 자리한다고 믿었다. 영혼은 우리가 가진 가장 좋은 것이고, 결정적인 순간에 드러나는 진정한 자신이다. 그러므로 우리는 영혼의 선을 추구하며 살아야 한다. 영혼이 지혜롭고, 공정하며, 무엇보다 만물의 영원한 진리를 파악하는 삶을 꾸려나가야 할 것이다. 따라서 최고의 삶은 영혼의 선을 돌보는 삶이라고 할 수 있다.

소크라테스는 이런 종류의 선에 육체는 아무런 역할도 하지 않는다고 주장했다. 오히려 육체는 영혼을 돌보는 데 방해가 되고는 한다. 우리 몸은 이것저것 요구사항이 많은 데다가 꽤나 거만해서 원하는 것을 얻지 못하면 불같이 화를 낸다. 또한, 노화나 예기치 못한 질병, 부상으로 언젠가는 반드시 망가질 수밖에 없다. 하지만 소크라테스가 생각하기에 육체가 지니는 최악의 단점은 불확실한 감각 때문에 순수한 추론이 어렵다는 데 있었다. 온갖 착시와 환청, 환각이 판을 치는 세상에서 똑바로 사고하기는 쉽지 않다.

하지만 이런 이유만으로 죽음을 축복이라고 여기기에는 무리가 있는 듯하다. 지혜와 미덕을 추구하려면 일단 살아 있어야 하지 않겠는가?

소크라테스는 사후 세계에 관련해 정확한 의견을 제시하지 않았다. 하지만 플라톤의 《파이돈》에 따르면 죽음을 앞둔 소크라테스는 영혼의 불멸을 역설했다. 사람이 죽으면 영혼은 육체를 떠날 뿐이다. 죽음을 경험한 육체와 영혼은 전혀 다른 운명을 맞이한다. 영혼이 사라진 몸은 생명력을 잃고 부패한다. 하지만 육체를 잃은 영혼은 그대로 남아 있다. 영혼은 죽음에 직접적인 피해를 입지도, 육체와 분리되는 과정에서 악영향을 받지도 않는다. 죽음으로 분리된 영혼은 "어리석음으로 오염된 신체를 탈출"하니 오히려 잘됐다. 게다가 잘 살았다고 자부하는 사람이라면 죽음 이후 "악의 손길이 미치지 않는 완전한 행복"을 누릴 수 있을 것이다.

소크라테스에게 철학을 탐구하는 삶은 "죽음을 위한 훈련"이었다. 사물의 영원한 진리를 깊이 고민하면서 영혼과 육체의 분리를 준비할 수 있기 때문이다. 철학은 언제 어디에서 이루어질지 모르는 영혼의 탈출을 대비한다. 언젠가 썩을 육신이 아닌 영원불멸한 영혼을 위해 시간과 노력을 들이는 삶이야말로 잘 사는 삶이라고 할 수 있다. 우리는 죽음을 축복으로 받아들일 수 있는 삶을 살아야 한다.

하지만 죽음이 삶의 가장 큰 문제도, 축복도 아니라면 어떡해야 하는가? 죽음이 아무것도 아니라면 우리는 어떻게 해야 하는가? 실제로 아무것도 아닌 죽음을 심각하게 고민한 인물이 있다.

태어남도 없고 죽음도 없이

베트남 승려이자 참여불교의 스승이었던 틱낫한(Thich Nhat Hanh, 1926~2022)은 구름의 본성을 들여다보며 죽음에 관한 진실을 깨달았다.

바다에서 증발한 물은 대기로 올라간다. 특정 조건이 충족되면 증발한 물은 액체 또는 고체 입자로 응축되고, 이렇게 구성된 입자가 모여 구름을 형성한다. 입자가 증발하면서 사라져버리는 구름도 많다. 하지만 다시 한번 조건이 충족되면 작은 입자는 더 크고 무거운 입자로 합쳐져서 비를 뿌린다. 땅에 떨어진 비는 식물의 뿌리에 흡수되거나 강과 개울을 따라 흘러가서 마침내 다시 바다가 된다.

그렇다. 하지만 죽음을 논하는 데 초등학교에서 배운 지구과학 원리가 웬 말인가?

틱낫한은 이렇게 이야기했다. "구름은 구름이 되기 전에도 무언가로 존재했다. 형태가 바뀌었을 뿐이다." 그러므로 구름은 무(無)가 될 수 없다. "비를 자세히 들여다보면 구름을 볼 수 있다."

형성과 소멸을 반복하는 구름은 끊임없이 형태를 변화한다. 이 과정에서 무엇도 새롭게 존재하지 않으며, 무엇도 존재를 멈추지 않는다. 그저 다른 모양으로 세상에 모습을 드러낼 뿐이다. 이는 바다에 치는 파도와 같다. 쉴 새 없이 밀려왔다 밀려가는 각기 다른 파도는 물의 움직임에 불과하다. 결론은 다음과 같다. "진정한 죽음은 없다. 언제나 이어짐만이 있다. 구름은 바다, 강, 태양의 열기가 이어진 것이고 비는 구름이 이어진 것이다."

틱낫한은 인간 또한 구름과 다르지 않다고 이야기했다. 모든 인간은 겉으로 드러난 현상에 불과하다. 변하지 않는 근본적인 기준은 존재하지 않는다. 인간이 태어날 때 무엇도 새롭게 나타나지 않으며, 인간이 죽을 때 무엇도 사라지지 않는다. "우리의 참된 본성은 태어나지도 죽지도 않는다." 이는 8장과 11장에서 언급했던 무아(無我) 개념과 이어진다. 틱낫한은 "이어지는 두 순간조차 똑같은 상태로 머물러 있는 것은 없다"라고 설명하며 무아와 무상(無常)이 밀접하게 관련돼 있음을 강조했다. 모든 것은 항상 움직이고 변화하며 다음에 일어날 현상을 일으킨다.

죽음은 인간이 범주화한 관념일 뿐이니 어떤 실질적인 것도 죽음에 영향을 받지 않는다. 틱낫한은 이를 깨달으면 모든 것이 변화한다고 주장했다. 이는 "깨달음의 궁극이니 (중략) 이를 알면 더 이상 두려움을 느끼지 않을 것이다." 우리가 살면서 느끼는 두려움은 대부분 죽음에 대한 두려움과 연관됐기에 죽음에 대한 두려움이 사라지면 거의 모든 두려움에서 자유로울 수 있다. 틱낫한은 자신의 깨달음을 담은 책에 《죽음도 없이 두려움도 없이》라는 제목을 붙였다. 무상과 무아를 진정으로 이해하는 순간 "고요히 웃으며 탄생과 죽음이라는 파도를 넘나들 수 있을 것이다." 어떤 삶도, 어떤 죽음도 우리를 괴롭힐 수 없다. "우리는 새로운 방식으로 삶을 통찰하고 또 즐길 수 있다."

이상한 논리라고 생각할 수도 있다. 틱낫한이 "무엇도 진정으로 죽지 않는다"라고 이야기한 유일한 근거는 무엇도 진정으로 살지 않기 때문이 아닌가? 틱낫한의 관점은 소멸을 받아들임으로써 죽음을 별것 아닌 것처럼 위장하는 듯하다.

틱낫한은 다르게 생각했다. 무상과 무아를 거짓된 영속성과 자아의 거짓됨에 반대되는 진실을 서술하는 원칙으로 받아들여서는 안 된다. 무상과 무아는 우리가 영속성과 자아라는 잘못된 개념에 현혹되지 않도록 돕는 도구 역할을 한다. 하지만 "실재는 모든 생각과 개념으로부터 자유로우니" 우리는 무상과 무아를 포함한 모든 개념에서 자유로워지는 것을 궁극적 목표로 추구해야 한다. 그러니 이 세상에는 "영원한 자아도 없고(이럴 수가!) 소멸도 없다(다행인가?)."

셰익스피어의 희곡 《햄릿》은 "죽느냐 사느냐, 그것이 문제로다"라는 명대사로 유명하다. 틱낫한은 부처가 《햄릿》을 썼다면 대사가 이렇게 바뀌지 않았을까 상상했다. "죽느냐 사느냐, 그것은 문제가 아니다. 이는 단지 서로 반대되는 뜻을 가진 개념일 뿐이다. 하지만 죽음과 삶은 현실도, 현실의 묘사도 아니다." 따라서 실재는 "끊임없는 드러남의 과정"에서 나타나는 상호 의존적 변화의 이어짐과 같다.

이런 관점에서 실재를 바라봤을 때 "이어지는 변화가 있을 뿐, 태어남과 죽음은 없다." 즉, '존재'는 생겼다가 사라지지 않는다. 바다, 구름, 비, 강, 모든 것에는 오로지 변화와 드러남이 있을 뿐이다. 인간도 마찬가지다. 지금의 '나'와 갓 태어났을 때 '나'를 생각해보라. 신생아 시절부터 지금 이 순간까지 우리는 오랜 시간 동안 계속해서 변화해왔다. 틱낫한은 삶의 한 순간에서 다음 순간으로의 이어짐과 죽음 이후의 이어짐이 다르지 않다고 주장했다. 어떤 순간에도 변하지 않는 '자아'는 존재하지 않는다.

무상과 무아를 깨달으면 걱정 없이, 유쾌하게 죽음을 받아들일 수 있다. 틱낫한이 이야기하기를, 이런 태도를 갖추기까지는 엄청난 수련이 필요하지만 불가능하지는 않다. "열심히 수련한다면 죽음을 맞이하는 순간, 행복한 이어짐의 노래를 부를 수 있을 것이다."

이는 소크라테스가 독배를 들며 고대한 이어짐과 완전히 다르다. 소크라테스는 의식적 영혼이 죽음 이후에도 계속해서 존재할 것이라 믿은 반면, 틱낫한은 드러남이 또 다른 드러남으로 형태를 바꾸는 과정에 끊임이 없을 것이라고 생각했다.

또한, 틱낫한이 이야기하는 이어짐은 시간에 무척 특이한 태도를 취했다. 틱낫한은 미래에 행복을 얻을 수 있을 것이라는 생각이 어리석다며 비판했다. 미래는 절대 오지 않기 때문이다. 우리는 지금만을 살아간다. 그러므로 우리가 행복할 수 있는 시간도 지금뿐이다. 게다가 행복을 방해하는 것은 자신밖에 없으니, 어떤 상황을 겪고 있든 "행복의 조건은 이미 여기에 있다." 하지만 정말로 행복을 모든 과거와 모든 미래로부터 분리할 수 있을까?

철학자 마사 누스바움(Martha Nussbaum, 1947~)은 고대 그리스

에피쿠로스 철학자를 주제로 글을 쓰면서 인간의 삶이 "현재 상황을 미래에 투영한다"라고 이야기했다. 우리 행동이 결과로 나타나기까지는 시간이 걸린다. 우리의 관계는 성장하고 변화한다. 그러니 우리는 필연적으로 미래에 얽매여 있을 수밖에 없다. 어떤 계획 또는 관계가 우리에게 중요한 이유는 미래를 지향하기 때문이다. 미래를 지향하는 관계의 좋은 예시에는 결혼이 있다. 애초에 우리는 미래를 염두에 두고 결혼이라는 관계를 맺는다.

물론 우리는 영원히 현재를 살아간다. 하지만 관계, 계획, 또는 체스 게임이 가져올 미래는 우리의 현재와 함께한다. 그리고 이런 미래가 우리의 현재를 구성한다. 우리는 미래에 올 행복을 기다린다고 생각하지만 사실 미래가 있기에 현재가 의미 있고, 또 행복할 수 있는 경우가 많다. 덧붙여 누스바움은 죽음이 행복을 방해한다고 생각했다. 죽음은 "시간이 흐르며 점차 발전하는 행동과 관계가 지니는 가치와 아름다움을 침해한다."

C. S. 루이스는 시인이었던 조이 데이비드먼(Joy Davidman, 1915~1960)이 사망하고 얼마 지나지 않아 이런 글을 남겼다. "나는 '죽음이란 없다'거나 '죽음은 중요하지 않다'고 떠들어대는 사람을 견딜 수 없다. (중략) 그렇다면 탄생 또한 중요하지 않다."

"태어남도 없고 죽음도 없이" 평온하게 인생을 즐기자는 틱낫한의 주장에도 일리가 있다. 하지만 누스바움과 루이스는 이에 의문을 제기했다. 태어남도 없고 죽음도 없는 삶이 즐거울 수는 있지만, 어떤 의미를 지니는가?

유일하고 유한한 삶

우리와 함께 예일대학교에서 교수로 근무하는 마르틴 해글룬드(Martin Hägglund, 1976~)는 죽음을 원하지 않는다. 하지만 해글룬드는 영원한 삶 또한 원하지 않는다. 해글룬드가 이야기하기를, "영원한 삶은 가능하지도, 바람직하지도 않다." 앞서 소개한 두 인물의 의견에 따르면 우리에게는 마치 영원한 죽음과 영원한 삶 이외에 어떤 선택지도 없는 듯하다. 해글룬드는 어떤 인간도 영원한 삶과 영원한 죽음 사이에서 자신의 운명을 선택할 수 없다고 생각했다. 하지만 그는 스스로 운명을 선택할 수 있다면 죽음을 선택하겠다고 이야기했다. 무한한 삶보다는 유한한 삶이 낫다. 정말일까? 좋은 삶이 끝나지 않고 영원히 이어진다면 더 좋지 않을까?

해글룬드는 "가치 있는 모든 삶은 유한해야 한다"라고 주장했다. 이를 이해하려면 먼저 삶을 바라보는 해글룬드의 관점을 이해해야 한다. 해글룬드는 삶은 곧 행동이니 삶의 핵심에는 의지가 자리하며, 우리의 의지가 의미를 지니려면 삶이 죽음으로 끝나야 한다고 믿었다.

삶의 주체가 되려면 목적을 가져야 한다. 목적을 가지는 것은 무언가를 위해 행동하는 것이다. 또한, 무언가를 위해 행동하는 것은 무언가에 관심을 가지는 것이다. 하지만 이는 관심의 대상이 되는 무언가는 불완전해 우리가 변화를 만들 수 있을 때에만 성립한다. "누군가 또는 무언가에 관심을 기울이려면 대상이 지닌 가치를 믿어야 한다. 하지만 동시에 대상이 존재함을 멈출 수 있다는 사실 또한 믿어야 한다." 해글룬드가 이야기했다. 이런 점에서 소크라테스가 바라던 영원한 삶은 해글룬드의 기준에 부합하지 않는다. 영원한 것은 우리에게, 또 스스로에게 무엇도 요구하지 않는다. 이미 영원하고, 이미 온전하기 때문이다. 그러므로 삶이 영원하다면 우리는 삶에 관심을 기울이지도, 주체적으로 의지를 행사하려고 노력하지도 않을 것이다. "영원한 활동은 누군가에 의해 유지될 필요가 없다." 따라서 해글룬드의 상상 속에서 실현된 영원한 삶에서는 어떤 행동을 할 이유가 없을 것이다. 정확히 이야기하자면 행동 자체가 없을 것이다.

마찬가지로 이렇게 행동하든 저렇게 행동하든, 지금 행동하든 나중에 행동하든 우리가 살면서 하는 모든 행동은 제한된 시간 속에서만 의미를 지닌다. "만약 내 삶이 영원하다면 나는 언젠가 내 삶이 위기에 처할 수 있다고 생각하지도, 내게 주어진 시간으로 무언가를 해야 한다는 조급함에 사로잡히지도 않을 것이다. 아무리 시간이 흘러도 삶이 끝나지 않으니 급하게 계획이나 행동을 실천할 이유도 없을 것이고, 우선순위를 정해야 한다는 개념 자체를 이해할 수도 없을 것이다."

해글룬드는 이렇게 결론을 내렸다. "나의 행동과 나의 애정이 중요한 이유는 스스로가 유한한 존재임을 알기 때문이다." 죽음이 없으면 의지도 없다. 의지가 없으면 의미도 없다.

해글룬드는 소크라테스의 주장에 그럴듯한 반박을 제시하는 듯하지만 죽음과 불멸이라는 이분법에 대안을 제시한 틱낫한의 주장에는 별다른 의견을 내놓지 않는 것 같다. 하지만 해글룬드의 관점에서 틱낫한의 이어짐은 대안이 될 수 없다. 소크라테스는 우리를 영원한 존재로 가정함으로써 삶의 가치를 떨어뜨린 반면, 틱낫한은 삶과 죽음을 경험하는 진정한 '자아'를 부정함으로써 삶의 의미를 퇴색시켰다. 소크라테스와 틱낫한은 죽음을 두려워하지도, 사랑하는 사람의 죽음에 동요하지도 말라고 조언했다. 하지만 해글룬드는 "죽음의 두려움에 무감각해지는 것은 모든 것에 완전히 무관심해지는 것과 같다"라고 이야기했다. 즉, 죽음이 두렵지 않은 사람에게는 무엇도 중요하지 않다.

그리고 해글룬드는 틱낫한을 비롯한 불교 사상가가 이런 실수를 저지르고 있다고 지적했다. 해글룬드가 이야기하기를, 불교는 우리가 관심을 기울이는 모든 것을 일시적인 환상으로 바라봄으로써 인간의 삶과 세상이 맺는 관계를 단절한다. 불교의 목적은 모든 목적을 넘어서는 데 있다. 하지만 목적이 없으면 모든 것이 무의미하다. 따라서 불교는 모든 것이 무의미한 세상을 목표로 한다. 이에 해글룬드는 "이런 공허한 이상은 추구할 가치가 없다. 공허하며 추구할 가치를 지니지 않는다."

해글룬드의 주장이 사실이라면 이는 이 책의 주제를 송두리째 흔들어놓을 것이다. 유한한 삶만이 의미를 지닌다는 관점에서 '어떻게 살 것인가'라는 질문은 죽음이 진정하고 궁극적인 끝인 경우에만 성립한다. 따라서 불교의 깨달음 또는 영생을 부정하는 사람만이 '의문'을 통해 번성하는 삶을 진정으로 고민할 수 있을 것이다.

깨달음을 추구하고 영생을 믿는 수십억 인구는 궁극적 이상을 위한 수단을 제외한 무언가를 중요하게 여길 때마다 자신이 추구하는 가장 높은 이상을 배반하는 셈이다. 이런 삶을 과연 삶이라고 표현할 수 있을지 모르겠지만, 완전히 무의미한 삶에 도달하려는 노력만이 이들의 삶에서 허락된 유일한 '의미'일 것이다.

불멸을 입다

기독교는 소크라테스와 같은 맥락에서 삶을 바라본다. 이들은 삶이 천국에서 영생을 누리기 전에 거쳐 가는 '눈물의 계곡'이라고 생각한다. 따라서 죽음은 기꺼이 받아들여야 할 축복이다. 실제로 많은 기독교인이 이런 태도로 삶과 죽음을 마주했다. 1세기와 2세기경 활동했던 초기 기독교 지도자 안티오키아의 성 이냐시오(Ignatius of Antioch)는 삶을 '죽음의 상태'라고 불렀다. 사형을 선고받은 이냐시오는 영향력 있는 로마의 기독교인에게 "내가 이 생명을 얻는 데 방해하지 마십시오"라며 감형 없이 사형을 집행해달라고 간청했다. 여기에서 '생명'은 곧 죽음을 의미한다.

하지만 모든 기독교인이 이냐시오와 같이 죽음을 받아들이지는 않았다. 5장에서 소개했던 사도 바울은 다른 시각에서 죽음을 바라봤다.

바울은 죽음을 '적'이자 거만한 폭군이라고 묘사했다. 바울에게 죽음은 축복이 아닌 저주였다. 하나님은 인간을 유한하고 연약한 필멸의 존재로 창조했다. (하나님을 제외한 모든 생명은 유한하다.) 하지만 원래 하나님은 인간에게 영생을 선물하려 했다.

하지만 인간이 하나님의 믿음을 저버리면서 영원한 삶은 막을 내렸다. 바울의 표현에 따르면 우리는 "죄를 지었다." 그리하여 지금 우리가 누리는 삶은 하나님이 원래 의도한 모습과 다르다. 우리를 괴롭히는 질병은 삶이 아니다. 우리는 생명의 근원과 인간의 관계를 단절하는 죄라는 질병에 시달린다.

이렇듯 어긋난 상황 속에서 우리 삶은 두 가지 단계로 이루어져 있다. 첫 번째 단계는 탄생으로 시작해 죽음으로 끝난다. 엉망진창이긴 하지만 이 첫 단계는 선하다. 그리고 이 선은 사라지지 않는다. 선의 극치인 하나님이 창조한 삶이기 때문이다. 삶의 마무리인 죽음은 나쁘다. 죽음은 비극이다. 그리고 비극으로 마무리되는 이야기는 비극일 수밖에 없다.

하지만 바울이 지중해 동부 전역에서 설교한 내용에 따르면 죽음으로 막을 내린 줄 알았던 이야기는 아직 끝나지 않았다. 죽음은 적이지만 하나님이 십자가에 못 박힌 예수를 새 생명으로 일으켰을 때 죽음이 가진 힘은 깨졌다. 따라서 우리는 희망을 품고 두 번째 단계를 기다려야 한다. 바울은 이렇게 죽은 이가 새로운 생명을 얻어 되살아나는 '부활'과 함께 두 번째 단계가 시작한다고 믿었다. 하지만 바울이 이야기하는 부활은 무한한 영혼이 유한한 육체에서 자유로워지는 현상을 뜻하지 않는다. 이는 육체의 부활을 의미한다. 바울은 부활을 옷을 갈아입는 행위에 비유했다. 우리 삶은 "불멸을 입는다." 지금 우리가 살아가는 것과 같은 삶이 변화되고, 치유되고, 유지된다. 그러니 이 두 단계는 질병과 치유가 아닌, 선에서 (훨씬) 더 큰 선으로 향하는 관계를 나타낸다.

우리는 바울이 사랑하는 사람을 떠나보낸 기독교인에게 건네는 조언에서 차이를 실감할 수 있다. 소크라테스는 임종을 지키러 온 친구들에게 기쁜 마음으로 자신의 죽음을 맞이해달라고 부탁했다. 하지만 바울은 사랑하는 사람의 죽음을 기쁘게 받아들여서는 안 된다고 이야기했다. 그렇다고 '완전한 사별'을 걱정하며 괴로워해서도 안 된다. 죽음을 최종적 파괴로 바라보지도, 대수롭지 않은 듯 무덤덤하게 맞이해서도 안 된다. 우리는 희망 속에 사랑하는 사람의 죽음을 애도해야 한다.

바울은 삶에 대한 긍정을 바탕으로 죽음을 바라봤다. 태초부터 하나님은 생명을 창조한 하나님이었다. 하나님은 인간을 비롯한 모든 동물에게 생명을 불어넣었다. 예수 그리스도는 '생명을 공급'하는 자이니, 다른 사람에게 생명을 나눠주는 것이 예수의 역할이었다. 또한, 하나님은 이 세상을 관장하는 신이니 하나님은 이 세상에 생명을 공급한다. 우리가 살아가는 이 세상과 삶은 사후 세계로 향하기 전 잠시 들렀다 가는 역이 아니다.

어떻게 보면 해글룬드는 죽음이 드리우는 위협을 무엇보다 중요하게 여겼다. 삶은 언젠가 죽음으로 끝나기에 의지와 의미를 갖는다. 즉, 우리는 죽음에 저항하려는 노력 덕분에 하루하루 삶을 알차게 꾸려나갈 수 있다. 하지만 바울이 살아 있었다면 해글룬드의 주장에 순서가 잘못됐다고 지적했을 것이다. 우리는 상대방이 죽을 것을 알기에 상대방에게 애정을 쏟지 않는다. 사랑하기에 (스스로는 말할 필요도 없이) 상대방을 죽음으로부터 지키려고 애쓴다. 삶의 긍정적인 측면은 죽음의 부정적인 측면에 우선한다. 또한, 진정으로 살아갈 가치가 있는 삶은 사랑에서 비롯되는 선을 추구한다. 사랑은 삶과 죽음을 대하는 태도에서 두려움을 몰아내고 그 자리에 희망을 채운다.

바울은 언젠가 우리가 무한히 계속되는 삶을 누리는 존재로 부활할 것이라는 희망이 없다면 슬픔의 안개가 우리 삶을 뒤덮을 것이라 생각했다. 나 자신뿐 아니라 내가 사랑하는 사람, 더 나아가 이 행성과 온 우주가 죽음으로 끝을 맞이한다면 우리는 삶을 무의미하다고 생각할 수밖에 없다. 그렇기에 바울은 영원한 삶을 바랐다. 영원한 삶이 과연 타당한지는 또 다른 문제가 될 것이다. 바울의 설교를 듣고 해글룬드가 영생을 바람직하게 여길 가능성은 희박하지만, 만약 설득에 성공한다 하더라도 두 사람은 영생을 믿어야 할 그럴듯한 이유가 있는지를 두고 기나긴 토론을 벌여야 할 것이다.

무엇을 위해 죽어야 하는가?

우리는 죽음에 관한 비전이 삶을 대하는 태도에 큰 영향을 미칠 것이라는 이야기로 이 장을 시작했다. 그리고 '무엇을 위해 죽어야 하는가?'라는 질문에 답을 고민할 때 이는 더욱 확실해진다.

무척 어려운 질문이다. 특히 어떤 형태로든 사후 세계를 믿지 않는 사람이라면 더욱 어렵게 느낄 것이다. 나 자신보다 다른 무언가를 더 가치 있게 여길 수 있는가? 사후 세계를 믿는다 하더라도 과연 목숨을 걸 만한 가치가 있는가? 우리는 어떤 소중한 것을 위해 주어진 모든 칩을 테이블 중앙으로 던질 것인가?

이 질문은 고민을 안겨주는 동시에 미래를 약속한다. 즉, 진정으로 가치 있는 죽음이 무엇인지 알게 된다면 진정으로 가치 있는 삶을 깨달을 수 있다. 반대로, 진정으로 가치 있는 죽음이 무엇인지 대답하지 못한다면 진정으로 가치 있는 삶의 비전을 가지지 못할 수도 있다. 가치를 찾지 못한 사람은 결국 삶을 위해 살아갈 것이다.

토론을 길게 이어갈 필요는 없을 듯하다. 지금껏 본문에서 논의해온 모든 내용이 질문에 어느 정도 대답을 제시하고 있기 때문이다. 하지만 가장 흔히 찾아볼 수 있는 두 가지 대답은 각자의 답을 찾는 데 분명 도움이 될 것이다.

첫 번째로, 타인이 번성할 수 있도록 스스로를 기꺼이 희생하는 사람이 있다. 히브리어 성경에 따르면 모세는 그의 백성과 연대해 자신의 목숨을 내놨다. 5장에서 살펴봤듯 바울 또한 비슷한 선택을 했다. 조금 다른 맥락이지만 공리주의자는 타인의 행복을 위해 스스로의 행복을 희생해야 한다고 믿었다. 나 아닌 다른 사람이 지금보다 나은 삶을 누리도록 목숨을 포기하는 행동은 공리주의가 실현할 수 있는 가장 큰 이상일 것이다. 또한, 불교에서는 이미 깨달음을 얻었지만 만인을 구원하기 위해 삶과 죽음의 굴레에 머무르는 사람을 보살이라고 부른다. 이들은 다른 사람을 위해 몇 번이고 기꺼이 죽음을 거듭한다.

두 번째로, 진정한 삶에 헌신하는 것을 죽음보다 중요하게 여기는 사람이 있다. 이 책에서 소개한 대부분의 인물은 스스로가 추구하는 좋은 삶의 비전에 충실한 것이 삶 자체보다 중요하다고 이야기할 것이다. 이는 진정성의 문제인 동시에 번성하는 삶을 방해하는 세상에 반박하는 증언이기도 하다. 소크라테스와 같은 인물은 신념을 굽히느니 죽음을 택했다. 실제로 소크라테스는 탈옥할 기회가 있었지만 거절했다. 불멸을 원한다는 이유도 있었지만 법을 어기는 것이 옳지 않다고 생각했기 때문이다. 소크라테스에게는 삶을 이어가는 것보다 옳은 일을 행하는 것이 중요했다.

하지만 대단한 철학자나 종교인이 아닌 평범한 사람도 진정으로 가치 있는 삶을 위해 죽음을 불사하고는 한다. 고대 기독교 문헌에는 페르페투아(Perpetua)와 펠리치타(Felicity)라는 두 여인의 수난기가 기록돼 있다.♦ 이 두 사람과 동료 순교자들은 황제를 기리기 위해 로마 신들에게 제물을 바치기를 거부했다는 죄목으로 체포되어 감옥에 갇혔다. 당시 페르페투아는 어린 아들을 키우고 있었다. 기록에 따르면 아들을 끔찍이 걱정했던 페르페투아는 결국 어머니와 남동생에게 아들을 맡겼다. 한편, 임신한 몸으로 투옥된 펠리치타는 감옥에서 출산하고 다른 그리스도인에게 양육을 부탁하며 아이를 떠나보냈다. 페르페투아와 펠리치타는 신앙을 포기하고 로마 신에게 제물을 바치면 자유를 되돌려주겠다는 제안을 거절하고 황제의 탄신일에 원형 경기장에서 맹수에게 목숨을 잃었다. 페르페투아와 펠리치타의 순교 외에도 평범한 인물이 진정한 삶에 헌신하기 위해 삶을 이어나가기를 포기한 사례는 수도 없이 많다.

죽음의 질문에서 삶의 문제로

'의문'을 삶에 주어진 궁극적 질문으로 바라본다면 죽음이 제기하는 물음에서 벗어나기는 불가능하다. 얼핏 보기에 죽음은 우리 삶이 추구하는 의미, 가치, 선을 의혹에 빠뜨리는 듯하다. 이번 장에서 우리는 이에 나름대로 대답을 내놓은 여러 인물을 소개했다. 소크라테스는 죽음으로 영혼이 축복을 얻을 수 있는 삶을 살아야 한다고 주장했다. 틱낫한은 태어남과 죽음은 인간이 정립한 개념일 뿐, 사물의 본질적 특성을 반영하지 않는다고 이야기했다. 해글룬드는 가슴 아픈 현실이지만 죽음이 있기에 삶이 의미를 지닌다고 생각했다. 바울은 죽음을 적이라고 규정했지만 하나님이 인간을 대신해 죽음이라는 적을 물리쳤다고 믿었다.

우리가 죽음을 바라보는 네 가지 관점 중 하나를 선택하고 그에 걸맞게 번성하는 삶의 비전을 추구한다고 하더라도 우리 여정은 이제 겨우 절반쯤에 이르렀으니 목적지까지는 한참을 더 가야 한다. 게다가 아직 심각한 도전 과제가 남아 있다. 진정으로 가치 있는 죽음에 걸맞은 진정으로 가치 있는 삶을 살려면 어떻게 해야 하는가? 기꺼이 죽어도 좋다는 생각이 들 정도로 온전한 삶을 꾸리는 방법은 무엇인가? 이 두 가지가 아마 가장 시급한 문제가 될 것이다. 나머지 세 장에서는 이 질문에 대답을 떠올리는 데 도움이 될 만한 이야기를 나눠볼 예정이다.

삶에 적용하기

1. 여러분은 어떤 미래의 계획과 관계에 의미를 두는가?
   * 이 계획과 관계가 언젠가 죽음으로 끝을 맞이할 것이
   라는 사실은 의미를 더하는가, 아니면 의미를 퇴색시
   키는가?

2. 삶이 아무것도 아니기에 죽음 또한 아무것도 아니라는
   틱낫한의 주장이 사실이라면 여러분은 삶을 대하는 태
   도를 어떻게 변화시킬 것인가?

3. 여러분은 영생이 바람직하다고 생각하는가? 만일 그렇
   다면 그 이유는 무엇인가?
   * 여러분과 여러분이 사랑하는 사람에게 영생이 주어진
   다면 여러분은 어디에서 삶의 의미를 찾을 것인가?

4. 진정으로 가치 있는 죽음이란 무엇이라고 생각하는가?
   * 여러분에게는 기꺼이 죽음을 감수할 만한 사람이 있
   는가? 만약 그렇다면 그 이유는 무엇인가?
   * 여러분에게는 기꺼이 죽음을 감수할 만한 이상이 있
   는가? 만약 그렇다면 그 이유는 무엇인가?
   * 위의 두 질문에 대한 대답은 여러분이 추구하는 진정
   으로 가치 있는 삶에 어떤 영향을 미치는가?

5부

---◆---

다시
수면으로

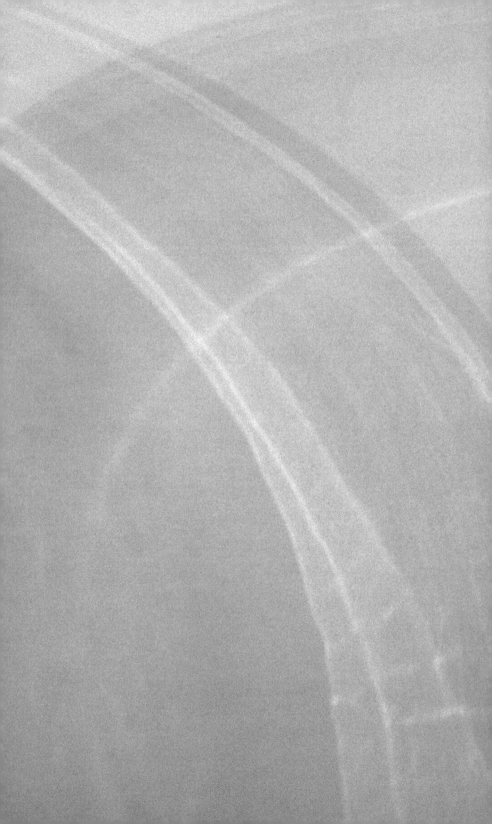

13장

아직
해야 할 일이 남았다

"우리는 다음을 자명한 진리로 생각한다. 모든 사람은 평등하게 태어났으며 (하략)." 이 문장은 진정으로 인간다운 삶이 무엇인지 이야기하고 있다.

역설적이게도, 모든 사람이 평등하다고 주장한 당사자는 평생 600명이 넘는 노예를 부렸다. 역사를 바꿀 기회는 분명히 있었다. 토머스 제퍼슨의 독립선언서 초안은 노예무역에 반대한다는 내용을 포함하고 있었다. 제퍼슨은 노예무역을 "인간 본성에 반하는 잔혹한 전쟁"이라고 비난했다. 초안이 그대로 유지됐더라면 이 문서는 독립선언서이자 노예해방선언서가 됐을 것이다. 하지만 토머스 제퍼슨을 비롯한 정치인은 노예해방을 도저히 받아들일 수 없었던 듯하다. 결국 독립선언서는 모든 인간이 평등하게 태어났다는 최소한의 이상을 언급하는 데 그쳤다.

하지만 당시 권력을 쥔 모든 인물이 이 문장이 암시하는 바를 이해하지 못했다고 생각하면 곤란하다. 실제로 많은 사람이 독립선언서에 담긴 의미를 실천하려고 노력했다. 독립선언서가 작성되고 겨우 4년 후인 1780년, 매사추세츠주는 주 헌법을 작성하는 데 제퍼슨의 표현을 차용했다. 그리고 채 3년이 지나지 않아 매사추세츠주 대법원은 노예제를 폐지했다. 이뿐 아니라 남부의 노예 소유주 또한 이 글이 지닌 힘을 잘 알고 있었다. 실제로 남부의 여섯 개 주에서 '모든 사람'이라는 단어를 '모든 자유인'으로 대체했다.

시간이 흐르며 노예해방을 꿈꾸던 제퍼슨의 이상은 빛을 잃었다. 1792년 제퍼슨의 장부에는 흑인 노예의 출산으로 농장이 얻는 연간 이익이 4퍼센트에 달한다는 내용이 담겨 있다. 제퍼슨은 노예 출산이 꽤 건실한 투자 전략이라고 생각했다. 심지어 조지 워싱턴과 몇몇 동료에게 노예 출산을 추천했다. 제퍼슨은 자명한 진리보다 돈을 더욱 강력한 동기라고 생각했던 것 같다. 기자 헨리 빈세크(Henry Wiencek)는 토머스 제퍼슨이 태도를 바꾸기 시작한 시기에 의혹을 제기했다. "제퍼슨은 '흑인 노예제도'가 창출하는 이익을 계산한 이후로 반노예주의에서 물러나기 시작했다."

1776년, 제퍼슨은 모든 인간이 평등함을 주장했다. 그리고 1826년 죽음을 맞이할 때까지 그 대단한 이상을 품은 제퍼슨이 해방한 노예는 600여 명 중 단 두 명뿐이었다.

1777년, 로버트 카터 3세(Robert Carter III, 1728~1804) 또한 이상을 품었다.

시작은 열에 들뜬 꿈에 불과했다. 1777년 6월, 부유한 농장주였던 카터는 당시로서는 드물게 천연두 예방접종을 했다. 그리고 얼마 안 돼 하나님을 마주하고 벅차오르는 꿈을 꿨다. 하지만 카터는 이를 단순한 꿈 이상으로 받아들였다. 꿈을 통해 하나님과 성스러운 만남을 경험한 카터는 기독교를 믿는 여느 미국인이 그렇듯 신앙심이 급격히 깊어짐을 느꼈다. 카터는 일기에 이 경험을 "은혜로운 깨달음"이라고 기록했다. 그로부터 한 달 뒤, 카터는 한때 자신이 그리스도를 의심했지만 이제 그 의심이 깨끗이 사라졌다고 이야기했다.

12월에 찾아온 또 한 번의 계시로 카터의 신앙은 한층 더 깊어졌다. 카터는 계시를 되돌아보며 지난 꿈에서 놓쳤던 의미를 하나씩 찾기 시작했다. 두 번째 계시를 받을 때는 사라 스탠호프 (Sarah Stanhope)와 해리 디처(Harry-Ditcher)라는 노예 두 명이 함께 있었다. 세 사람은 하늘에서 비치는 기묘하고 거대한 빛을 동시에 목격했다. 카터는 자신이 부리던 노예, 하인과 점차 더 많은 시간을 보냈다. 마침내 카터는 다인종으로 구성된 침례교회에서 세례를 받았다. 앤드류 리비(Andrew Levy, 1966~)가 쓴 로버트 카터 전기의 글을 인용하자면, "3년이라는 짧은 시간 동안 카터는 토머스 제퍼슨의 종교에서 등을 돌리고 토머스 제퍼슨이 소유한 노예의 종교를 받아들였다."

그렇게 카터는 편법이라고는 조금도 사용하지 않고 복잡한 절차를 차근차근 밟으며 길고 고단한 노예해방의 길을 걷기 시작했다.

제퍼슨이 그랬듯 카터 또한 자유를 믿었다. 제퍼슨이 그랬듯 카터 또한 노예 수백 명을 '소유'하고 있었다. 1770년대 후반, 제퍼슨이 그랬듯 카터 또한 자유를 믿으면서 노예를 소유할 수는 없다는 사실을 깨달았다. 하지만 카터는 제퍼슨과 다른 길을 선택했다. 1791년, 카터는 자신이 해방할 수 있는 노예 420명을 점진적으로 해방하겠다는 계획을 상세히 써 내려갔다. 리비의 표현에 따르면 카터는 "제퍼슨과 반대로 노예를 해방할 의지는 조금도 부족하지 않지만 자유를 향한 자신의 사랑을 능숙하게 표현할 통찰력과 명석함이 부족한 인물"이었다.

카터는 자유를 근사하게 포장할 줄 몰랐다. 법원 제출용 서류에 기재한 설명 조항이 그나마 가장 그럴듯했다. 만약 제퍼슨과 카터가 예일대학교에서 '가치 있는 삶' 강의를 들었다면 분명 제퍼슨이 더 높은 성적을 받았을 것이다. 하지만 우리가 카터를 어떻게 비판하든(진정한 영웅이라면 같은 인간을 노예로 부리기를 그만두는 것 이상으로 대단한 업적을 세워야 하지 않겠는가?) 둘 중 누가 더 보편적 인간성을 존중하는 삶을 살았는지 판단하기는 어렵지 않다.

이상을 품은 모든 사람이 이상을 실천하지는 않는다.

이제 이 책도 13장에 들어섰다. 지금쯤이면 각자 '의문'에 어렴풋한 대답을 떠올렸겠지만 아직도 할 일이 많이 남았다.

핵심은 실천에 있다

지금까지 우리는 번성하는 삶을 바라보는 다양한 비전 사이에 어떤 차이가 있는지 이야기하는 데 꽤 많은 페이지를 할애해왔다. 설명이 나쁘지는 않았다고 자신한다. 비전이 지니는 차이는 분명하며, 중요하다. 결국 본질을 따지자면 모든 전통이 같은 비전을 지지한다고 대충 얼버무리고 싶은 충동을 느꼈을 수도 있다. 하지만 바라건대, 비전마다 차이가 뚜렷하다는 사실을 이제는 다들 깨달았을 것이다. 게다가 진실 앞에 눈을 가려서는 무엇도 얻을 수 없다.

흔치 않지만, 이렇듯 극명히 다른 시선에서 가치 있는 삶을 바라보는 다양한 비전이 합의를 이루어낼 때도 있다. 실제로 '좋은 삶이 무엇인지 아는 것도 중요하지만 그보다는 좋은 삶을 사는 것이 더 중요하다'는 의견에 반대하는 사람은 드물 것이다. 우리는 번성하는 삶의 형태를 고민하는 데 그치지 않고 자신과 타인이 번성하는 삶으로 나아갈 수 있도록 길을 터줘야 할 것이다.

많은 인물이 지식보다 행동이 중요하다는 의견에 동의했다. 그중 유독 명백한 몇 가지 사례를 살펴보겠다. 스스로 순수한 공리주의자라고 주장하면서 최대 다수에게 최대 행복을 안겨주는 방법을 고민하는 데만 열중하는 인물을 떠올리기는 어렵다. 공리주의의 핵심은 행동에 있다. 선을 실천할 수 있으면서 실천하지 않는다면 이는 잘못된 행동이다. 극단적인 나눔을 강조한 피터 싱어는 이렇게 이야기했다. "우리가 내린 결론을 진지하게 받아들인다면 그에 맞게 행동해야 할 것이다."

마찬가지로 로빈 월 키머러는 이 세상 모든 구성원이 마땅히 보편적 지혜를 실천해야 한다고 생각했다. "우리는 모두 상호주의라는 약속에 얽매여 있다. 식물이 숨을 쉬기에 동물이 숨을 쉴 수 있으며, 겨울이 있기에 여름이 있고, 포식자가 있기에 피식자가 있고, 낮이 있기에 밤이 있고, 삶이 있기에 죽음이 있다. 물은 이를 알고 있다. 구름도 이를 알고 있다. 땅과 바위는 끊임없이 지구를 만들고, 허물고, 또 만들기를 반복하며 춤을 추고 있다는 사실을 알고 있다." 키머러는 인간이 지구의 '늦게 태어난 형제'라는 사실을 일깨우는 데 많은 시간과 노력을 들였다. 하지만 깨달음이 깨달음으로 그쳐서는 안 되니 깨달음을 얻은 즉시 실천으로 옮겨야 할 것이다. "상호주의로 맺은 도덕적 언약은 우리 모두에게 지금껏 취한 것에 책임을 다하라고 요구한다. 한참 늦었지만 이제 우리가 약속을 지킬 차례다."

왠지 고대 철학자라고 하면 오직 지식을 위해 지식을 탐구하는 인물처럼 느껴진다. 실제로 지식 자체를 습득하는 데 의미를 둔 학문도 있다. 기하학이 그렇다. 고대 철학자들은 정말 말 그대로 수학에 미쳐 있었다. 하지만 고대 철학자조차 이 책에서 이야기하는 주제에는 다른 태도를 보였다. 아리스토텔레스는《니코마코스 윤리학》의 서두에 이런 글을 남겼다. "우리는 탁월함을 알기 위해 탐구하지 않는다. 우리는 선을 실천하기 위해 탐구한다.

선을 실천하지 않는 탁월함의 탐구는 아무런 소용이 없기 때문이다."

유대인 랍비도 이에 동의했다. 존경받는 랍비 가말리엘(Gamaliel)의 아들로 태어나 일생을 학문 연구에 바친 랍비 시몬 벤 감리엘(Shimon ben Gamliel, 기원전 10~기원후 70 추정)은 이렇게 말했다. "나는 평생을 현자에 둘러싸여 살면서 침묵만큼 좋은 것이 없음을 깨달았다. 핵심은 배움이 아닌 실천에 있다. 지나치게 말이 많은 사람은 죄를 짓곤 한다." 핵심은 배움이 아닌 실천에 있다. 현자들의 발치에서 유년기를 보낸 위대한 랍비의 아들이 한 말이니 틀림이 없을 것이다.

지식과 실천을 너무 엄격하게 구분할 필요는 없다. 랍비는 지식과 실천을 모두 중요하게 여겼지만 그중 무엇을 강조했는지는 자명하다. 랍비 하니나 벤 도사(Hanina ben Dosa, 기원후 1세기)가 이야기하기를, "선한 의지가 지혜보다 크면 지혜는 오래가지만 지혜가 선한 의지보다 크면 지혜는 오래가지 못한다." 즉, 실천하지 않는 지혜는 금세 사라진다. 반면 대단한 생각 없이 실천으로 옮긴 선한 의지는 언젠가 지혜의 꽃을 피울지도 모른다.

랍비 엘라자르 벤 아자르야(Elazar ben Azarya, 기원후 1세기)는 이를 식물에 비유했다.

선한 의지보다 지혜가 큰 사람을 무엇에 비교할 수 있을까? 가지는 풍성하지만 뿌리가 빈약한 나무를 생각해보라. 바람이 불면 나무는 뿌리째 뽑혀 넘어질 것이다. (중략) 지혜보다 선한 의지가 큰 사람은 무엇에 비교할 수 있을까? 가지는 몇 없지만 뿌리가 튼튼한 나무를 떠올려보라. 바람이 아무리 세차게 불어도 나무는 굳건히 자리를 지킬 것이다.

랍비 엘라자르의 비유가 마음에 와닿는가? 선한 의지는 뿌리이고, 지혜는 가지다. 지혜는 삶의 선한 의지에서 자라난다. 지혜와 선한 의지는 나무의 뿌리와 가지처럼 영양분을 주고받는다. 하지만 우리가 제자리를 지킬 수 있도록 잡아주는 것은 생각이 아닌 행동이다.

예수 또한 〈누가복음〉에서 비슷한 이야기를 했다. 명령을 따르지 않는 제자를 꾸짖는 말로 입을 뗀 예수는 집에 비유해 행동의 중요성을 강조했다.

너희는 나를 '주여, 주여' 부르면서 어찌 내 말을 따르지 않느냐? 내게 와서 내 말을 듣고 행하는 자가 누구와 같은지 너희에게 보이겠다. 이자는 땅을 깊이 파고 주춧돌을 반석 위에 올려 집을 짓는 사람과 같으니 홍수가 나서 물살이 덮쳐도 잘 지은 집은 흔들리지 않는다. 반면 듣고 행하지 않는 자는 주춧돌 없이 흙 위에 집을 지은 사람과 같으니 물살이 덮치면 집은 곧 무너져 거대한 폐허만이 남을 것이다.

물론 말을 듣는 것은 중요하다. 하지만 요점은 듣기가 아닌 행동에 있다. 우리는 애매모호한 이상이 아닌 실천을 기반으로 삼고 의지해야 한다.

공자 또한 행동으로 진정한 가르침을 얻은 제자와 그렇지 않은 제자를 구분했다. 공자는 자칫하면 자신이 가장 아끼는 제자가 바보처럼 보일 수도 있다고 우스갯소리처럼 이야기했다. "나는 종일 안회와 이야기를 나눴지만 안회는 내 말에 단 한 번도 반박하지 않았으니 어리석어 보였다. 하지만 혼자 있는 안회를 살펴봤더니 내 말을 그대로 행하고 있었다. 안회는 바보가 아니다!" 우리는 토론에서 가장 말이 많은 제자가 당연히 가장 우수하겠거니 오해하고는 한다. 하지만 아니다. 공자는 가르침을 행동으로 옮겨 삶을 바꿔나가는 제자를 가장 높이 평가했다.

다가오는 생태 위기에 상호주의의 실천을 호소한 키머러부터 지혜와 의지를 가지와 뿌리에 비유한 랍비 엘라자르, 주춧돌 위에 지은 집의 굳건함을 설명한 예수, 안회를 아낀 공자까지 지금까지 이야기한 모든 전통이 실천을 강조했다. 제퍼슨과 카터의 일화는 굳이 언급할 필요조차 없는 듯하다. 우리는 이상을 품었지만 행동하지 않을 때 위기에 빠진다. 제임스 볼드윈은 이를 명확히 꼬집었다. "거대한 위험은 해야 할 일을 알고도 그를 행하지 않을 때 찾아온다." 그러므로 이 책을 읽고 반짝이는 이상을 품었다면 여러분은 지금 위험한 영역에 발을 들여놨다고 할 수 있다. 배움을 실천하지 않는다면 심각한 위기를 마주할 것이다.

삶을 요리하는 시간

이 책을 읽으면서 '의문'에 번뜩이는 대답을 찾은 독자는 거의 없을 것이다. 번성하는 삶에 대한 새로운 비전을 가지거나 갑작스러운 변화나 깨달음을 경험한 사람도 드물 것이다. 보리수나무 아래에 앉아서 명상하는 모든 이가 부처가 될 수도, 예수의 말을 따라 그물을 내리는 모든 이가 시몬이 될 수는 없다. 대개 변화는 작은 데에서부터 시작된다. 지금까지 이 책을 읽으면서 얻은 소득은 어쩌면 한두 가지 영감에 그칠 것이다.

힘, 중요도, 확신의 크기에 따라 영감의 크기와 형태는 다양하게 나타난다. 누군가는 덕스러운 성품을 함양하고, 개인의 실패에 대응하고, 제거할 수 없는 괴로움과 더불어 살아가는 등 예상치 못한 부분에서 생각보다 큰 의미를 찾았을 것이다. 슬픔에서 의미를 찾은 오스카 와일드, 하나님이 베푸는 사랑에 초점을 맞춘 줄리안, 고통과 더불어 살아가는 현실을 받아들인 제임스 볼드윈처럼 의외의 요소에 끌림을 느낀 사람도 있을 것이다. 모든 사람의 행복을 동일하게 여기던 공리주의, 신에게 책임을 다하는 삶을 강조하던 이슬람교, 또는 부와 권력을 멀리해야 한다는 불교의 가치와 원칙에 공감한 사람도 있을 것이다. 물론 완전히 다른 이상을 품을 수도 있다.

새로운 이상이 어떤 형태를 취하든 이상을 실천하는 삶을 살려면 (1) '의문'에 대한 광범위한 대응에 이상을 포함하고 (2) 삶이라는 거대한 천에 이상을 수놓아야 한다.

어떻게 살아야 할 것인지, 무엇을 바라며 살아야 할 것인지, 죽음을 얼마나 중요하게 여길 것인지, 실패에 어떻게 반응할 것인지와 같은 고민은 모두 번성하는 삶에 대한 비전의 일부를 구성한다. 이는 태피스트리를 완성해가는 실이자, 시를 써 내려가는 시구이자, 레시피를 만들어가는 재료와 같다. 따라서 일부가 변화하면 다른 모든 부분에 영향을 미친다.

그러니 사실상 삶 자체가 '의문'에 대한 대응이나 마찬가지라고 생각해도 무방하다. 우리 모두는 삶과 세상에 접근하는 방식에 영향을 미치는 번성하는 삶에 대한 비전을 품고 살아간다. 미처 깨닫지 못했는지도 모르지만 우리는 항상 화구에서 무언가를 요리하고 있는 셈이다.

우리는 빠진 재료를 떠올리고 새로운 재료를 더하거나 부족한 재료를 추가하듯 새로운 이상을 떠올리거나 기존의 이상을 수정한다. 레시피에 단백질은 없고 온통 지방뿐이라면 영양학적인 측면에서 문제가 될 수 있으니 재료를 보완해야 할 것이다. 또한, 마늘을 너무 많이 넣어서 당근의 맛을 가린다면 마늘과 당근의 양을 조정해야 할 것이다. 비율 문제가 아닌지도 모른다. 갑자기 어떤 재료를 요리에 꼭 넣어야겠다고 생각해 새로운 재료에 어울리도록 나머지 재료를 전부 손봐야 할 때도 있다.

하지만 우리는 새로운 이상이 빈 부분을 채워 넣어 그림을 완성하는 마지막 퍼즐 조각이 아니라는 사실을 명심해야 한다. 이는 '의문'에 대응하는 방식의 변화이니 새로운 이상에 충실하면 삶이 송두리째 바뀔 수도 있다. 새로운 이상이 어디까지 영향을 미칠지는 누구도 정확히 예상할 수 없다.

어쩌면 요리에 소금 한 꼬집을 더하는 것처럼 삶에 새로운 이상을 더해 미세한 변화를 주는 데서 그칠지도 모른다. 반면 한 가지 재료를 추가했다가 요리를 완성하려면 갖가지 새로운 재료가 필요하다는 사실을 깨달을 때도 있다. 새로운 이상에 우선순위를 두면서 냄비에 미리 넣어둔 재료를 꺼내야 할 때도 있고, 새로운 이상을 추구하기 위해 이미 조리 중인 음식을 몽땅 버리고 다시 요리를 시작해야 할 때도 있다. 심지어 냄비를 깨끗하게 닦고 아예 처음부터 새롭게 시작해야 할 때도 있다. 상황이 어떻게 흘러갈지 미리 예측할 수는 없다. 우리는 레시피를 테스트하고 수정하기를 반복하며 새롭게 찾은 영감이 삶을 어디로 이끌어나갈지 살펴봐야 할 것이다.

레시피, 즉 삶의 비전에서는 조화가 중요하다. 재료가 조화롭게 균형을 이루어야 좋은 요리를 만들 수 있기 때문이다. 우리 삶도 요리와 같다. 서로 영향을 주고받는 다양한 요소가 조화롭게 어우러져야 좋은 삶을 살 수 있다. 그러므로 우리는 번성하는 삶의 비전을 추구할 때 균형과 조화를 가장 우선해야 한다. 조화로운 비전은 조화로운 삶을 향해 나아가도록 도와준다.

우리가 실제 주방에 서서 요리를 할 때는 대개 맛에 가장 큰 비중을 둘 것이다. 매운 음식을 즐겨 먹는 사람이 있는가 하면,

콜리플라워나 다크초콜릿을 유독 좋아하는 사람도 있다. 취향 차이일 뿐, 중요한 문제는 아니다. 반면 우리 삶은 '의문'에 어떻게 대답하는지에 따라 크게 달라진다. 이 대답은 무엇을 진정으로 중요하게 여겨야 하는지, 어떻게 살아갈 것인지, 삶의 번성과 쇠퇴는 무엇을 의미하는지, 인간으로서 성공과 실패는 또 무엇을 의미하는지를 이야기하고 있기 때문이다. 따라서 새로운 이상을 따르는 길은 무척 위험할 수 있다.

게다가 이상은 개념적, 이론적 차원에서 '의문'에 대답하는 데 그치지 않으니 걱정도 기대도 클 수밖에 없다. 비전이 삶을 그렸다면, 이상은 삶의 방식을 송두리째 뒤바꿀 잠재력을 지닌다. 별것 아닌 것 같은 이상도 예외는 아니다. 더 나은 삶을 위한 변화에는 더 나은 삶을 가져올 힘이 있다. 이상의 실천은 세상을 바라보는 시각과 삶을 대하는 태도에 엄청난 영향을 미치고는 한다.

카터의 일화를 생각해보라. 카터는 현실을 직시하고 신의 존재를 받아들이면서 이상을 실천하기 시작했다. 하지만 이상을 좇으면서 카터는 자신뿐 아니라 수백여 명에 이르는 사람에게 사회적, 경제적 변화를 가져왔다. 그리고 우리는 여기에서 또 한 가지 중요한 교훈을 얻을 수 있다. 우리는 고립된 채 살아가는 개인이 아니다. 우리 외에도 많은 사람이 주방에서 요리를 하고, 그렇게 요리한 음식을 먹는다. 이상을 따르는 삶, 또는 이상을 따르는 데 실패한 삶은 개인을 넘어서는 영향력을 지닌다. 그러므로 우리는 지금까지 배운 내용을 뒤돌아보며 스스로에게 이렇게 질문할 필요가 있다. 이상을 테스트하고, 수정하고, 실천하는 과정에서 타인을 어떻게 개입시킬 것인가?

마지막으로 한 가지 주의할 점을 짚고 넘어가겠다. 지금 이 책을 읽는 독자 중에는 모든 것이 늘 완벽하기를 바라는 사람도 있을 것이다. 요리를 시작하기 전 모든 준비물을 깔끔하게 정리해 간격을 맞춰 가지런히 정리해놓고 싶은 마음은 이해한다. 이상은 비전을 구성하는 재료와 마찬가지이니 본격적으로 인생에 뛰어들기 전 삶의 비전이 완벽하게 조화를 이루도록 미리 이상을 준비해둬야겠다고 생각할 수도 있다.

안타깝지만 그럴 수는 없다. 모든 것을 포괄하는 완벽하고 일관성 있는 비전을 그리기에 우리 삶은 너무나 거대하고 복잡하다. 설명서에 따라 블록을 쌓다 보면 완성되는 레고와 달리 삶의 비전은 순서대로 완성되지 않는다. 모든 것이 완벽히 준비될 때까지 기다렸다가 준비가 끝나면 그제야 제대로 살아보겠다는 마음가짐은 좋지 않다. 준비하는 시간도, 기다리는 시간도 이미 살아가는 시간이기 때문이다. 우리는 모든 시간을 살아가고 있다. 잠시 생각할 시간이 필요하다고 일시 정지 버튼을 누를 수는 없다. 처음 시도해보는 요리를 할 때 주방 설비를 얼마나 완벽하게 준비했는지, 요리 과정을 얼마나 상세하게 계획했는지는 중요하지 않다. 요리의 가치를 평가하려면 일단 먹어봐야 한다. 마찬가지로, 이상의 가치를 확인하려면 일단 살아봐야 한다.

삶의 비전이 우리가 걸어가야 할 삶의 경로를 친절하게 알려줄 것이라고 기대해서도 곤란하다. 완전한 삶의 비전조차 우리가 실천해야 할 행동과 지침을 순서대로 하나하나 가르쳐주지는 않는다. 번성하는 비전은 삶의 대본이 아니다. 그저 살아가는 방식을 제시할 뿐이다. 번성하는 비전 속에서 우리는 삶의 매 순간이 의미를 지니도록 노력해야 한다. 삶은 단계가 아닌 행동으로 구성된다. 그리고 행동은 순수한 성찰로 마침내 얻은 지혜의 단순한 적용이 아니다. 랍비 엘라자르가 이야기했듯 지혜는 가지와 같다. 뿌리, 즉 행동에서 양분을 얻어 성장한다.

기억하라 그리고 되새겨라

우리는 행동해야 한다. 맞는 말이다. 성찰하는 시간 속에서도 우리 삶은 계속해서 흘러간다. 모든 현상을 의심하는 사람도 여기에는 반박할 수 없을 것이다. 하지만 성찰을 즐기는 사람이라면 삶이 멈추지 않는다는 사실을 마음에 새기기를 바란다.

반면 행동이 앞서는 사람이라면 지금까지 이 책을 읽으며 그래왔듯 앞으로도 인내심을 가지고 성찰하는 시간을 조금씩 늘려가기를 바란다. 아마 지금쯤이면 생각은 그만두고 '실생활'로 돌아가고 싶어 좀이 쑤실 것이다. 충분히 그럴 수 있다.

하지만 성찰 단계에서 벗어나는 순간 우리는 번성하는 삶의 비전을 마련하기 위해 열심히 고민해온 내용을 몽땅 잊어버리는 위기를 맞닥뜨릴 것이다. 성찰은 1장에서 비유한 심해 다이빙과 같다. 그렇기에 자칫 잘못했다가는 지금까지 얻은 모든 것을 잃고 맨손으로 수면에 도달할지도 모른다. 그리고 수면에서 우리는 자동 조종 모드로 살아간다. 심해 깊은 곳에서 중요한 삶의 이상을 발견하고, 확인하고, 확신했다고 해서 자동 조종 모드가 항로를 바꿨다고 단언할 수는 없다. 조심하지 않으면 '실생활'로 복귀하는 순간 우리는 예전에 살던 삶의 방식대로 앞으로의 삶을 살아갈 것이다. 지난 삶의 방식을 지지하지 않더라도 습관은 과거에 머물러 있기 때문이다.

어쩌면 우리의 습관은 깊은 성찰을 통해 더 이상 추구할 가치가 없다고 밝혀진 삶의 비전에 더욱 적합한지도 모른다. '실생활'로의 복귀를 지나치게 서둘렀다가는 지난 습관에서 벗어나기 어렵다. 그리고 과거의 습관은 결국 우리를 다시 과거의 비전으로 인도할 것이다. 제퍼슨이 평등이라는 이상을 실현하지 못한 데는 이윤을 좇는 습관을 버리지 못한 탓도 있을 것이다.

많은 고대 전통이 기억을 강조하는 이유가 여기에 있다. 포타와토미족 장로는 부족이 치르는 의식을 "기억하기 위한 기억"이라고 불렀다. 의식을 치르면서 "잊어버렸다는 사실조차 몰랐던 것들을 기억할 수 있기 때문"이다. 히브리어 성경의 〈신명기〉는 기억하라는 당부를 몇 번이나 반복한다. 네가 어디에서 왔는지 기억하라. 하나님이 너를 위해 무엇을 해줬는지 기억하라. 특히 일이 잘 풀리기 시작할 때 "하나님이신 주님을 기억하라."《논어》

에서 스승이라고 지칭되는 공자는 이렇게 이야기했다. "나는 옛 것을 믿고 좋아하니 옛 성현의 말을 전할 뿐, 새로이 창작하지 않는다."

우리가 기억해야 할 것은 신이나 과거의 전통이 아니라고 결론을 내릴 수도 있다. 하지만 깊은 바닷속에서 무엇을 배웠든, 우리는 돌아오는 길에 깨달음을 잃지 않도록 노력해야 할 것이다. 그래야만 수면에서의 삶을 변화시킬 수 있다.

실망스러울 수도 있지만 깨달음을 간직하는 것만으로 새로운 이상이나 발전된 좋은 삶의 비전이 저절로 꽃을 피우지는 않는다. 변화는 어렵다. 다음 두 장에서는 (1) 우리 삶을 변화시키고 (2) 변화를 유지하는 노력에 관해 이야기해보겠다.

삶에 적용하기

1. 우리는 번성하는 삶의 형태를 확인하기 위해 깊은 바닷속으로 다이빙했다가 수면으로 돌아오는 길에 접어들었다.
   - 여러분은 번성하는 삶을 위해 어떤 이상을 품었는가?
   - 여러분은 이 책을 읽기 전에 어떤 이상을 좇았는가? 이 책을 읽으면서 새롭게 품게 된 이상이 있는가?
   - 책을 읽으면서 깊어지거나, 흔들리거나, 변화한 이상이 있는가?

2. 여러분은 (1) 옳다고 믿는 것에 대해 열변을 토로하거나 (2) 믿음을 실천하는 것 중 무엇을 더 편하게 느끼는가?

3. 여러분에게는 예수와 랍비의 일화에서처럼 중요한 가치가 흔들리지 않도록 실천하는 행동이 있는가?

4. 여러분에게는 꽤 오랜 시간 동안 생각해왔지만 실천에 옮기지 않은 이상이 있는가? 이상을 실천해야 한다는 사실을 알면서도 편하고 익숙하다는 이유로 행동하지 않는 삶의 영역이 있는가? (볼드윈의 경고를 명심하기를 바란다.)

14장

변화는 어렵다

학기가 끝나갈 때쯤 학생 한 명이 고민거리를 안고 찾아왔다. 학생은 자신이 배움을 대하는 자세를 두고 그동안 많은 생각을 해왔다고 이야기했다. 또래 아이들이 대개 그렇듯 조언을 구하러 온 학생이 예일대학교에 입학하기까지는 외부 평가가 크게 작용했다. 시험 성적은 무척 높았고, 자기소개서는 독창적인 문장이 돋보였으며, 친구와 멘토는 학생이 지닌 잠재력을 인정했다. 하지만 이 모든 과정을 거치면서 학생은 그동안 자신이 받아온 긍정적인 평가를 새로운 시각으로 보기 시작했다. 그리고 타인의 기대를 충족하지 못할까 봐 전전긍긍하며 살아온 시간을 고민했다. 마침내 학생은 성적이나 외부 평가에 연연하며 살지 않겠다고 결심했다. 어떤 사람과 무슨 일을 하든 본질적 가치를 추구하는 삶을 살고 싶었다. 이런 이상은 삶에 생명을 부여했다. 친구들과 나누는 대화가 점점 깊어졌다. 과제가 더욱 의미 있게 다가왔다. 삶이 변화하고 있었다. 그런데…….

학생은 다른 과목에 제출한 보고서가 실망스러운 성적을 받자 울면서 캠퍼스를 돌아다녔다고 한다. 별것 아닌 보고서에 매겨진 성적 따위에는 더 이상 연연하지 않는다고, 또 연연해서는 안 된다고 생각했다. 스스로에게 화가 났다. 성적이 자신의 삶을 평가하는 척도가 될 수 없다는 사실은 잘 알고 있었다. 그럼에도 깊은 수치심과 실망감을 떨쳐낼 수는 없었다.

하지만 학생이 느낀 부정적인 감정은 여기에서 그치지 않았다. 외부 평가에 대한 집착에서 오는 익숙한 수치심과 실망감에 스스로를 향한 수치심과 실망감이 더해졌다. 학생은 여전히 외부 평가에 집착하고 있었다. 그리고 그런 자신이 끔찍하게 싫었다.

당혹감을 감추지 못한 학생은 이렇게 물었다. "저는 언제쯤 바뀔 수 있을까요? 저는 왜 이럴까요? 예전에는 스스로가 완벽하지 못하다고 생각할 때마다 부끄러움과 실망스러움을 느꼈어요. 이제는 부끄러움과 실망스러움을 느끼는 스스로에게 부끄러움과 실망스러움을 느끼고 있어요. 예전 같았으면 성적을 비관하는 데서 멈췄을 거예요. 그런데 지금은 성적을 비관하는 스스로를 비관하게 됐죠. 실망이 두 배로 늘었어요. 제가 좋은 삶으로 향하고 있는 게 맞을까요?"

대체 이게 어떻게 된 일인가?

일단, 학생이 굉장히 어려운 일을 시도하고 있었다는 사실을 짚고 넘어가겠다. 학생은 아주 중요한 두 가지를 그대로 둔 채 다른 삶을 살려고 노력하고 있었다. 첫째, 학생이 추구하는 이상은 예전과 크게 달라지지 않았다. 삶을 판단하는 기준은 변화했지만 바람과 습관은 예전과 같았다. 둘째, 학생이 세상을 바라보는 시선은 바뀌었지만 학생을 둘러싼 세상은 변하지 않았다. 학생 주변의 교수, 가족, 친구는 여전히 학생에게 예전과 같은 기대를 표현하고 있었다.

삶의 방식이 변화하기를 바라는 모든 사람이 이 학생과 같은 상황을 경험할 수 있다. 우리는 뜻깊은 이상을 품고, 이렇게 품은 이상을 바탕으로 번성하는 삶의 비전으로 향하는 길을 찾고, 마침내 진정으로 추구할 가치가 있는 삶이 무엇인지 이해하고, 결국에는 새로운 삶의 방식을 추구하기로 결심할 수 있다. 하지만 막상 우리는 이상을 품기 전과 조금도 달라지지 않았을 것이다. 우리를 둘러싼 세상에도 눈에 띄게 큰 변화는 없을 것이다.

이번 장에서는 예전과 크게 다르지 않은 세상 속에서 과거와는 다르게 살아가려고 노력하기가 얼마나 어려운지 이야기해볼 예정이다.

넛지, 넛지, 넛지

학자가 쓴 책은 그다지 잘 팔리지 않는 편이다. 하지만 학술적인 아이디어가 타이밍을 잘 만나 인기를 끌 때도 간혹 있다. 지난 10여 년은《넛지》의 시대였다고 해도 과언이 아니다.《넛지》는 경제학자 리처드 탈러(Richard Thaler, 1945~)와 법학자 캐스 선스타인(Cass Sunstein, 1954~)이 공동 집필한 책으로 무려 200만 부 이상이 판매됐다. 아마 많은 독자가 이 책을 통해 행동경제학을 처음으로 접했을 것이다. 행동경제학은 경제학에 심리학을 접목시켜 인간의 의사결정 과정에 새로운 모델을 제시했다.

지난 수 세기 동안 경제학자들은 인간이 합리적인 존재라는 가정을 바탕으로 이론을 전개해왔지만 이 가정은 틀렸다. 인간은 로봇이 아니기에 항상 자신에게 가장 좋은 대안을 선택할 수는 없다. 심지어 자신이 무엇을 진정으로 원하는지조차 모르고 선택을 내릴 때도 있다. 인간은 온갖 것을 동시에 욕망하는 복잡하고 감정적인 존재로 가끔은 스스로도 이해하지 못할 이유로 온갖 것을 선택하고는 한다.

우리는 종종 한 번에 하나 이상의 욕망을 품는다. 그중에는 상충하는 욕망도 있다. 탈러와 선스타인은 이와 같이 상충하는 욕망으로 인해 자제력과 관련된 문제가 발생한다고 주장했다. 우리가 자제력을 발휘하려고 애쓸 때 우리 안에서는 전혀 다른 두 인물이 싸움을 벌인다. 한편에서는 〈스타 트랙〉에 등장하는 미스터 스팍처럼 합리적이고, 인내심 넘치며, 계산적인 인물이 통제권을 잡으려 애를 쓴다. 반대편에서는 〈심슨네 가족들〉에 나오는 아빠 호머 심슨처럼 욕망에 이끌려 제멋대로 즉흥적인 행동을 보이는 인물이 미스터 스팍에 대항한다. 회사 휴게실에 놓인 도넛을 발견한 미스터 스팍과 호머는 전혀 다른 방향으로 움직일 것이다.

이를 단순히 미덕을 실천하려는 노력으로 바라볼 수도 있다. 자제력이 뛰어난 사람이라면 미스터 스팍이 쉽게 호머를 제압해 낼 것이다. 플라톤 또한 비슷한 관점을 취했다. 플라톤은 미스터 스팍과 호머를 마부가 다루는 두 마리 말에 비유했다. 만화 주인공의 어깨를 한쪽씩 차지하고 앉은 천사와 악마 캐릭터 또한 이와 비슷하다. 자제력이란 악마를 잠재우고 천사를 따르는 행동과 같다. 일이 잘 풀리면 자아는 미스터 스팍의 편에 서서 호머를 제압하고 승리를 거둘 것이고, 도넛은 온전히 휴게실에 남을 것이다. 이렇듯 자기 자신을 상대로 이룬 승리는 '최초이자 최고의 승리'라고 불린다.

하지만 미스터 스팍이 항상 승리하지는 않는다. 어깨 위의 작은 악마는 작은 천사보다 교활하다.

그래서 탈러와 선스타인은 새로운 행동 양식을 추천했다. 스스로를 바꾸려고 노력하지 마라. 미스터 스팍과 호머는 절대 싸움을 멈추지 않을 것이다. 둘 중 어느 한쪽도 최후의 승리를 거둘 수 없다. 성패를 그저 그 순간의 운에 맡겨서도 안 된다. 경기가 미스터 스팍에게 유리하게 진행되도록 장치를 마련하라. 호머가 올바른 선택을 내릴 수밖에 없는 환경을 조성하라. 탈러와 선스타인은 로봇 알람시계를 예로 들었다. 계획적인 미스터 스팍은 호머가 잠들고 싶다는 욕구를 크게 느끼지 못하는 밤에 알람을 맞춰둔다. 이때 미스터 스팍은 호머가 알람에 반응할 시간을 미리 계산해서 알람이 울릴 시간을 정한다. 다음 날 아침, 호머가 몇 분이라도 더 자겠다고 침대에서 게으름을 부리면 알람시계는 요란한 소리를 내며 침실을 뛰어다닌다. 알람시계를 쫓아다니며 야단을 떨다 보면 제아무리 호머라도 잠이 싹 달아날 것이다.

침실을 뛰어다니는 알람시계는 스스로를 위한 장치였다. 하지만 가장 효과적인 '넛지'를 활용하면 미스터 스팍은 자신이 원하는 대로 타인의 행동을 유도할 수 있다. 실제로 탈러는 후배가 박사 논문을 완성하는 데 도움을 주기 위해 유인책을 마련했다. 후배는 탈러에게 100달러짜리 수표를 맡겼다. 그리고 매달 마지막 날까지 논문을 한 장(章)씩 완성해서 탈러의 사무실 문틈 사이로 밀어 넣어놓겠다고 약속했다. 제출 기한을 넘기면 수표는 현금화돼 파티 자금으로 사용될 예정이었다. 물론 수표의 주인은 파티에 초대받지 못한다. 결과적으로, 후배는 제출 기한을 단 한 번도 어긴 적이 없다. 오랜 시간 미완성으로 남아 있던 논문이 순식간에 마무리됐다. (우리도 친구를 위해 비슷한 계획을 세운 적이 있다. 우리는 친구가 제출 기한을 놓치면 맡겨둔 수표를 평소 친구가 혐오하던 정치인의 선거 자금으로 기부하겠다고 협박했다. 결과는 성공적이었다.)

이렇듯 탈러와 선스타인은 '선택 설계'라는 장치를 활용해 스스로는 물론 타인의 행동을 유도했다. 우리는 행동하는 당사자를 바꾸려고 노력하지 않아도 된다. 주변 환경에 살짝만 개입하면 원하는 결과를 얻을 수 있기 때문이다.

이외에도 탈러와 선스타인은 미스터 스팍이 우리를 대신해 가 없은 호머에게 넛지를 가하는 다양한 선택 설계 사례를 소개했다. 대부분이 정치 및 경제 분야에 관련돼 있었다. 하지만 인간은 비합리적인 존재이므로 스스로를 '관리'하며 살아야 한다는 탈러와 선스타인의 제안에는 자조 전략이 내재돼 있다.

아마 넛지를 처음 접한 사람은 도넛을 덜 먹기, 제시간에 일어나기, 기왕이면 계단을 이용하기 등 사소한 생활 습관을 개선하려고 노력할 것이다. 하지만 꼭 생활 습관을 개선하는 데만 넛지를 활용해야 할까? 우리 인생이 지금보다 나은 방향을 향하도록 주변 환경에 변화를 주면 어떨까? 어쩌면 넛지는 우리 인생을 완전히 뒤바꿔놓을 열쇠가 될 수도 있다.

탈러와 선스타인은 조언을 구하러 온 예일대학교 학생에게 이렇게 이야기했을 것이다. 스스로를 바꾸려고 하지 마라. 애초에 인간은 복잡한 존재이기에 갈등할 수밖에 없다. 우리의 일부는 항상 최선을 거부할 것이다. 그러므로 스스로가 원하는 방향으로 행동을 유도하는 넛지를 생각해내라.

넛지를 활용하면 삶을 변화시킬 수 있을지도 모른다. 우리는 실증적 이해를 바탕으로 인간의 행동을 설명하려는 시도에 반대할 생각이 조금도 없다. (솔직히 이야기하겠다. 우리는 삶의 방식을 변화시키는 균형 잡힌 접근법의 일환으로 스스로에게 다양한 넛지를 가할 수도 있다고 생각한다.) 실증적 이해는 현상을 이야기한다. 하지만 우리는 스스로가 마땅히 그래야 한다고 믿는 삶의 비전을 추구하기 위해 새로운 삶의 방식을 도입한다. 그리고 여기에는 크든 적든 도덕적 의지가 개입한다. 최선의 경우 '넛지' 전략은 도덕적 의지를 미리 행사함으로써 성공을 위한 환경을 조성할 수 있다.

하지만 우리는 선택 설계가 끝난 후의 상황을 생각해볼 필요가 있다. 선택 설계에 따라 살아가는 삶은 미로에 갇힌 생쥐의 삶과 크게 다르지 않다. 우리의 행동은 더 이상 도덕적 판단에 따른 선택이 아니다. 이는 선택 설계가 계획한 결과일 뿐이다.

요약하자면 지나친 선택 설계는 도덕적 행동을 유도하는 넛지를 가하는 데 그치지 않고 스스로를 도덕적 주체가 아닌 행동경제학 실험 대상으로 바라보는 위험을 초래할 수 있다. '선택 설계사인 나'의 의지에 따라 '실험실 쥐인 나'가 옳고 좋은 일을 실천한다는 이유만으로 스스로가 진정 추구하는 삶을 살고 있다고 이야기할 수 있을까? ('선택 설계사인 나'와 '실험실 쥐인 나' 중 어느 쪽이 진짜 '나'일까?) 아니면 진정 추구하는 삶을 살고 있다고 스스로를 속이는 것일까? 스스로에게 넛지를 가해 친구, 가족과 더 많은 시간을 함께 보내는 사람은 관계를 소중히 여기는 사람일까, 아니면 원만한 인간관계를 가장하는 데 능숙한 이기주의자일까?

새로운 시선에서 도덕적 의지를 바라보는 최신 유행 전략을 이용해 평화를 찾을 수는 있겠지만, 여전히 우리 삶에는 넛지로 얻을 수 없는 변화가 존재한다. 이미 망가진 관계를 되돌리고, 철저히 이타적인 행동을 실천하고, 완전히 새로운 분야에 도전하는 일이 그렇다. 아무리 많은 넛지를 준비해도 옳은 길이 매력적인 선택지가 되기는 어려울 것이다.

때로는 잘 살기가 참 어렵다. 어떤 넛지로도 극복할 수 없는 문제가 존재하는 것 같기도 하다. 어쩌면 도덕적 주체가 된다는 것은 자신이 추구하는 삶의 비전에 책임을 지는 것인지도 모른다. 하지만 자아의 일부는 여전히 제멋대로 굴고 있으니, 우리를 찾아온 학생의 고민은 아직 해결되지 않았다.

영혼에게 속아서는 안 된다

아부 하미드 알 가잘리는 모든 것을 가졌다.[◆] 알 가잘리는 모두에게 인정받는 최고의 지식인으로 왕궁에까지 영향력을 미쳤으며 당대 최고로 꼽히던 바그다드의 한 대학교에 교수로 임명됐다. 강단에 설 때마다 학생을 수백 명씩 몰고 다니던 알 가잘리는 마침내 이라크에서 가장 높은 종교 지도자인 이맘(imām)의 자리에 올랐다. 진리를 탐구하는 과정에서 권력자의 후원을 받기는 했지만 명성 자체가 고민거리가 될 것이라 생각해본 적은 없었다.

1095년, 뭔가가 변했다. 알 가잘리는 명성을 향한 자신의 관심을 다른 시선으로 보기 시작했다. 이는 더 이상 인간의 자연스러운 야망 또는 동포에게 도움이 되려는 욕망의 일부처럼 느껴지지 않았다. 오히려 명성을 추구할수록 인간다운 가치에서 멀어지는 것 같았다. 알 가잘리는 자신이 종교에 충분히 헌신하지 못한 탓에 유명세에 매달린다고 생각했다. 진리를 탐구하려는 스스로의 노력조차 믿을 수 없었다. 알 가잘리는 이렇게 털어났다. "나에게는 항상 이론이 실천보다 쉬웠다." 아무려면 말보다는 행동이 어려울 수밖에 없다.

알 가잘리는 늘 말뿐인 자신의 삶이 불만족스러웠다. 또한, 지금처럼 바그다드에서 명성과 지위를 누리면서 진실을 추구하기는 불가능하다는 사실을 깨달았다. 그렇게 알 가잘리는 재산을 모두 처분하고 자신이 없어도 가족이 어려움을 겪지 않도록 여러모로 준비를 마친 뒤 유명인의 삶을 떠났다.

알 가잘리의 몸은 바그다드를 떠났지만 마음속에는 바그다드가 남아 있었다. 명성이 가치 있는 목표가 아니라는 사실을 깨닫는다고 해서 명성을 원하는 마음이 사라지지는 않았다. 혼란스러움을 안고 우리를 찾아온 예일대학교 학생의 사례로 알 수 있듯 인간의 마음은 참 까다로워서 욕망하지 않기를 욕망하는 무언가를 욕망하고는 한다. 그렇기에 마음이 가는 대로 내버려두면 스스로의 신념에 반대되게 행동하기 쉽다. 알 가잘리처럼 갑작스러운 심경의 변화를 경험하는 사람은 많지 않겠지만 다들 비슷한 고민을 한 번쯤은 해봤을 것이다. 애초에 바꾸려는 대상이 나 자신인데, 어떻게 변화 과정에서 스스로를 신뢰할 수 있을까?

알 가잘리는 동업자에게 영업을 맡긴 요령 좋은 사업가에 빗대어 이 곤경을 설명했다. 이 비유에서 동업자는 영혼을 의미한다. 일이 잘 풀리면 사업가는 엄청난 이익을 얻을 것이다. 하지만 동업자를 고용하는 데는 큰 위험이 따른다. 동업자가 사업 자금을 들고 도주할 수도 있기 때문이다.* 사기를 당하지 않으려면 고용 계약서를 확실히 작성하고 거래 내역을 꼼꼼히 살펴봐야 한다. 이 교활한 동업자(다시 말하지만 이 동업자는 우리의 영혼이다)가 믿을 만한 인물인지는 알 수 없다.

한편, 사업가에게 주어지는 이익은 신성한 쾌락을 가리킨다. 알 가잘리는 모든 것이 최후를 맞이하면서 닥칠 심판의 날을 생생하게 묘사했다. 최후의 날에 우리는 수많은 금고를 마주할 것이다. 각 금고는 우리가 생전에 보낸 세월을 한 시간씩 담고 있다. 심판의 날 금고가 하나씩 열릴 때마다 셋 중 하나를 경험할 것이다. (1) 선행을 실천하며 보낸 시간에 대한 대가로 위대한 쾌락을 경험한다. (2) 신을 거역하며 보낸 시간에 대한 대가로 두려움과 공포를 경험한다. (3) 잠을 자거나, "이 세상에 아무런 영향을 미치지 않고 멍하니 흘려보내거나 하릴없이 바쁘게 보낸 시간"에 대한 대가로 허무함을 경험한다. 넷플릭스에 몰두하는 시간은 이 세상에 해를 끼치지 않는다. 하지만 최후의 심판대 위에서 우리는 선행을 실천할 수 있었지만 무의미하게 흘려보낸 시간을 후회할 것이다.

우리는 위대한 쾌락을 목표로 살아가야 한다. 하지만 알 가잘리는 최후의 순간 쾌락을 얻으려면 영혼과 동업자 관계를 맺고 사업을 꾸려나가야 한다고 이야기했다. 영혼은 여러분과 여러분의 육체를 중재하는 매개자로, 다시 한번 강조하지만 썩 믿을 만한 인물은 못 된다.

그렇다면 우리는 어떻게 해야 할까? 여느 노련한 사업가처럼 행동하면 된다. 첫째, 관계의 조건을 분명히 설정하라. 계약서를 작성하고 업무 매뉴얼을 제시하면 큰 도움이 될 것이다. 여러분은 동업자에게 무엇을 기대하는가? 여러분은 영혼에게 무엇을 바라는가? 알 가잘리의 요구는 꽤나 구체적이었다. 알 가잘리는 영혼이 눈, 귀, 혀, 위, 생식기, 손, 발 일곱 가지 부위를 포함한 육체를 올바르게 유지하기를 바랐다. 혀는 "본질적으로 가볍기에" 특별히 주의를 기울여야 한다. 혀는 "신을 기리고, 과거를 기억하고, 지식을 되뇌고, 가르치고, 신의 종을 바른 길로 인도하고, 다툼을 중재하기 위해" 창조됐지만 원래 목적과는 정반대로 사용되는 경우가 잦다. 영혼과 동업을 시작한 첫째 날, 우리는 영혼에게 "낮 동안은 신을 기리는 용도로만 혀를 움직일 것"이라는 조건을 제시해야 한다.

기대치 설정은 어디까지나 첫 단계일 뿐이다. 우리는 계약이 끝날 때까지 영혼이 주어진 업무를 성실하게 수행하도록 경계를 늦추지 말아야 한다. 말만 들어도 지칠 것 같다고 생각할 수도 있다. 아무리 신경을 곤두세워도 언젠가는 정신이 피로해지거나 집중력이 떨어질 수밖에 없다. 끊임없이 스스로를 경계하기는 불가능하다. 하지만 알 가잘리가 이야기하는 경계는 의미가 조금 달랐다. "경계란 누군가 자신을 지켜보고 있다는 사실을 인식하고 그에게 관심을 돌리는 것이다. (중략) 즉, 경계는 지식에서 비롯되는 마음의 상태를 의미한다. 그리고 이 상태는 마음뿐 아니라 팔다리를 움직이게 만든다." 경계는 혼자 하는 노력이 아니다. 신이 항상 우리의 행동뿐 아니라 의도까지 꿰뚫어 보고 있다는 사실을 마음 깊이 이해할 때 우리는 저절로 경계를 실천하게 된다. 알 가잘리가 주장하기를, 신은 타인이 우리 얼굴을 보는 것보다 우리 마음을 더욱 분명하게 본다.

알 가잘리의 목표는 신이 항상 우리를 지켜보고 있음을 정신에 각인하고 마음속 깊이 실감함으로써 영혼이 경계를 유지하는 데 있다. 이 목표를 추구하는 과정에서 우리는 압도적인 신비함을 경험한다. 우리 마음이 "경외로 가득 차면 (중략) 다른 곳에 신경을 쓸 여유는 사라진다." 그리고 경외의 순간 우리는 절대적인 경계를 실천한다.

하지만 신과의 경이로운 대면은 번성하는 삶을 이끌 수 없다. 번성하는 삶은 행동에서 비롯되는데, 경외로 가득 차 있는 동안에는 어떤 행동도 할 수 없기 때문이다. 하지만 우리는 신과의 대면이 아닌 또 다른 방법으로 알 가잘리가 경계의 핵심이나 마찬가지라고 설명한 지식을 습득할 수 있다. 신 앞에서 느끼는 건강한 '수치심'은 우리에게 깨달음을 주지만 다른 곳에 신경을 쓸 여유까지 몰아내지는 않는다. 신 앞에 수치심을 갖는 사람은 행동하기 전 한 번 더 생각하고는 한다. 나는 어떤 의도를 지녔는가? 내 의도는 경건한가? 이 질문에 선뜻 그렇다고 대답할 수 없다면 이는 우리의 교활한 동업자가 불손한 의도를 품었기 때문이다. 여기에 속아 넘어간다면 우리는 심판의 날에 보상으로 주어질 위대한 쾌락을 잃을 것이다. 한편, 스스로의 의도가 경건하다고 생각된다면 행동을 실천해야 한다. 알 가잘리는 행동하기 전에 잠시 생각하는 시간을 강조했다. 행동은 우리를 대신해 동업자가 진행하는 거래와 같다. 그리고 영혼은 믿을 만한 동업자가 못 된다.

알 가잘리가 제시한 경계의 개념은 여기에서 그치지 않는다. 우리는 행동하는 동안에도, 행동을 하고 난 다음에도 경계를 이어가야 한다. 영혼이 계약을 위반하면 업무 평가에 위반 사항을 반영해야 할 것이다. 하지만 이 모든 경계의 핵심은 건강한 자기 의심에 있다. 행동하기 전 잠시 멈춰 생각하는 시간과 우리 얼굴보다 마음을 더욱 분명하게 보는 신의 떠나지 않는 시선에 대한 인식은 모두 자기 의심에 해당한다.

알 가잘리라면 조언을 구하는 학생에게 이렇게 이야기했을 것이다. 별것 아니라고 생각한 성적 때문에 눈물을 흘렸다고? 그 눈물은 소중한 교훈이 될 것이다. 스스로를 믿지 마라. 우리 영혼은 변덕스러우니 신뢰할 수 없다. 선하고 옳은 가치를 추구하도록 스스로를 변화시키고 싶다면 신이 항상 우리를 지켜보고 있다는 사실을 명심하라. 그리고 추구할 가치가 없는 것을 좇던 과거의 실수를 반복하지 않도록 항상 스스로를 경계하라.

충만한 삶의 비법, 나답게 살기

"살아 있는 것은 세상에서 가장 드문 일이다. 대부분의 사람은 그저 존재할 뿐이다."

타고난 천재였던 오스카 와일드는 번성하는 삶으로 향하는 길이 얼마나 험난한지 단번에 꿰뚫어 봤다. 번성하기가 특별히 어려워서는 아니었다. 사실, 번성하는 삶이란 단순했다. 와일드가 보기에 인간은 단지 삶을 원했다. "인간은 고통도, 쾌락도 아닌 삶을 추구할 뿐이다. 인간은 강렬하고, 충만하고, 완벽한 삶을 좇아야 한다."

와일드에게 충만한 삶이란 온전히 개인에게 달려 있다. "너 자신을 알라"라는 격언이 고대를 풍미했다면 '새로운 세계', 즉 우리가 지금 살아가는 세상에서는 "나답게 살라"라는 새로운 슬로건이 그 자리를 대신할 것이다. "스스로가 원하는 삶을 살라"라고 직설적으로 이야기할 수도 있겠지만, "나답게 살라"라는 표현이 더욱 적절한 듯하다. "스스로가 원하는 삶을 살라"는 조언은 가볍고 부정적인 느낌을 줄 수 있다. 반면 "나답게 살라"라는 문장은 묵직한 울림을 가진다. 이는 우리가 6장에서 이야기했던 자기 진실성 윤리를 담고 있다.

하지만 나답게 살기는 생각만큼 쉽지 않다. 인정하기 싫겠지만, '강렬하고, 충만하고, 완벽하게' 나다운 삶을 살고 싶다고 마음속 깊이 바라더라도 이를 실천할 수 있는 사람은 몇 없다.

그렇다면 우리는 어떻게 나다움을 찾을 수 있을까?

와일드는 먼저 스스로를 향한 의심을 지우라고 이야기했다. 우리는 자연스럽게 나다운 삶을 추구하며, 나답게 사는 방법을 이미 알고 있다. 이 세상과 세상이 제시하는 의심 때문에 길을 잃었을 뿐이다. 정부는 우리를 통제하려 하고, 사회는 우리가 잘못된 방향을 향하고 있다고 지적하려 하고, 대중은 우리를 틀에 가둬두려고 한다. 정부와 사회와 대중에 휩쓸리다 보면 스스로가 어떤 사람인지 알 수 없게 된다. 그렇게 우리는 나답기를 포기하고 현실에 굴복한다.

세상은 달라져야 한다. 쉽게 고칠 수 있는 문제는 아니었지만 와일드는 몇 가지 해결책을 떠올렸다.♦ 그중 하나가 의심이었다. 하지만 의심이 스스로를 향해서는 안 된다. 우리는 세상을 의심해야 한다. 우리를 의심스럽게 바라보는 타인을 의심해야 한다. 나다움을 표현하는 데 있어 타인의 의심이 영향을 미치지 않도록 주의해야 한다. 와일드는 이런 예시를 들었다. "오늘날 자신이 원하는 대로 옷을 입는 사람은 가식적이라고 손가락질을 받는다. 하지만 자신이 원하는 대로 옷을 입는 것은 지극히 자연스러운 행동이다. 이런 문제에서는 주변 견해에 따라 옷차림을 결정하는 것이 오히려 가식적이다. 그리고 다수를 차지하는 타인의 견해는 아마 극도로 어리석을 것이다." 자신이 원하는 대로 옷을 입는 것은 자연스러운 행동이며, 다른 사람의 견해에 따라 옷을 입는 것은 부자연스러운 행동이다.

하지만 사회는 우리가 자연스럽게 살아가도록 내버려두지 않는다. 가식적이고, 요란하고, 야하다는 지적이 반복되면 자신이 너무 별나고, 화려하고, 튀게 행동하고 있지는 않은지 걱정되기 시작한다. 이기심도 이와 크게 다르지 않다. 와일드는 원하는 대로 사는 사람을 이기적이라고 욕해서는 안 된다고 주장했다. 이기적인 사람은 자신이 원하는 대로 타인을 통제하려고 한다. 하지만 사회가 억지로 만들어낸 조류를 거슬러 자연스러운 흐름을 따르기는 쉽지 않다.

와일드는 이렇듯 노동 아닌 노동을 하기에 가장 적합한 분야가 예술이라고 생각했다. "예술은 세상에 알려진 가장 강력한 형태의 개인주의다." 우리는 예술을 통해 진실한 자아를 표현한다. 예술은 "영혼에 실체를 부여한다."

물론 모든 사람이 오스카 와일드처럼 천재적인 재능을 타고나지는 않는다. 하지만 와일드는 누구나 자신에게 걸맞은 예술적 수단을 이용해 자아를 표현할 수 있다고 믿었다. 수단은 중요하지 않다. 누군가는 시를 짓고, 누군가는 나무를 깎을 것이다. 그리고 이 모든 행위의 목적은 아름다운 무언가를 창조하는 데 있다. 예술은 타인, 특히 대중의 욕망이나 요구에서 자유롭다. 외부 평가에 초점을 맞춘 채 작품을 만드는 예술가는 결국 장사꾼과 같다. 예술과 상업을 구분하는 차이가 여기에 있다.

우리는 상업적으로 성공을 거두겠다는 유혹을 떨치고 자아를 표현하는 데 집중해야 한다. 예술의 목적은 진실한 자아를 실현하는 데 있다. 그리고 예술을 매개로 발견하는 궁극적인 작품은 곧 자기 자신일 것이다.

예술을 통해 진실한 자아를 찾고 싶다면 흐름에 순응하고 부를 추구하라는 세상의 요구를 떨쳐내야만 한다.

스스로를 의심한 알 가잘리와 달리 와일드는 세상을 의심했다. 진정한 개성을 인정할 줄 모르는 이 세상은 번성하는 삶의 비전을 깨닫는 데 가장 큰 방해물로 작용했다. 오늘날 우리가 살아가는 세상은 잘 팔리는 것에만 가치를 둔다. 와일드는 진정한 자아의 실현이라는 번성하는 삶의 비전을 추구하는 데 있어 가장 훌륭한 길잡이는 나 자신이라고 이야기했다. 하지만 그전에 무거운 사회적 기대 아래에 깔려 있는 진실한 스스로의 모습을 찾아야 할 것이다.

와일드는 학생에게 알 가잘리와 전혀 다른 조언을 건넬 것이다. 지금 네가 겪는 문제의 원인은 네가 아니다. 지금 너는 진정한 자아를 찾는 과정에 있다. 네가 힘든 이유는 세상의 기대 때문이다. 실망이 두 배로 늘었다고? 타인의 꿈을 좇으며 사는 비극 속에서 진정한 자아가 깨어나고 있다. 너를 향한 기대와 요구는 사라지지 않을 것이다. 하지만 포기해서는 안 된다. 스스로를 실망시키지 않으려면 세상을 실망시킬 수밖에 없다.

영생을 찾아서

기독교 성경에는 번성하는 삶을 찾는 부유한 청년의 이야기가 기록돼 있다. 이 청년에게 번성하는 삶이란 '영생'을 의미했다. 청년이 예수 앞에 달려와서 질문했다. "제가 어떻게 해야 영생을 얻을 수 있겠습니까?" 예수가 대답했다. "네가 아는 계명을 따르며 살라." 그러자 청년은 계명을 지키며 살았는데도 영생을 얻기에는 부족한 것 같다고 반박했다. 예수의 얼굴이 밝아졌다. 젊은 청년은 지나치게 많은 재산을 소유하고 있었다. "네게 아직 한 가지 부족한 것이 있으니 가서 네가 가진 모든 것을 팔아 가난한 자에게 나눠줘라. 그러면 하늘에서 보화를 얻을 것이다. 내 말대로 행하고 돌아와서 나를 따르라." 청년의 표정이 어두워졌다. "예수의 말을 들은 청년은 슬픈 기색으로 근심하며 떠났다. 가진 재물이 많았기 때문이다."

청년이 예수의 말을 믿지 않았더라면 슬퍼할 이유도 없었을 것이다. 청년은 예수가 자신이 바라는 것을 내어줄 수 있다고, 영생을 얻으려면 자신이 가진 모든 재산을 가난한 자에게 나눠줘야 한다고 생각했다 믿었다. 예수가 터무니없는 말을 한다고 생각했다면, 또는 재산을 나눌 필요가 없다고 생각했다면 청년은 예수의 가르침에 아무렇지 않게 코웃음을 쳤을 것이다. 하지만 청년은 그러지 못했다. 예수가 영생을 얻는 방법을 알려줬음에도 자신이 가진 모든 것을 포기하는 미래를 차마 상상할 수 없었기에 슬픈 기색으로 자리를 떴다. 이야기 속의 청년은 이상을 품고 있었다. 하지만 신념에 따라 행동할 수 없었기에 근심하며 사라졌다. 이는 우리 학생이 경험한 실망감과 같다.

이 기독교 설화를 통해 알 수 있듯, 우리는 선한 삶이란 무엇인지 또 어떻게 선한 삶을 추구해야 하는지 명확하게 알고 있으면서도 선한 삶을 실천하기를 주저한다. 무언가가 선한 삶을 추구하는 길을 가로막고 있다. 그리고 예수는 무엇이 부유한 청년의 길을 가로막고 있는지 꿰뚫어봤다. 부를 향한 집착이었다.

하지만 부를 향한 집착은 젊은 청년만의 문제가 아니다. 예수는 부가 왜곡된 힘을 지닌다고 믿었다. J. R. R. 톨킨(J. R. R. Tolkien, 1892~1973)의 세계관 속 절대반지처럼 부는 아무런 힘이 없는 것 같지만 사실 스스로 의지를 행사한다. 우리가 부를 소유하고 있다고 믿을 때도 부는 우리를 끌어당기고 있다. 흔히 부를 수동적 자원이라 여기기 쉽지만 사실 부는 믿음을 방해하는 신적인 존재에 가깝다. 예수는 이렇게 경고했다. "하나님과 재물을 동시에 섬길 수는 없다."

예수의 제자조차 부가 행사하는 비뚤어진 힘에서 자유롭지 못했다. 청년이 물러난 후, 예수가 제자들에게 "재물이 있는 자는 하나님의 나라에 들어가기가 심히 어렵다"라고 타일렀다. 제자들이 부의 왜곡된 힘을 실감하지 못하고 혼란스러워 하자 예수는 다시 한번 가르침을 강조했다. "제자들아, 하나님의 나라에 들어가기가 얼마나 어려운지 아느냐!" 누군가는 부를 지니고도 영생을 누릴 수 있을 것이다. 하지만 부는 도움보다는 방해가 될 가능성이 크다. "낙타가 바늘귀로 나가는 것이 부자가 하나님의 나라에 들어가는 것보다 쉽다." 놀란 제자들은 예수에게 되물었다. "그렇다면 누가 구원을 얻을 수 있습니까?" 예수가 대답했다. "사람으로는 구원을 얻을 수 없으나 하나님은 그렇지 않다. 하나님은 무엇이든 할 수 있다."

새로운 방식으로 삶을 살기는 어렵다. 번성하는 삶을 살기는 더욱이 어렵다. 얼마나 어렵냐는 질문에 예수는 불가능하다고 이야기했다. 적어도 인간에게는 그렇다. 보편적 인간성이라는 측면에서 진정으로 가치 있는 삶을 살기 위해서는 신성한 개입이 필요하다.

그리고 예수는 신성한 개입이 가능하다고 믿었다. 기독교에서는 예수가 신성한 개입이라고 주장한다. 예수는 척박한 세상을 살아가는 고집스러운 인간이 번성하는 삶을 향해 나아갈 수 있도록 이 땅에 내려왔다. 예수의 존재는 인간과 세상을 새롭게 했다.

결국 청년은 처음부터 방향을 잘못 잡았는지도 모른다. "선한 선생님, 제가 어떻게 해야 영생을 얻을 수 있겠습니까?" 청년이 물었다. 예수는 선하다는 표현을 거부함으로써 질문의 전제에 은근한 불편함을 내비쳤다. "어찌하여 나를 선하다 일컫느냐? 하나님 외에는 선한 이가 없다." 어떤 인간도 선하지 않다. 그러니 어떤 인간도 번성하는 삶을 보상으로 바랄 수 없다. 번성하는 삶을 대가로 지불하는 일은 없다. 선한 행동은 번성하는 삶의 일부일 뿐, 번성하는 삶을 보장하지 않는다.

우리는 불가능을 인정해야 한다. 가진 것을 모두 나누고 예수를 따르면 예수가 불가능을 가능하게 할 것이다.

기독교의 관점에서 우리를 찾아온 예일대학교 학생은 다른 삶을 사는 데 필요한 조건을 갖추지 못했다. 예수라면 학생에게 이렇게 말했을 것이다. 슬픔을 계기로 깨달음에 다가가라. 가치 있는 삶을 추구하려는 노력만으로는 번성하는 삶을 얻을 수 없다. 네 번성을 가로막고 선 이 세상은 네 고집스러운 마음에 완고함을 더하고 있다. 스스로의 힘으로 번성을 이룰 수 있을 것이라는 희망을 버리고 나를 따르라. 그것이 네가 선택할 수 있는 최선이다.

새로운 출발선에 서기 위하여

삶의 방식을 바꾸기는 언제나 어렵다. 스스로를 크게 변화시키지 않고 삶의 방식을 변화시키기는 특히 어렵다. 어쩌면 알 가잘리가 이야기했듯 우리는 스스로를 신뢰할 수 없다는 사실을 인정해야 할 것이다. 우리는 신이 항상 우리를 지켜보고 있음을 명심하고 스스로를 경계해야 한다.

환경을 그대로 유지한 채 삶의 방식을 변화시키는 것 또한 쉽지 않다. 와일드가 이야기했듯 우리는 세상이 가하는 압박을 이겨내려고 무진 노력해야 하는지도 모른다. 아니면 탈러와 선스타인이 주장했듯 스스로가 올바른 방향을 향하도록 넛지를 가해서 환경을 통제할 수도 있다.

또는, 예수의 말대로 번성하는 삶은 우리의 능력을 벗어났는지도 모른다. 애초에 인간은 오랜 본능을 억누르고 욕망을 부채질하는 세상을 거부할 수 없으니, 하나님의 도움 없이는 삶의 방식을 변화할 수 없다. 이 경우 우리는 하나님의 도움을 구하는 데 집중해야 할 것이다.

변화가 어렵기에 우리는 시작점을 최대한 잘 골라야 한다. 그렇지 않으면 새로운 이상과 번성하는 삶의 비전을 추구하려는 시도는 시작도 하기 전에 흐지부지되기 십상이다.

하지만 시작이 어려운 만큼 노력을 유지하기도 어렵다. 다음 장에서 우리는 올바른 방향으로 노력을 계속할 수 있는 방법을 알아볼 예정이다.

삶에 적용하기

1. 여러분은 번성하는 삶에 대한 새로운 이상, 또는 깊어진 이상에 맞춰 어떻게 삶의 방식을 변화시키기를 바라는가?

2. 무엇이 여러분의 변화를 방해하는가?
   - 이상과 반대되는 방향으로 여러분을 이끄는 깊은 욕망이 존재하는가?
   - 여러분의 변화를 방해하는 오랜 습관이 있는가?

3. 여러분의 세상은 어떻게 변화를 거부하는가?
   - 환경 때문에 여러분의 삶이 크게 변화할 수 있었던 기회를 놓친 적이 있는가?
   - 여러분이 몸담고 있는 사회 체제와 구조는 여러분이 추구하는 번성하는 삶의 비전과 일치하는가?

4. 여러분은 스스로의 한계와 세상의 저항을 극복하기 위해 어떤 전략을 채택할 것인가? 그 전략이 성공할 것이라고 생각하는 이유는 무엇인가?

15장
· · · · ·
유지,
변화보다 더 어려운 과업

빌은 금주하는 방법을 잘 알고 있었다. 이미 여러 번 술을 끊어본 적도 있다. 어떤 때는 조용히 술을 끊었고, 어떤 때는 요란스럽게 금주를 선언했다. 마지못해 술을 포기한 적도 있고, 의욕에 넘쳐 술을 끊은 적도 있다. 문제는 술을 잘 끊는 만큼 잘 마신다는 데 있었다. 아니, 금주보다 다시 음주를 시작하는 것이 훨씬 쉬웠다. 빌은 아침에 술을 끊겠다고 다짐해놓고 저녁이면 다시 술을 마셨다. 가끔은 조금 더 오래 맨정신을 유지했지만 금주가 오래 간 적은 한 번도 없었다. 알코올중독에 시달리는 몇 년 동안 빌의 삶은 완전히 망가졌다. 1920년대에 주식 중개인으로 승승장구하던 빌은 직업과 재산을 모두 잃었다. 유난히 길었던 어느 밤이 지나고 밝아온 아침에 빌은 이런 글을 남겼다.

잠에서 깼다. 이제 정말 끝내야 한다. 단 한 잔이라도 입에 대서는 안 된다. 이제 내 인생에 술은 없다. 예전에도 몇 번이나 금주를 다짐했지만 이번에는 다르다. 아내 또한 달라진 내 모습에 기뻐했다. 이번에는 진심이다.

아무래도 문제가 해결된 것 같다. 그렇지 않은가?
장담하기는 이르다.

얼마 안 돼 술에 취한 채 집에 돌아왔다. 술을 참으려는 노력조차 않았다. 대단한 다짐은 어디로 사라졌단 말인가? 모르겠다. 아무 생각이 없었다. 누군가 내 앞으로 잔을 밀었고, 나는 잔을 받았다.

이후로도 빌은 2년 동안 금주를 시도했다가 실패하기를 반복했다. 병원을 들락거렸다. 어느 날, 술을 마시던 중 오랜 친구에게 전화가 왔다. 친구는 빌을 저녁 식사 자리에 초대해서 자신이 종교를 가졌으며, 하나님을 통해 알코올중독에서 벗어날 수 있었다고 이야기했다. 친구는 빌에게 종교로 알코올중독을 극복해보라고 조언했다.

빌이 하나님이라는 말에 불편한 기색을 드러내자 친구가 제안했다. "자네가 원하는 대로 신의 존재를 그려보면 어떻겠나?" 길이 보이기 시작했다. "위대한 힘을 가진 신의 존재를 믿겠다고 생각하자 실마리가 보였다. 나의 시작에 필요한 것은 믿음뿐이었다." 훗날 빌은 이렇게 기록했다. 빌과 친구는 빌이 술을 마시면서 망가트린 관계를 적어 내려갔다. 빌은 차근차근 망가진 관계를 되돌리려고 노력했다.

변화는 성공적이었다. 스스로조차 믿기 어려운 놀라운 결과에 빌은 의사 친구에게 전화를 걸어 자신이 드디어 미쳐버렸는지 물어봤다. 의사는 고개를 흔들며 대답했다. "자네한테 이해할 수 없는 일이 벌어진 것 같군. 뭔지는 모르겠지만 그대로 계속하게."

새로운 삶을 시작하기는 어렵다. 새로운 삶의 방식을 유지하기는 더욱 어렵다. 하지만 빌은 이 어려운 일을 해냈다. 이후 빌은 술을 입에도 대지 않았다. 여기에서 그치지 않고 풀뿌리 단체인 '익명의 알코올중독자 모임'을 설립해 수백만 명이 알코올중독에서 벗어날 수 있도록 도움을 줬다.

이 단체의 구성원이 이야기하기를, 익명의 알코올중독자 모임의 치료 과정은 열두 단계로 이루어진다. 초기 단계는 빌의 일화에 잘 드러나 있다. 빌은 스스로가 알코올에 무력함을 인정했다(1단계). 또한, 위대한 힘이 맑은 정신을 되돌려줄 수 있음을 믿었다(2단계). 빌은 두려움을 버리고 스스로를 윤리적으로 성찰했으며(4단계), 자신이 해를 입힌 사람의 명단을 작성하고(8단계) 관계를 바로잡았다(9단계).

알코올중독 치료 프로그램에 참가하는 사람에게 이 치료 단계는 단순한 팁이나 요령이 아닌 삶의 방식이다. 또한, 치료 단계는 한 번으로 끝나지 않는다. 삶의 재고를 확인하고 수정하는 과정은 계속된다. 10단계는 스스로를 성찰하고 잘못을 인정하는 데 있다. 이와 마찬가지로, 영적 깨달음에도 반복이 필요하다. 11단계는 기도와 명상의 힘을 강조한다. "우리가 이해하는 신과의 의식적 만남을 증진하고, 신이 우리에게 품은 뜻을 알도록 해주시며, 그 뜻을 이룰 힘을 달라고 기도한다." 다른 알코올중독자를 도우려는 노력은 빌에게도 보탬이 됐다. 빌이 금주를 계속할 수 있었던 데는 모임의 역할이 컸다. "어떤 방법으로도 술을 끊을 수 없을 때 다른 알코올중독자와 함께하는 노력은 엄청난 도움이 된다."

구성원은 정기적으로 모임을 가지며 단계를 밟아나간다. 흘러가는 삶 속에서 따로 마련해둔 시간이 돌아오면 함께 발걸음을 맞춰 나아가며 도움을 주고받는다. 2020년에 실시한 연구 결과에 따르면 이와 같은 모임은 전문가의 개입과 비슷하거나 더 큰 치료 효과를 지닌다.

보편적 인간성이라는 측면에서 가치 있는 삶의 비전을 실천하고 싶다면 노력을 시작하는 데서 끝나지 않고 장기적으로 노력을 유지할 수 있는 전략을 선택해야 한다.

이는 운동선수가 실시하는 훈련과 같다. 축구 선수는 근력 운동과 유산소 운동을 병행한다. 삼두근 운동으로 스로인 능력을 키우고, 민첩성 훈련으로 방향 전환 능력을 한층 날카롭게 다듬는다. 또한, 실제 경기를 대비해서 훈련의 강도를 점차 높인다. 맨

몸으로 실시하는 민첩성 훈련에 익숙해지면 드리블을 추가한다. 삼두근 운동이 몸에 익으면 묵직한 메디신 볼로 스로인을 연습한 다. 좁은 공간에서 패스를 주고받는 선수 세 명 사이로 공을 빼앗 고, 마지막에는 열한 명씩 팀을 나눠 실제 상황처럼 연습 경기를 진행한다. 이쯤 되면 훈련과 경기 사이에 차이가 없다.

대부분의 전통이 이와 같이 가치 있는 삶을 추구하는 데 필요한 덕목을 기를 수 있도록 연습을 반복하라고 조언한다. 가끔은 연습의 실천과 실제 삶을 구분하기 어려울 때도 있다. 이 경우, 삶의 방식을 유지하려는 연습이 곧 삶의 방식이 된다.

종목을 막론하고 기량을 향상하는 데 도움을 주는 근력 훈련처럼 어떤 연습은 다양한 삶의 비전에 두루 적용 가능한 기본적인 기술을 함양시켜준다.

하지만 그렇지 않은 경우도 많다. 많은 연습은 우리가 추구하는 특정한 삶의 비전에 특화돼 있다. 마라톤 선수에게 효과적인 훈련은 역도 선수가 무거운 바벨을 들어 올리는 데 악영향을 미치고, 역도 선수에게 효과적인 훈련은 마라톤 선수가 기록을 단축하는 데 조금도 도움이 되지 않는다. 마라톤과 역도는 서로 다른 신체 조건을 요구한다. 이처럼 우리 삶에도 상충하는 가치가 존재한다. 그러니 다양한 전통으로부터 가르침을 얻고 싶다면 이를 명심해야 할 것이다.

그렇다면 우리는 어떻게 삶의 방식을 오랫동안 유지할 수 있을까? 스스로가 함양하고자 하는 삶의 방식을 체득할 수 있도록 강도를 높여가며 연습을 반복해야 한다. 삶의 연습은 단순한 팁이나 요령이 아니다. 이는 우리가 추구하는 목표에 관심을 집중하고, 몸과 마음이 우리가 바라는 대로 행동하도록 훈련할 수 있는 기회가 될 것이다. 삶의 연습은 보편적 인간성을 추구하는 가치 있는 삶의 축소판과 같다.

명상의 힘

달라이 라마가 이야기하기를, 불교에서 강조하는 관행은 약재가 가득 찬 약방과 같다. 우리는 '증상'에 따라 약을 선택한다. 우리는 서로 다른 시기에 서로 다른 부정적 감정으로 괴로워한다. 그리고 우리는 명상으로 질투를 가라앉히고 혐오를 잠재우듯 연습으로 모든 감정을 다스릴 수 있다.

하지만 모든 병의 원인은 "사물의 진정한 본질에 대한 무지"로 귀결된다. 따라서 "무지를 극복하는 방법을 알려주는 연습은 우리에게 고통을 주는 모든 감정을 둔화하며, 무지를 치료하는 해독제는 모든 문제를 해결한다. 우리는 이런 특별한 선물을 통찰이라고 부른다." 불교가 추구하는 삶의 방식에서 사물의 본질을 꿰뚫어 보는 통찰은 시작점과 같다. 우리는 명상으로 통찰을 반복하며 그 깊이를 점점 더해가면서 삶의 방식을 유지할 수 있도록 노력해야 한다.

사물의 진정한 본질이란 무엇인가? 이 세상 어떤 것도 그 자체로 존재하지 않는다. 우리가 인간이라고 인식하는 모든 생물과 우리를 둘러싼 물질은 '연기(緣起)'일 뿐이니, 우주 안에서 모든 것은 일시적이며 국지적이다. (우리가 8장, 11장, 12장에서 간단하게 살펴봤던 무아(無我)의 개념을 달라이 라마는 이렇게 설명했다. 연기는 틱낫한 이 '드러남'이라고 부르는 개념과 비슷하다.) 이 세상 어떤 것에도 경계가 없으며 전체와 일부를 구분하기는 불가능하나. 불변하는 본질이란 없다. 이를 '공(空)'이라고 한다.

우주를 끊임없이 파도가 밀려오는 바다라고 생각해보라. 우리는 이 파도를 '나'라고, 저 파도를 '너'라고 받아들인다. '나' 파도는 근처에서 출렁이는 '너' 파도를 바라볼 수 있다. 하지만 사실 모든 파도는 바다의 일부일 뿐이다. 이렇듯 의식은 '나'와 '너'가 자아를 지닌 서로 다른 파도라는 착각을 불러일으키지만 사실은 드넓은 바다만이 존재한다. 우리는 인과의 법칙을 따르는 전체 속에서 잠시 생겨났다 사라지는 일시적인 구조물에 불과하다.

하지만 사물의 진정한 본질을 고민하는 사람은 드물다. 특별한 개입이 없는 한 대부분은 세상의 섭리에 무지한 채 살아간다. 우리는 물건, 인간, 감정, 심지어는 이상까지 내재적 가치를 지닌 독립적 존재라고 생각한다. 무엇보다 심각한 문제는 우리가 스스로를 바라보는 방식에 있다. 우리는 '나'가 고유한 존재라는 지속적인 환상에 사로잡혀 스스로가 자신에 의해, 자신을 위해 독립적으로 존재한다고 여긴다.

이 끈질긴 무지 때문에 우리는 죽음과 환생이라는 고통스러운 윤회의 굴레에서 벗어날 수 없다. 삶과 죽음의 끝없는 반복에서 자유로워지려면 우리 또한 연기에 의한 존재이니 우주의 인과관계에서 벗어날 수 없음을 깨달아야 한다.

하지만 달라이 라마, 틱낫한과 같은 위대한 불자가 이야기하는 사물의 본질을 듣는 것만으로는 불교에서 이야기하는 통찰을 얻을 수 없다. 진리를 듣는 것과 진리를 얻는 것은 천지 차이다. 또한, 어느 순간 통찰이 찾아온다고 해도 사라지지 않고 머무를 것이라는 보장은 없다. 반면 스스로가 독립적 존재라는 환상은 끊어내도 끈질기게 다시 자라난다.

그렇기에 명상이 필요하다.

티베트 불교 명상법은 우리의 눈을 가리는 환상을 걷어내는 데 초점을 맞춘다. 환상은 부정적인 감각을 불러일으키고 그릇된 행동을 유도하며 호시탐탐 우리를 엉뚱한 방향으로 꾀어낸다.

명상의 핵심은 우리를 둘러싼 세상과 세상을 바라보는 우리의 인식을 향한 절제된 주의력에 있다. 달라이 라마는 이렇게 이야기했다. "모든 비생산적인 감정은 인간과 사물의 진정한 본질에 대한 무지에서 비롯된다. (중략) 자신, 타인, 그리고 모든 것의 본질을 흐트러뜨리는 무지에서 벗어나면 파괴적인 감정에서 벗어날 수 있다."

누군가는 평생 동안 명상을 실천한다. 그리고 이렇게 노력과 연습을 반복하다 보면 세상에 나타나는 모든 현상이 연기의 법칙을 따른다는 깨달음이 찾아온다. 먼 옛날 수바와 비구니들이 그랬듯 더 이상 덧없는 쾌락에 현혹되지 않을 것이다. 수바가 유혹을 떨쳐내는 데는 강철 같은 결의도, 영웅적인 의지도 필요하지 않았다. 수바와 비구니들은 "당신이 쾌락이라고 생각하는 것들은 나에게 아무런 감흥을 주지 못한다"라고 무덤덤하게 사실을 이야기했다. 세상을 향한 집착을 버린 사람은 쉽사리 유혹에 넘어가지 않는다. 이뿐만이 아니다. 명상을 통해 집착을 버린 사람은 부드러운 방식으로 타인에게 선한 영향을 미친다.

달라이 라마는 연민을 명상의 가장 큰 이점으로 꼽았다. 윤회를 거듭하는 삶과 자신에 대한 집착이 약해질수록 이 우주 안에서 나고 지기를 반복하는 존재에 품는 연민은 커진다. 그들 또한 우리와 같이 '나'라는 환상에 사로잡혀 있다. 그들 또한 부정적 감정과 그릇된 행동에 고통받고 있다. 환상을 있는 그대로 꾸준히, 똑바로 바라볼 때 비로소 우리는 환상에 사로잡혀 괴로워하는 모든 존재에 연민을 품을 수 있다. 자신, 사랑하는 사람, 아무 관계가 없는 타인, 적대적인 인물까지 모두가 연민의 대상이 된다.

이런 통찰을 체화하려면 평생에 걸쳐 명상을 실천해야 한다. 우리는 통찰을 잃지 않고 명확히 하기 위해 명상을 반복한다. 기나긴 명상의 목표는 명상을 하지 않을 때도 통찰을 유지하는 데 있다. 달라이 라마는 명상을 권고하며 약속했다. "자각을 지닌 모든 존재를 모든 문제로부터 기꺼이 보호하겠다는 태도가 당연해지도록 꾸준히 명상을 반복하라. 자비가 커져서 우리 존재를 가득 채울 것이다. 보상을 바라는 마음은 조금도 없이 오직 타인의 성장을 목표로 삼아 과업을 수행하는 과정에서 우리는 결코 실망하거나 낙담하지 않을 것이다."

의식성찰

훗날 로욜라의 성 이냐시오로 알려진 이니고 로페즈 데 로욜라(Iñigo López de Loyolam, 1491~1556)는 종교에 몸담을 만한 인물처럼 보이지는 않았다. 젊은 이냐시오는 돈키호테가 떠오르는 검과 방패의 세계에 속해 있었다. 이냐시오의 절친한 친구 후안 폴란코는 소싯적 이냐시오가 "도박을 즐기고, 여자 문제를 일으키고, 음주를 즐기는 등 문란한 삶을 살았다"라며 이냐시오의 과오를 시인했다. 이냐시오의 삶은 조금도 성스럽지 않았다.

이냐시오는 군인으로 사회에 첫발을 내딛었지만 첫 전투에서 프랑스군이 쏜 포탄에 오른쪽 다리를 맞아 중상을 입었다. 이냐시오는 두 번의 고통스러운 수술을 받으며 사경을 헤맸다. 두 번째 수술은 다리 모양을 재건하는 데 목적을 뒀지만 아무런 소용이 없었다.

이냐시오는 기나긴 회복 기간 동안 종교적 깨달음을 얻었다. 생존이 불확실한 상황이었다. 이냐시오는 멀어지는 생명을 간신히 붙들며 삶의 비전을 하나씩 포기하고 있었다. 병상에 누워 종교 서적을 읽던 이냐시오는 어느 날 성모 마리아를 만났다. 그때부터 이냐시오는 '새로운 고결함, 새로운 봉사, 새로운 주님'을 위해 살기로 결심했다. 간단하지만 모든 것을 아우르는 목표를 세웠다. 이냐시오는 영혼을 돕기로 했다.

새로운 삶에서 검술은 아무런 도움이 되지 않았다. 이냐시오는 신학을 공부해야겠다고 생각했다. 그러려면 지금껏 등한시해온 지식을 익혀야 했다. 30대였던 이냐시오는 어린아이들과 함께 학교에 다니며 라틴어에 몰두했고, 거의 10년 후 마침내 파리에서 신학을 공부하기 시작했다.

이때 이냐시오는 마흔 살에 가까웠다. 16세기 유럽인의 평균 수명을 다 채운 나이에 이냐시오는 새로운 삶을 시작하고 있었다. 파리에서 이냐시오는 예수회의 핵심 구성원이 되는 친구들을 만났다. 예수회는 세계적인 단체로 거듭났다. 한 세대가 다 가기도 전에 예수회는 다섯 개 대륙에서 활동하며 세계 최대 규모의 교육 체계를 구축했다.

예수회에서는 하나님에게 순종하겠다는 강한 의지 덕분에 단체가 빠르게 성장할 수 있었다고 이야기한다. 예수회 작가 줄스 J. 토너(Jules J. Toner)는 이렇게 설명했다. "순종은 무엇에도 굴하지 않고 영웅적 행위와 영웅적 덕목을 실천하는 삶에서 비롯된다. 하나님께 진정으로 순종하는 사람은 자신에게 얼마나 어려운 과제가 주어지든 조금도 주저하지 않고 즉시 의무를 행한다." 이런 삶의 태도 덕분에 예수회 회원은 기꺼이 위험을 무릅쓰고 목숨을 잃을 각오로 유럽과 교류가 없던 머나먼 대륙으로 떠날 수 있었다.

앞서 알 가잘리의 사례를 소개하며 살펴봤듯 신에게 순종하려고 무척 애쓰는 사람에게도 진심으로 신의 뜻을 따르기는 쉽지 않다. 이냐시오는 두 가지 도구를 사용해 예수회 회원이 오래도록 "무엇에도 굴하지 않고 영웅적 행위와 영웅적 덕목을 실천하는 삶"을 살 수 있도록 도왔다. 이냐시오의 첫 책인 《영신수련》에서 이 두 가지 도구를 자세히 다루고 있다.◆

첫 번째 도구는 피정이다. 전통적으로 예수회에 가입하려면 30일 동안 피정을 떠나야 한다. 피정 기간 동안 참가자는 일상에서 벗어나 침묵을 지키며 소박한 음식으로 간단히 끼니를 해결한다.

피정 기간에는 상당한 시간을 묵상하며 보낸다. 묵상이란 기독교 경전이나 삶의 한 장면, 또는 종교에서 다루는 '큰 이야기'를 생생히 떠올리며 실시하는 명상을 의미한다. 예를 들어, 예수의 삶을 다룬 책을 읽는다면 단순히 글을 이해하고 넘어가는 데 그치지 않고 스스로가 그 상황에 처해 있다고 상상해봐야 한다. 상상 속에서나마 예수의 삶을 살아보는 것이다.

피정이 막바지에 다르면 '사랑에 이르는 묵상'이라는 중요한 과정을 거친다. 이냐시오는 사랑에 이르는 묵상으로 피정에 참가한 신도와 모든 것을 베푸는 주님의 만남을 주선했다. 이냐시오는 이렇게 이야기했다. "나는 하나님이 당신의 창조물에 어떻게 깃드는지 생각한다. 하나님은 원소 안에서 존재를 주시고, 식물 안에서 생명을 주시고, 동물 안에서 놀라움을 주시며, 인간 안에서 이해를 주신다. 그러니 하나님은 내 안에 깃들어 나에게 존재, 생명, 삶, 이해를 주셨다." 이렇듯 예수회에서는 묵상을 실천하며 그들이 헌신적으로 추구할 삶의 비전에 깊은 사랑을 키워나간다.

다음 과제는 이렇게 키운 사랑을 유지하는 데 있다. 벅차오르는 피정은 30일이 지나면 끝난다. 하지만 이냐시오는 긴 세월 동안 사랑을 유지했다. 게다가 이냐시오와 친구들은 수도원에 거주하지 않았다. '무엇에도 굴하지 않고 영웅적 행위를 실천하는 삶'은 회랑 벽 뒤편이나 영적인 기운이 가득한 은밀한 공간에서 탄생하지 않는다. 연습을 거듭하며 함양한 '영웅적 덕목'이 '무엇에도 굴하지 않고 영웅적 행위를 실천하는 삶'으로 이어지려면 다른 무언가가 필요하다.

여기에서 이냐시오의 두 번째 도구인 의식성찰이 등장한다. 의식성찰은 피정의 축소본과 같다. 예수회 회원은 의식성찰을 통해 하나님의 존재와 행위를 떠올리고 또 되새긴다.

30일 동안 진행되는 피정 기간에도 의식성찰을 실시한다. 의식성찰은 처음 피정을 시작하면서 올리는 기도 중 하나이지만 모든 과정이 끝난 후에도 계속된다. 피정을 마친 회원은 매일 일상처럼 의식성찰을 실시해야 한다. 세대에 걸쳐 전 세계 방방곡곡에 전해지며 순서나 내용이 조금씩 변화하긴 했지만 의식성찰의 틀을 구성하는 다섯 단계는 그대로 유지돼 내려오고 있다. 의식성찰의 대략적 과정은 다음과 같다.

1. 감사: 하루를 돌아보며 감사한 순간을 떠올린다.
2. 반성: 매 시간을 기억하며 어디에서 하나님의 존재를 느꼈는지, 어디에서 하나님의 행위에 가까워지거나 멀어졌는지 깨닫는다.
3. 회개: 잘못된 행동을 돌아본다.
4. 용서: 하나님에게 용서를 구한다. 여러분이 상처를 준 사람에게 용서받고, 여러분에게 상처를 준 사람을 용서하며 화해하는 시간을 갖는다.
5. 은총: 하나님의 존재를 더욱 생생히 느낄 수 있도록 도와달라고 앞으로 다가올 날에 하나님의 은총을 청한다.

가톨릭교와 개신교를 믿는 수많은 종교인이 수 세기 동안 의식성찰을 실시해왔다. 사회 운동가이자 가톨릭 일꾼 운동을 창립한 도로시 데이(Dorothy Day, 1897~1980)는 일기에 의식성찰을 권유하는 내용을 남겼다. "성 이냐시오는 하루 두 번, 15분씩 의식성찰을 반드시 실천하라고 일렀다."

의식성찰은 바쁜 삶 한가운데서 하나님의 존재를 알아차리는 것을 목표로 한다. 의식성찰로 깨달음을 얻은 미국 예수회 회원 제임스 마틴(James Martin)은 "모든 순간이 오늘 하루 하나님이 어디에 깃들었는지 보여주는 창이 돼준다"라고 주장했다. 하나님의 뜻에 따라 말하고 행동하는 순간이 있는가 하면, 하나님의 존재와 행위에서 벗어나는 순간도 있다. 우리는 의식성찰을 실천하며 어떤 순간에 하나님의 뜻을 따랐고, 또 어떤 순간에 하나님의 뜻에서 어긋났는지 깨닫는다. 꾸준한 의식성찰은 리듬을 만들고 습관을 형성한다. 그리고 우리는 삶을 성찰할 때뿐 아니라 삶을 살아갈 때도 하나님의 존재를 느낄 수 있도록 노력해야 할 것이다.

시간이 흐르며 하나님이 세상에 행하는 사랑에 대한 깨달음은 지속적인 현실이 된다. 매 시 매 분, 예수회는 그들 가운데 하나님이 사랑을 행하고 있다는 깨달음을 바탕으로 살아간다. 우리는 매일 의식성찰을 실천하며 깨달음을 얻고, 흐려진 깨달음을 선명히 덧칠하고, 깨달음을 평생에 걸쳐 유지해나가야 한다.

공자가 나이 일흔에 달한 경지

유달리 성실하던 공자의 애제자 안회가 어느 날 스승에게 인(仁), 즉 선 또는 인간애란 무엇인지 물어봤다. 인은 공자가 정의하는 잘 이끌어나가는 삶에 가장 가까운 개념이자 공자가 베푸는 가르침의 핵심일 것이다. 중국철학을 연구하는 에드워드 슬링어랜드(Edward Slingerland, 1968~)는 공자 사상에서 인의 중요성을 강조하는 뜻에서 대문자 G로 시작하는 'Goodness'로 인을 번역했다. 그러니 인이 무엇인지 알려달라는 안회의 질문은 심오한 의미를 담고 있었다.

큰 관점에서 인이란 이해와 행동의 조화를 이야기한다. 인은 (1) 스스로와 자신을 둘러싼 관계를 이해하고 (2) 관계에 부여되는 의무와 책임에 걸맞게 행동하는 것을 목표로 한다. 어느 한쪽에서 조화가 이루어지면 나머지도 조화를 찾아간다. 공자가 추구하던 삶의 방식을 따르려면 인을 좇아야 한다.

안회 또한 인을 좇았다. 안회는 겸손하고 똑똑했으니, 자신이 인에 다다르는 방법을 모른다는 사실을 잘 알고 있었다. 경로를 모른다면 목적지를 알아도 큰 소용이 없다. 그래서 안회는 스승에게 가르침을 구했다. 어떻게 해야 자아와 조화를 이룰 수 있을까? 또 어떻게 해야 선에 다다를 수 있을까?

공자가 대답했다. "사심을 극복하고 예(禮)를 실천하는 것이 인이다.♦ 하루라도 이렇게 자기를 이겨내고 예를 회복할 수 있다면 천하가 모두 인으로 돌아올 것이다."

사심을 극복하고 예의를 실천한다는 뜻을 담은 표현인 '극기복례(克己復禮)'는 의미가 모호해 오늘날까지 해석이 분분하다. 안회 또한 스승의 말을 이해하지 못하기는 마찬가지였는지 공손하게 설명을 부탁했다. "자세하게 말씀해주실 수 있겠습니까?"

그러자 공자가 덧붙였다. "예가 아닌 것은 보지 말고, 예가 아닌 것은 듣지 말고, 예가 아닌 것은 말하지 말고, 예가 아닌 것은 행하지 말라." 안회는 특유의 겸손한 태도로 스승에게 순응했다. "제가 어리석어 이해가 빠르지 못하지만 가르침을 실천하도록 평생 힘쓰겠습니다."

그렇다면 어떻게 사심을 극복해야 할까? 우리는 예를 실천함으로써 스스로를 이겨낼 수 있다.

인의 목표가 (1) 스스로와 자신을 둘러싼 관계를 이해하고 (2) 관계에 부여되는 의무와 책임에 걸맞게 행동하는 데 있다는 점을 잊어서는 안 된다. 하지만 이것이 예와 무슨 관련이 있단 말인가? 예는 개인이 특정 상황에서 자신에게 주어진 책임을 다하는 방법을 제시한다. 강을 따라 세워진 둑처럼, 예는 우리의 관심과 에너지가 흐르는 방향을 유도한다.

하지만 공자는 개인이 지켜야 할 예의보다 훨씬 넓은 의미에서 예를 이야기했다. 예는 모든 것을 행하는 올바른 방식을 포함한다. 사회생활을 할 때 어떤 마음가짐과 몸가짐을 갖춰야 하는지, 다양한 사회적 입지를 가진 사람을 어떻게 대해야 하는지, 어떤 상황에 어떤 노래를 불러야 하는지 등 모든 행동이 예를 따라야 한다. 공자는 사소한 부분까지 주의를 기울였다. 공자 또한 예를 공부하는 학생이었으니 새로운 장소에 가면 고대로부터 그 장소에서는 어떤 예를 따랐는지 속속들이 물어봤다. 아마 공자는 과거부터 전해져 내려온 예를 보존하고 복원해야 한다고 생각했을 것이다.

이렇듯 예를 중시하는 모습 때문에 공자가 엄격한 원칙주의자라고 생각하는 사람도 많을 것이다. 공자는 이렇게 말하는 듯하다. 우리 사회에서 정해둔 규범을 따르도록 끊임없이 정진하라.

우리는 선을 행함으로써 선한 삶에 다가갈 수 있다. 노력하고 또 노력하면 안 되는 일이 없다.

하지만 공자는 새해 다짐을 실천하듯 예를 행하는 데 전념하라고 강요하지 않는다. 새해 다짐은 작심삼일로 끝나기 십상이다. 새해 다짐을 끝까지 실천하기 어려운 이유는 우리가 '좋은' 행동에 얼마나 많은 시간을 투자하든 진심으로 그 행동을 실천하고 싶은 마음이 들지 않기 때문이다. 하지만 공자는 예를 행하다 보면 예를 따르고 싶은 마음이 저절로 생긴다고 믿었다. 이런 점에서 성공한 새해 다짐은 예를 행한 결과라고 볼 수 있다. 하루라도 운동을 거르면 큰일이라도 날 것처럼 매일같이 몸을 단련하는 사람을 생각해보라. 이들은 운동을 하다 보니 언제부턴가 무척 재미있어졌다면서 꾸준히 몸을 움직이는 데 그치지 않고 종종 운동과 관련된 이야기를 꺼내고는 한다. 이런 점에서 예는 크로스핏과 비슷하다. 인간다운 삶에 꼭 필요한 습관인 만큼 실천이 깊어질수록 예를 행하려는 마음 또한 커지기 때문이다. 그렇게 가치 있는 행동을 원하고, 원하는 행동을 실천하는 선순환이 일어난다.

마땅히 행해야 하는 방식에 따라 예를 실천하는 것은 내면의 자아와 도(道)를 일치시키는 것과 같다. 공자는 일상 속에서 행하는 예가 인간을 형성한다고 주장했다. 오랜 시간에 걸쳐 몸과 마음을 다해 예를 행하면 아무런 지침이 주어지지 않아도 자연스럽게 도를 따르는 삶을 살게 될 것이다.

실제로 공자는 수십 년에 걸쳐 도를 추구했다. "나는 열다섯 살에 학문에 뜻을 두었고, 서른 살에 자립했으며, 마흔 살에 유혹에서 자유로워졌다. 쉰 살에는 하늘의 뜻을 깨달았고 예순 살에는 무엇을 들어도 거슬림이 없었다. 일흔 살이 되자 마음대로 살아도 법도에 어긋나지 않았다."

공자의 인생은 1장에서 이야기한 심해 다이빙과 일맥상통한다. 열다섯 살부터 마흔 살까지는 깊은 바다로 내려가는 여정과 같고, 쉰 살에 깨달은 하늘의 뜻은 해저면에서 얻은 통찰을 의미한다. 예순 살은 해수면으로 돌아오며 통찰이 깊어지는 과정을 가리킨다. 일흔 살에는 이상과 욕망이 완벽히 일치해 마음대로 살아도 모든 행동이 통찰과 완벽한 조화를 이루는 궁극적 목표에 도달한다. 일흔이 된 공자는 하늘의 뜻에 따라 도를 추구했으니 자신이 진정으로 가치 있다고 생각한 삶을 살았다.◆

공자는 이렇게 이야기했다. "아는 자는 좋아하는 자만 못하고, 좋아하는 자는 즐기는 자만 못하다." 아는 것은 반쪽짜리에 불과하다. 우리는 좋아하고, 또 즐기는 것을 좇으며 살 수밖에 없다. 우리가 찾은 선을 좋아하고, 더 나아가 번성하는 삶으로 향하는 여정을 즐길 수 있다면 우리는 힘들여 노력하지 않아도 수십 년에 걸쳐 자연스럽게 선을 추구하는 삶을 살게 될 것이다.

결국, 함께하는 삶이 답이다

특정한 삶의 방식을 오랜 기간에 걸쳐 유지하려면 연습이 필요하다. 그리고 이런 연습은 우리가 추구하는 삶의 비전과 일치해야 한다. 목표를 향한 여정 또한 목표의 일부이니 달라이 라마가 무아의 개념을 바탕으로 명상을 실천하고, 이냐시오가 하나님을 향한 사랑을 바탕으로 의식성찰을 실시하고, 공자가 도를 바탕으로 예를 행하듯 가장 '밀도 높은' 삶의 연습은 우리가 그리는 진정으로 큰 그림에 바탕을 두고 있다. 삶의 연습은 단순한 팁이나 요령이 아니다. 이는 삶 전반을 꿰뚫는 핵심 요소로 번성하는 삶, 또는 번성으로 나아가는 삶에 무척 중요한 역할을 한다.

많은 사람이 공동체 속에서 가치와 관행이 일치하는 삶의 방식을 찾는다. 하지만 모든 구성원이 똑같은 삶의 비전을 공유하는 공동체는 없다. 기독교, 불교, 이슬람교 등 종교로 묶인 공동체에서는 하나의 통합된 번성하는 삶의 비전을 추구할 것이라고 착각하기 쉽다. 하지만 각각의 전통은 합의의 보루인 만큼 번성하는 삶의 본질이란 무엇을 의미하는지를 주제로 벌이는 광범위한 논쟁과 같다. 개별 신앙 공동체는 종교에서 추구하는 번성하는 삶의 비전을 강화하고 진정으로 큰 그림을 한층 뚜렷하게 만드는 관행을 공유한다.

익명의 알코올중독자 모임에서는 참여자가 다양한 방식으로 도움을 주고받도록 격려한다. 달라이 라마는 개인의 명상적 실천에 초점을 맞췄지만 예로부터 많은 불자가 교단에 속해 종교 활동을 이어가고 있다. 예수회도 다르지 않다. 예수회에 가입하려면 피정을 떠나야 하지만 이 또한 영적 지도자와의 대화 속에서 이루어지며, 회원이 된 이후부터는 의식성찰과 같이 단체가 공유하는 의무와 관행을 따라야 한다. 공자는 공동체를 모든 것의 중심으로 바라봤다. 애초에 예는 관계에 뿌리를 두고 있으니 공동체라는 직물을 짜내는 실과 같다.

이렇듯 공동체는 다양한 방식으로 전통이 베푸는 가장 좋은 도구에 접근할 수 있는 수단을 제공한다. 하지만 공동체를 든든한 도구 상자 정도로 생각해서는 곤란하다. 공동체는 화려한 목적을 달성하기 위한 맞춤형 수단이 아니다. 특정한 성격을 띠는 공동체를 형성하는 과정에서 수단과 목적은 떼려야 뗄 수 없는 관계를 지닌다. 실제로 많은 사람이 비전을 중심으로 조직된 공동체를 번성하는 삶에 없어서는 안 되는 중요한 요소로 생각한다. 심지어는 공동체 자체를 번성하는 삶과 동일시하는 사람도 있다.

우리는 로빈 월 키머러가 전하는 포타와토미족의 일화에서 이를 엿볼 수 있다. 키머러는 포타와토미 부족민과 '피간(pigan)'을 둘러싼 길고도 복잡한 관계를 이야기했다. 피칸(pecan)이라는 영어 단어에서 유래한 '피간'은 포타와토미족이 고향이었던 미시간호를 떠나 캔자스주를 거쳐 오클라호마주에 이르기까지 험난한 여정에서 찾은 다양한 견과를 부르는 명칭으로 사용됐다. 미국 군인이 겨누는 총구에 둘러싸여 고된 길을 걸어야 했던 포타와토미족은 흑호두나무와 버터넛나무를 잃고 피칸을 발견했다.

키머러의 설명에 따르면 피칸나무는 매년 열매를 맺지 않는다. 피칸나무는 예측할 수 없는 주기에 따라 모두 함께 번식한다. 수백 킬로미터에 달하는 거대한 숲 전체가 몇 년 동안 열매를 맺지 않다가 어느 해에 갑자기 한꺼번에 열매를 떨어뜨린다. 현대 과학으로는 아직 정확한 원리를 밝혀내지 못했지만 땅속으로 이어진 균근의 그물망을 통해 서로 신호를 주고받을 것이라고 추측하고 있다. 나무는 정말 놀라운 생명체다.

원리야 뭐가 됐든, 통일된 수확 주기는 나무가 생존하는 데 중요한 역할을 한다. 숲 전체에서 번식하는 나무가 한 그루뿐이라면 동물이 열매를 모조리 먹어 치워 새롭게 싹을 틔울 씨앗이 남아나지 않을 것이다. 하지만 피칸나무 전체가 동시에 번식하면 동물이 실컷 배를 채우고 남은 열매가 땅에 떨어져 새로운 나무로 자라난다. 하지만 나무가 매년 열매를 맺으면 동물 개체가 폭발적으로 늘어나 결국에는 모든 열매를 먹어 치울 것이다. 예측할 수 없는 주기로 한 번씩 열매를 맺으면 동물 개체수가 급작스럽게 증가할 일이 없으니 동식물이 조화를 유지한다.

키머러는 피칸나무의 번식 활동에서 흥미로운 생물학 지식뿐 아니라 번성하는 삶의 본질에 관한 통찰을 얻었다. 피칸나무는 공동체를 이룸으로써 번성한다. 어떤 나무도 혼자서는 생존할 수 없다. 또한, 풍작을 이룬 피칸나무는 인간과 동물에게 맛있는 먹

거리를 제공한다. 식물이 번성하면 동물이 번성하고, 동물이 번성하면 인간이 번성한다. 피칸나무는 키머러에게 '모든 번영은 상호적'이라는 교훈을 줬다.

포타와토미족 집회를 묘사한 글에서 짐작할 수 있듯, 키머러는 부족의 핵심에 '모든 번영은 상호적'이라는 교훈이 자리한다고 믿었다.

언덕 꼭대기에서는 강을 따라 늘어선 피칸 숲이 내려다보인다. 밤이면 주술의 땅에 모여 춤을 춘다. 고대로부터 전해져 내려온 의식은 일출을 맞이한다. 추방의 역사 동안 나라 곳곳으로 흩어졌던 포타와토미족이 매년 뿌리를 찾아 며칠씩 집회를 가질 때면 아홉 개 악단이 연주하는 북 소리와 옥수수 수프 냄새가 공기를 데운다. (중략) 역사, 가족, 조상과 후손에 대한 책임감이라는 보이지 않는 연결 고리가 균근의 그물망처럼 우리를 한데 묶고 있다. 포타와토미 공동체는 우뚝 서서 모두를 이롭게 하는 연장자 피칸나무의 가르침을 따르고 있다.

춤, 의식, 요리, 음악은 부족을 하나로 묶을 뿐 아니라 각각의 구성원이 공동체가 추구하는 삶의 비전을 향해 나아가도록 관행을 제시한다. 게다가 이런 관행으로 엮인 삶의 방식은 공동체가 소중히 여기는 비전, 즉 '모든 번영은 상호적'이라는 믿음을 구체화한다. 이 비전은 포타와토미족뿐 아니라 모든 인간, 더 나아가 모든 생명에 적용된다. 키머러는 진정으로 번성하는 공동체에서는 인간, 나무, 동물, 땅이 긍정적인 영향을 주고받으며 함께 번성함으로써 공동체의 경계를 확장한다고 생각했다.

수단과 목적은 나눌 수 없다. 우리 목적이 옳은 세상을 만드는 것이라면 수단은 지금 여기에서 가능한 범위 내에서 그와 비슷한 세상을 만들어나가는 데 있다. 그렇게 우리는 미래에 다가올 세상에 참여하고, 자신에게 주어진 역할을 다하고, 춤을 추는 방법을 배울 것이다.

다시 삶 속으로

우리는 번성하는 삶의 비전을 이어나가는 데 도움을 주는 관행을 찾을 때 두 가지 조건을 반드시 명심해야 한다. 첫째, 우리가 유지하려는 삶의 방식을 연습하는 데 보탬이 되는 관행을 채택해야 한다. 둘째, 우리가 따르는 관행이 풍요로운 삶의 방식으로 받아들여지는 공동체를 찾아야 한다. 그곳에서 우리는 마음껏 춤을 출 것이다.

하지만 춤을 추기 전에는 물론 춤을 추는 도중에도 우리는 마음껏 출 만한 가치가 있는 춤을 찾아야 한다는 책임에서 벗어날 수 없다. 여러 사람과 깊고 복잡하게 얽혀 있는 우리의 춤은 여전히 사소해지거나 사악해지고는 한다. 우리는 인간으로서 홀로 실패할 수도, 함께 실패할 수도 있다. 하지만 오롯이 혼자 성공하기는 불가능에 가깝다. 우리 모두는 스스로를 위한 선택을 내린다. 그리고 번성하는 삶을 향해 함께 나아갈 동료를 찾을 수 있기를 바라며 뭍으로 올라와 춤을 춘다.

삶에 적용하기

1. 여러분이 품은 번성하는 삶의 비전을 실천하려면 무엇을 연습해야 하는지 생각해보라.
   - 스스로 책임이 있다고 생각하는 삶으로 나아가는 데 결정적인 역할을 하는 한 걸음을 내딛으려면 무엇을 연습해야 하는가?
   - 여러분이 추구하는 삶의 방식을 유지하는 데 도움이 될 만한 사람이 있는가? 가족이나 친구가 연습을 함께하기를 바랄 수도 있다.

2. 여러분이 품은 번성하는 삶의 비전을 실천하려면 어떤 공동체에 속해야 하는지 생각해보라.
   - 여러분은 번성하는 삶의 비전을 공유하는 공동체에 속해 있는가?
     (1) 만약 그렇지 않다면 어떻게 공동체를 찾거나 만들어야 할 것인가?
     (2) 만약 그렇다면 여러분이 속한 공동체에서는 어떤 관행이나 의식을 주기적으로 실시하는가? 또, 여러분은 어떤 관행을 추천하고 싶은가?
   - 여러분은 우리가 살아가는 데 있어 무엇이 가장 중요한지를 놓고 누구와 가장 많은 대화를 나누는가? 그 중 의견이 다른 사람이 있는가?
     (1) 여러분은 전혀 다른 번성하는 삶의 비전을 가진

친구와 더 깊은 관계를 맺기 위해 어떤 노력을 하는가?

- 여러분이 두 가지 모임에 속해 있다고 가정해보자. 한 모임은 여러분과 비슷한 비전을 공유하고, 한 모임은 비교적 다른 비전을 공유한다면 여러분은 두 모임을 이어주기 위해 어떻게 행동할 것인가? 여러분은 두 모임이 어떤 대화를 나누기를 바라는가? 두 모임이 서로에게 배움을 얻을 기회를 마련해줄 방법은 무엇인가? (이 책을 함께 읽어보는 것도 도움이 될 것이다.)

에필로그

당신만의 고유한 삶의 가치를 발견했기를

학기가 끝날 무렵이 되면 꼭 학생 한두 명이 걱정스러운 얼굴로 연구실을 찾아온다. '의문'의 무게에 압도된 것이다. 성공은 너무 먼 반면, 실패는 너무 가깝게 느껴진다. 조금 더 편하게 살려고, 더 중요한 목표를 이루려고 한두 가지를 타협하다 보면 어느새 타협의 범위가 점점 늘어나서 삶을 송두리째 집어삼킬지도 모른다. 책임을 다하지 못한 삶은 나 자신뿐 아니라 타인, 더 나아가 이 세상 전체에 해를 미칠 수도 있다. 학생들은 자신이 사악한 삶을 살게 될까 봐 걱정했다.

걱정하지 말라는 말은 해줄 수 없다. 우리 중 누군가는 사악한 삶을 살게 될 수도 있다. 실제로 사악한 삶을 살다 간 인물도 많지 않은가? 여러분이라고 절대 사악한 삶을 살지 않을 것이라는 보장은 없다. 혹여나 그런 미래가 온다면 여러분은 가장 중요한 가치를 배반했을 테니 보편적 인간성이라는 기준에서 가치 있는 삶을 사는 데는 당연히 실패했을 것이다.

하지만 여러분이 그렇게까지 사악한 삶을 살 가능성은 그리 크지 않을 것이라는 예감이 든다. 지금 이 책을 읽는 독자 대부분은 부단한 노력에도 불구하고 사소한 삶을 살게 될 것이다. 사소한 삶 또한 보편적 인간성이라는 측면에서 실패할 수 있다. 가장 중요한 가치를 배반하지는 않을 것이다. 다만 바쁜 삶 속에서 무심결에 가치를 잃어버리고 우리에게 무엇이 가장 중요한지 잊은 채 계속 살아갈 것이다.

언뜻 보기에 사소함은 크게 위협이 될 것 같지 않다. 그저 그런 것에 삶을 낭비하고 싶은 사람이 어디 있겠는가? 적어도 사악함은 나름의 매력을 지닌다. 사악함은 언제나 인간을 매료해왔다. 반면 사소함은 대단한 영향력이 없는 듯하다.

하지만 두 가지 힘에 이끌려 사소함에 시간을 낭비한다. 첫 번째 힘은 사소함이 대단해 보이도록 온갖 장식을 덧붙인다. 광고나 소셜 미디어, 정치인의 연설, 학부모 회의, 대학교 입학 지원 서류, 기업 복지 프로그램은 영향력, 부, 권력, 명예 등 사소한 것이 가장 중요한 가치를 지닌다며 우리를 현혹한다. 그리고 중요한 인물이 되고 싶다면 이렇듯 중요한 가치를 손에 넣어야 한다고 이야기한다.

적절한 시간, 적절한 장소에 주어진 부와 명예는 좋은 삶을 꾸려나가는 데 도움을 준다. 커리어도 마찬가지다. 이와 같은 요소는 우리 삶에서 나름의 역할을 한다. 하지만 이것만으로는 가장 중요한 가치를 어설프게 따라 하는 삶을 살 뿐이다. 게다가 이런 요소 위에 지어진 삶은 대중이 '성공'이라고 부르는 사소함을 향해 빠르게 나아간다.

체계 속에서 훌륭한 성과를 거두면 많은 사람이 입을 모아 칭송하는 삶을 살 수 있다. 우리가 대단한 의미조차 없는 요소에 열을 올리는 동안, 세상은 성공한 인생을 살고 있다며 우리를 치켜세운다. 어떤 의미에서는 성공한 인생이라고 할 수 있겠지만 이는 껍데기뿐인 성공에 불과하다. 하지만 가장 심각한 문제는 끊임없이 '의문'을 고민하는 사람이 아니라면 자신의 삶이 얼마나 공허한지 깨닫지 못한다는 데 있다.

사소함을 구별할 수 있는 능력을 갖췄다고 모든 문제가 해결되지는 않는다. 두 번째 힘은 사소함이 우리가 가질 수 있는 최선이니 이것저것 따지지 말고 감사히 받아들이라고 부추긴다. 이 목소리는 스스로가 생각만큼 중요한 존재가 아닐 수도 있다는 내면의 불안을 이용해 애초에 우리 삶부터가 보잘것없다고 속삭인다. 우리 모두는 거대한 우주 속 티끌일 뿐이다.

틀렸다.

여러분의 삶은 가치 있고 소중하다. 아니, 가치 있다는 말로는 부족하다. 여러분의 삶은 값어치를 매길 수 없다. 여러분의 삶은 진정으로 가치 있기에, 그 가치에 걸맞은 좋은 삶을 살아야 한다. 중요하지 않은 것을 좇으며 살기에 여러분의 삶은 너무 소중하다.

여러분이 세상의 중심이라는 의미가 아니다. 스스로만을 생각하고 살아야 한다는 의미도 아니다. (여러분의 삶은 여러분만의 것이 아니기에 더욱 큰 가치를 지닌다.) 우리는 어떻게 살 것인지, 무엇을 위해 살 것인지, 어떻게 대우받고 어떻게 대우할 것인지, 어떤 희망을 품고 어떤 감정을 느낄 것인지에 가치를 둬야 한다. 중요한 가치가 있어야 할 자리를 사소함으로 채워 넣어도, 세상이 우리를 아무리 보잘것없게 여겨도 이러한 가치는 빼앗거나 지울 수 없다.

하지만 가장 중요한 가치는 우리의 시선을 끌지 않는다. 눈에 띄는 일 없이 묵묵히 자리를 지키니 놓치기 쉽다. 게다가 한번 손에 넣은 가치를 유지하기도 어렵다.

가장 중요한 가치를 깨닫는 것은 사막 한가운데에서 깨지기 쉬운 보물을 찾는 것과 같다. 보물을 찾았다 하더라도 바람으로부터 보호하지 않으면 모래가 쌓여 다시 보물을 집어삼킬 것이다. 또한, 조심스럽게 캐내지 않으면 영원히 사라질 것이다.

그러므로 노력을 멈추지 말라. '의문'으로 돌아갈 수 있는 고요한 순간을 찾아라. 소리조차 깨어나지 않은 이른 아침, 소란이 잦아들기 시작한 늦은 저녁, 잠시 할 일을 내려둔 일과 한가운데, 언제라도 좋다. 어떻게든 '의문'을 위한 시간을 마련하라. 소중한 사람과 소중한 가치를 주제로 대화를 나누길 두려워하지 말라.

가장 중요한 가치라는 보물이 숨겨진 장소를 찾은 것 같다면 그곳으로 돌아가 보물을 발굴해야 한다. 가장 중요한 가치를 중심으로 삶을 꾸려나가라. 우리 삶이 보잘것없다는 생각이 우습게 느껴질 때까지, 위대함을 가장하는 사소함이 공허해 보일 때까지 가장 중요한 가치에 헌신하라.

끊임없이 '의문'을 추구하라. 가장 중요한 가치를 위해 살아라. 여러분의 인생은 그럴 만한 가치가 있다.

감사의 말

이 책을 쓰는 동안 받은 도움과 지지를 돌아보니 새삼 기분이 좋아진다. 이 얼마나 귀한 선물인가!

먼저 '가치 있는 삶' 강의에 참여해준 학생들에게 감사의 말을 전한다. 욕심 같아서는 예일대학교뿐 아니라 댄버리 연방 교도소, 예일대학교 동문회, 예일대학교 국제협력부, 레이티로지, 그레이스팜스의 학생 이름을 하나하나 나열하고 싶지만 참고 넘어가도록 하겠다. 여러분과 나눈 대화 덕분에 '의문'에 접근하고 가치 있는 삶에 대한 비전을 그려나갈 수 있었다. 매번 멋진 강연을 펼치고 3장에서 자신의 이야기를 소개할 수 있도록 허락해준 리아 사르나(Leah Sarna)에게 특별히 감사함을 전한다.

배려심 넘치고 상상력 풍부한 대학원 강사 열두 명 이상이 2016년부터 예일대학교에서 우리와 함께 '가치 있는 삶' 강의를 가르치고 있다. 오렐 베일린슨(Orel Beilinson), 카브야 바트(Kavya Bhat), 조안나 블레이크 터너(Joanna Blake-Turner), 제니퍼

대이글(Jennifer Daigle), 라이언 다르(Ryan Darr), 맥스 두보프(Max DuBoff), 자나 곤와(Janna Gonwa), 휴고 하브라넥(Hugo Havranek), 저스틴 호킨스(Justin Hawkins), 매건 릭스카이(Megann Licskai), 사라 미스진(Sarah Misgen), 아메드 누르(Ahmed Nur), 미레유 파든(Mireille Pardon), 레아 슈로더(Lea Schroeder), 데버라 스트릴(Deborah Streahle)에게 이 자리를 빌려 고마움을 표현한다. 예일대학교 의과대학에서 힘을 보태준 벤 두리틀(Ben Doolittle)에게도 감사하다. (두리틀 박사 만세!) 또한 수년 동안 우리 학생들에게 주저하지 않고 자신의 삶과 이야기를 나눠준 많은 초청 강사에게도 감사하다. 여러분은 실제로 우리가 던지는 질문이 삶을 형성하는 힘을 가졌다는 사실을 학생들에게 증명했다.

뛰어난 재능과 사려 깊은 마음을 갖춘 근로 장학생들에게도 참 고맙다. 이들은 미로슬라브와 라이언이 처음 강의를 기획했을 때부터 이리저리 돌아다니는 수많은 사고의 조각이 제자리를 찾고 그 위치를 표시하는 데 많은 도움을 줬다. 앤드루 슈만(Andrew Schuman), 브렌던 콜브(Brendan Kolb), 힐러리 비드빅(Hilary Vedvig), 트렌트 푸엔메이어(Trent Fuenmayor)에게 다시 한번 감사의 말을 전한다.

'가치 있는 삶'을 예일대학교 강의실에서 꺼내 전 세계에 선보이도록 도움을 준 자크 우튼(Zach Wooten), 메건 설리번(Meghan Sullivan), 케이시 스트라인(Casey Strine), 가레트 포츠(Garrett Potts), 안드레아 캐스퍼(Andrea Kasper), 조슈아 포스텐저(Joshua

Forstenzer), 다니엘 추아(Daniel Chua), 압둘라 안텝리(Abdullah Antepli)에게도 감사한 마음을 표현한다. 케이시와 마태가 나눈 대화가 아니었으면 우리는 '가치 있는 삶'이 지닌 잠재력을 예일대학교 밖으로 확장할 생각조차 못했을 것이다.

우리 세 사람은 예일대학교 신앙문화센터에서 함께 근무하면서 과거부터 지금까지 동료 교수들에게 말로 다할 수 없는 도움을 받았다. 카린 프렌슨(Karin Fransen), 에반 로사(Evan Rosa), 줄리 데이비스(Julie Davis), 레온 포웰(Leon Powell), 수전 도스 산토스(Susan dos Santos), 시반 앨런(Shivhan Allen), 새러 파머(Sarah Farmer), 펠런 토머스(Fallon Thomas), 필 러브(Phil Love), 스킵 마스백(Skip Masback), 앨리슨 반 리(Allison Van Rhee)에게 고마움을 표한다. 신앙문화센터 자문위원회의 지혜와 격려, 구체적인 자료 덕분에 이 책을 완성할 수 있었다. '가치 있는 삶'에 놀라운 열정을 보여준 워너 데퓨이(Warner Depuy)와 예일대학교에서의 시작을 든든히 지원해준 윌리엄 H. 피트 재단(William H. Pitt Foundation)에 특별히 감사하다.

샤론 프린스(Sharon Prince)가 이끄는 그레이스팜스 재단은 우리가 대학교 강의의 핵심을 그대로 유지한 채 코네티컷과 그 밖의 중학교, 고등학교, 미군 교회에서 '가치 있는 삶'을 이야기할 수 있도록 큰 도움을 줬다. 리사 라인 커크패트릭(Lisa Lynne Kirkpatrick) 덕분에 '가치 있는 삶'이 그레이스팜스와 인연을 맺을 수 있었다. 세인트 루크 스쿨에 '가치 있는 삶'을 알린 케이트 파커 버거드(Kate Parker-Burgard)와 마크 데이비스(Mark Davis), 코네티컷 독립학교협회와 연을 닿게 해준 릭 브랜슨(Rick Branson)과 조안 에드워즈(Joan Edwards), 샤론 라우어(Sharon Lauer)에게도 고마운 마음뿐이다. 지치지 않는 연민과 창조적인 작업으로 '가치 있는 삶'을 수많은 청중에게 소개해준 케이티 그로시(Katie Grosh)에게도 감사함을 전한다.

댄버리 연방 교도소의 제럴드 코너스(Gerald Connors) 목사에게도 고마움을 전하고 싶다. 좋은 삶의 본질을 고민하는 우리의 성찰에 깊이를 더해준 '가치 있는 삶' 참여자들에게도 크나큰 감사의 마음을 표시한다.

우리는 아주 오랫동안 '의문'을 향한 열정을 강의실 밖으로 끄집어내고 싶었다. 하지만 대학 강의에서 반응이 좋았다는 이유만으로 책을 쓰기에는 부족했다. 토론장에서 나누던 이야기를 종이로 옮기다가 자칫 이야기가 밋밋해질 위험이 있었다. 그러니 위험을 감수할 가치가 있다고 출판사에 목소리를 내준 앨리스 마텔(Alice Martell)에게 얼마나 고마운지는 이야기하지 않아도 될 것 같다. 기꺼이 위험을 감수해준 펭귄라이프의 메그 리더(Meg Leder), 들판으로 우리를 초대해준 마리아 슈라이버에게도 감사하다. '가치 있는 삶'이라는 아이디어를 현실로 끌어내준 메그, 아니카 캐러디(Annika Karody)와 나머지 팀원에게도 무척 고맙다. 만족할 만한 결과가 나왔기를 바란다!

우리가 이 책을 완성하기까지는 셀 수 없이 많은 사람의 도움이 있었지만 그중 본문을 써내려가는 데 특별히 기여한 몇몇 사람의 이름을 언급하고 넘어가겠다. 케일럽 매스컬(Caleb Maskell)은 사려 깊은 역사가의 눈으로 아이다 B. 웰스의 이야기를 검토했다. 스티븐 앵글(Steven Angle)은 놀라운 인내심을 발휘해 우리에게 공자의 유교 사상을 가르쳤다. 본문에서 오류가 발견된다면 이는 우리 능력이 부족해서이니 이들에게 화살을 돌리지 않기를 부탁한다. 댄 에임스(Dan Ames)는 우리가 연민을 갖춘 회의론자의 시각에서 글을 볼 수 있도록 도움을 줬다. '가치 있는 삶'에서 멋진 강연을 펼치고 시간을 내서 더 많은 이야기를 공유해준 모하마드 하페즈에게도 감사하다.

마지막으로 드루 콜린스(Drew Collins)와 앤절라 윌리엄스 고렐(Angela Williams Gorrell)에게 고마운 마음을 전한다. '가치 있는 삶' 강의뿐 아니라 이 책에도 여러분이 지금껏 쏟아 부은 열정, 에너지, 통찰, 사랑의 흔적이 남아 있기를 바란다.

미로슬라브의 말: 고마운 마음을 제대로 표시하려면 우리 삶과 프로젝트를 가능하고, 또 즐겁게 만든 모든 사람의 이름과 그들의 기여를 모두 언급해야 마땅하다. 물론 이는 불가능하다. 현재의 내가 될 수 있었던 것, 또 내가 오늘날과 같은 성취를 이룰 수 있었던 것이 온전히 나의 업적이 아니라는 사실을 다시 한번 깨닫는다. 여기에서는 네 명의 이름과 그들에게 받은 도움의 일부만을 언급하고 넘어가겠다. 먼저, 공동저자인 마태와 라이언에

게 감사를 전한다. 두 사람은 뛰어난 지식인이자, 놀라운 교육자이자, 멋진 팀원 역할을 충실히 수행했다. 두 사람이 없었다면 이 책은 지금처럼 훌륭하지도, 흥미진진하지도 않았을 것이다. 내아내 제시카(Jessica)와 우리 딸 미라(Mira)에게도 큰 도움을 받았다. 나는 지금까지 제시카만큼 날카로운 통찰로 삶의 아름다움과무게를 바라보는 사람을 만난 적이 없다. 그리고 미라의 호기심과 애정, 장난기 넘치는 생동감은 나에게 무엇보다 큰 즐거움을준다.

마태의 말: 영감을 주는 동료들과 함께 '가치 있는 삶' 강의를가르치고, 또 그 대화를 예일대학교와 너머로 전달하려는 노력은 이전에는 상상조차 할 수 없던 개인적인 소명에 불을 지폈다. 나는 이번 작업에 엄청난 시간과 노력을 투자했다. 그리고 그토록 많은 시간과 노력을 투자할 수 있도록 지지해준 내 아내 해나(Hannah)와 딸 주니아(Junia)에게 고맙다고 이야기하고 싶다. 우리가 고통을 나누고 있는 것처럼 보이는 순간이 많지만 나는 많은 즐거움을 누리고 있다(학기가 끝날 때마다 먹는 수프와 스모어는 예외로 친다). 해나, 내가 좋은 삶을 가르칠 때 당신은 좋은 삶은 살고 있어. 주니아, 나는 그저 네가 번성하는 삶을 살기를 바란다.내가 번성하는 삶을 왜곡되고 편협하게 그리고 있다면 용서하렴.

라이언의 말: 불확실성과 고통, 전염병이 세상을 휩쓴 지난

4년 동안 뛰어난 기술과 놀라운 유머 감각으로 우리 아이들에게 에너지, 애정, 지혜를 아낌없이 베풀어준 선생님들께 진심으로 감사하다. 제시카 매커널리린츠(Jessica McAnnally-Linz), 린다 매커널리(Linda McAnnally), 재닛 매커널리(Janet McAnnally), 로스 저트섬(Ross Jutsum)과 태미 저트섬(Tammy Jutsum), 케이틀린 맥(Caitlyn Mack), 로라 카릴로(Laura Carrillo), 애비게일 로스(Abigail Roth), 제스 프레슬(Jess Fressle)과 네이버후드 음악학교의 반다나 칸트(Vandana Kant), 데니스 너타일(Denise Nutile), 에리카 샙(Erica Sapp), 앰버 카나반(Amber Canavan), 샤론 모스(Sharon Moss), 세레나 해치(Serena Hatch), 크리스틴 미새키언(Christine Missakian), 비처로드스쿨에서 교사와 교직원으로 일하고 있는 메건 코프랜시스코(Megan Cofrancesco), 바바라 어헌(Barbara Ahern), 로빈 거버(Robin Gerber), 루이스 골든(Louise Golden)에게 고마움을 전한다. 내 삶에 무엇보다 큰 의미가 돼준 그레이스와 가브리엘에게, 놀라울 만큼 유쾌하고 호기심 넘치고 배려 깊은 모습을 보여줘서 늘 고맙다. 마지막으로 하이디에게, 모든 것이 감사하다.

프롤로그_이 책이 당신의 삶을 바꿔놓을 것이다

32쪽 하지만 인간은 돌이 아니다.

헤르만 헤세(Hermann Hesse, 1877~1962)는 고타마 싯다르타에게 돌 같은 면모가 있다고 이야기했다. "돌멩이 하나를 물에 던지면, 돌멩이는 곧장 물 아래 밑바닥에 가라앉는다. 하나의 목표, 하나의 계획을 세운 싯다르타가 이와 같다. 싯다르타는 아무것도 하지 않는다. 기다리고, 사색하고, 단식할 뿐이다. 하지만 싯다르타는 물을 가르고 바닥으로 가라앉는 돌멩이처럼 행동하는 법도, 동요하는 법도 없이 세상만사를 헤쳐 나간다. 가라앉으면 가라앉는 대로 가만히 내버려둔다."(*Siddhartha*, trans. Joachim Neugroschel, New York: Penguin Compass, 2003, p.56) 하지만 우리가 돌멩이 같은 삶의 태도를 이상적으로 바라본다고 하더라도 이상이란 현실과 다르니 우리의 본성은 돌멩이와 같을 수 없다.

33쪽 이는 우리 삶을 형성하는 가장 근본적이고 제한적인 책임이다.

공자는 이렇게 말했다. "장군에게서 그 장수를 빼앗을 수는 있으나 필부에게서 그 뜻을 빼앗을 수는 없다."(Analects 9.26, trans. Simon Leys) 사이먼 레이스(Simon Leys)는 에픽테토스 또한 비슷한 말을 했다고 덧붙였다. "자유로운 마음을 훔치는 강도는 없다."(Epictetus II, 22, 105, quoted by Marcus Aurelius, Meditations, XI, 36) 레이스가 이야기하길, "뜻, 즉 지(志)를 빼앗기지 않는 것은 가장 높은 자리에 있는 군자의 특권이 아니다. 이는 모든 인간에게 동일하게 해당되는 축소할 수도, 양도할 수도 없는 권리다. 가장 낮은 자리에 있는 필부 또한 예외는 아니다."(Simon Leys, *The Analects of Confucius*, New York: Norton, 1997, p.163)

35쪽 스피어는 이렇게 이야기했다.

우리는 스피어의 자서전에서 이 내용을 확인할 수 있다. 어떻게 히틀러와 함께 일할 수 있냐는 딸의 질문에 스피어는 이렇게 대답했다고 한다. 스피어의 삶에 대한 발췌문과 인용문에 대한 논의는 다음의 자료를 참고하기 바란다. Stanley Hauerwas, Richard Bondi, and David B. Burrell, Truthfulness and Tragedy, Further

Investigations in Christian Ethics(Notre Dame, IN: University of Notre Dame Press, 1977), pp.88‐95, and in Miroslav Volf, Exclusion and Embrace, Revised and Updated, *A Theological Exploration of Identity, Otherness, and Reconciliation*, Nashville: Abingdon Press, 2019, p.196.

1장 추구할 가치가 있다는 건 무슨 의미인가?

56쪽 평생 동안 사다리를 타고 올라 마침내 꼭대기에 올랐지만 막상 정상에 올라가보니 엉뚱한 벽에 기댄 사다리를 골랐음을 깨닫는 순간 위기가 찾아온다.

'엉뚱한 벽에 기댄 사다리'라는 표현은 스티븐 코비(Stephen Covey, 1932~2012) 또는 토머스 머튼(Thomas Merton, 1915~1968)이 사용한 것으로 잘 알려져 있다. 우리가 조사한 내용에 따르면 이와 같은 표현이 최초로 사용된 사례는 1900년으로 거슬러 올라간다. 앤 아달리사 퍼디콤(Anne Adalisa Puddicombe, 1836~1908)이 필명 앨런 레인(Allen Raine)으로 출간한 책《가르소원*Garthowen*》에 등장하는 스승은 모든 제자에게 이렇게 이야기했다. "겨우 꼭대기까지 오르고 나서야 엉뚱한 벽에 사다리를 기대 놨다는 사실을 깨달을 수도 있다. 이는 형편없는 성공이다." 그리고 우리는 '형편없는 성공'을 걱정해야 할 것이다.

3장 우리의 대답은 누구를 향하는가?

88쪽 유대인에게 율법을 선사한 신

'신'이라는 단어는 참 모호하다. 유일신을 믿는 일신교도 사이에서도 신이 어떤 존재인지에 대해서는 의견이 분분하다. 시크교, 힌두 유일신교, 바하이 신앙과 같은 여타 유일신교가 그렇듯 아브라함을 시조로 모시는 유대교, 기독교, 이슬람교 또한 저마다의 방식으로 신을 묘사한다. 반면, 플라톤과 같이 철학적인 관점에서 신을 이야기할 수도 있다. 신에 관한 설명은 각각 뚜렷한 특징을 지닌다. 하지만 유일신을 믿는 사람에게 신은 하나뿐인 존재이며, 이 유일한 신은 궁극적인 현실이자 인간의 삶과 세계에 형태를 부여하는 모든 가치의 근원이 된다. 그러니 일신론자가 '어떤' 신을 믿는지, 신이 어떤 모습인지 설명하는 것은 사실 이치에 맞지 않다. 이들은 신은 누구인지, 또 어떤 존재인지 이해하고 더 나아가 신의 현시에 담긴 의미를 받아들이고자 한다. 이 책에 등장하는 '신'이라는 표현 대부분은 맥락상 우리가 소개하고 있는 사람 또는 전통이 믿는 신을 가리킨다. 드물지만 다양한 종교와 철학이 적절한 설명을 위해 다루는, 계시의 주체 또는 헌신의 객체를 의미할 때도 있다.

92쪽 노래를 부르는 당사자가 노래를 잘 부르고 못 부르고를 판단한다면 이 세상에는 음치도 몇 없을 테지만, 스스로가 뛰어난 재능을 타고났다고 판단하는 사람도 드물 것이다.

예술 분야에서는 이런 자기 평가가 조금 더 자연스럽게 다가온다. 현대사회에서 예술은 자아를 증명하는 주된 방법으로 사용된다. 19세기 초반, 현대적 관점에서 진정성의 개념을 정립하는 데 중요한 역할을 한 프리드리히 슐라이어마허(Friedrich Schleiermacher, 1768~1834)는 당대에 부상하던 낭만주의에 큰 영향을 받았다.

95쪽 우리는 공자를 유교의 창시자로 생각하지만 공자는 "나는 혁신가가 아닌 전달 자이며, 옛것을 믿고 좋아한다"라고 이야기했다.

유교에서 '유(儒)'는 선비를 뜻한다. 이는 무엇 하나 새로운 것을 발명한 적 없다는 공자의 뜻을 기리기 위함이다.

4장 좋은 삶은 어떤 느낌인가?

113쪽 '오스카 와일드에게 남색 혐의를 제기한다.'

퀸즈베리 남작의 난해한 손 글씨 탓에 쪽지의 내용(posing Somdomite)을 두고 이야기가 많았다. 이는 '남색을 즐기는 기둥서방(ponce and Somdomite)'처럼 읽히기도 했는데, 퀸즈베리 남작은 의심스러운 정황을 나타냈을 뿐 와일드의 범죄 행위를 직접적으로 고발하지는 않았다며 '남색 혐의를 제기한다'가 맞는 내용이라고 주장했다. 어찌 됐든 퀸즈베리 남작이 철자를 틀렸다는 사실에는 변함이 없다.

116쪽 "삶의 비밀은 괴로움이다."

Wilde, De Profundis, p.53. 불교에서도 삶을 '고(苦)'라고 표현하고 있으니, 수바와 부처 또한 '삶의 비밀은 괴로움'이라는 와일드의 의견에 어느 정도는 동의할 것이다. 하지만 '삶은 고(苦)'라는 불교의 표현 뒤에는 '이번 삶은 고(苦)'라는 더 깊은 의미가 숨어 있다. 하지만 와일드는 삶 너머를 바라보지 않았다. 불교에서는 고통의 원인에서 벗어나라고 가르치지만, 와일드는 오히려 괴로움에 기대라고 이야기한다. 이렇듯 두 사상에 차이가 있는 이유는 세상을 평가하는 방식, 즉 8장에서 논의하는 '진정으로 큰 그림'을 이해하는 방식이 다르기 때문이다.

5장 무엇을 바라며 살아야 하는가?

127쪽 아리스토텔레스는 당대 그리스 철학자 대부분이 그랬듯 '에우다이모니아'라는 그리스어 단어 하나로 '의문'에 대답할 수 있다고 믿었다.

흔히 에우다이모니아를 '행복'이라고 번역한다. 19세기에는 별문제가 없었겠지만 에우다이모니아는 감정을 포함하지 않기에 오늘날 흔히 감정을 묘사하는 데 사용되는 '행복'이라는 단어로 번역하는 것은 적합하지 않다.

127쪽 행복이란 근본적으로 행동에서 비롯된다.

정확히 이야기하자면 아리스토텔레스는 행복이 미덕을 따르는 영혼의 활동이라고 생각했다. *Nicomachean Ethics* 1.7, 1098a를 볼 것.

132쪽 1990년대 중반, 유명한 작가였던 프랭크 콘로이는 크루즈 여행 회사에 돈을 받고 멋진 여행 후기를 써주기로 했다.

이 후기를 기억하는 사람이 있다면 이는 콘로이보다 더 유명했던 작가 데이비드 포스터 월리스(David Foster Wallace, 1962~2008)가 자신의 저서인 《재밌다고들 하지만 나는 두 번 다시 하지 않을 일》에서 콘로이의 상업적 에세이를 매섭게 비판했기 때문이다.

133쪽 하루에 10시간에서 12시간을 근무하지만 2018년 기준 평균 연봉은 2만 달러에 못 미쳤다.

크루즈선의 노동 환경과 관련해 신뢰할 만한 정보를 찾기는 쉽지 않다. 우리는 다음 자료를 참고했다. Katharina Wolff, Svein Larsen, Einar Marnburg, and Torvald Øgaard, *Worry and Its Correlates Onboard Cruise Ships*, International Maritime Health 64 (2013):95.

6장 어떻게 살아야 하는가?

141쪽 난민 수용소에 갇힌 매부를 만나기 전까지 모하마드 하페즈가 향하는 삶의 방향은 분명했다.

라이언, 마태와 이야기를 나누고 자신의 이야기를 책에 소개할 수 있도록 허락해준 모하마드 하페즈에게 감사를 전한다. 또한, 예일대학교의 '가치 있는 삶' 강의에 초청 강사로서 강연해줘서 다시 한번 고맙다는 말을 하고 싶다.

148쪽 한때 민주주의를 선으로, 독재를 악으로 규정하던 서구 세계는 이제 민주적 절차를 거쳐 직접 선출한 대표의 독재를 걱정하고 있다.
미국, 브라질, 헝가리, 인도에서 민주적 절차를 거쳐 당선된 대표에 제기하는 우려를 생각해 보라.

154쪽 첫째, 아브라함의 하나님이 한 말씀을 따른다. 둘째, 덕을 실천한다.
'하나님의 말씀을 따르는 것'과 '덕을 실천하는 것'은 상호 배타적이지 않다. 하나님이 덕을 실천하라고 명령할 수도 있다! 하지만 본문에서는 두 가지 선택지를 따로 살펴보겠다.

155쪽 의로운 행동을 명령받고 행하는 자가 명령을 받지 않고 행하는 자보다 위대하다는 말도 있다.
랍비 하니나(Hanina, 1~2세기)의 원문은 다음과 같다. "계명을 실천하라는 명령을 받고 실천하는 이가 계명을 실천하라는 명령을 받지 않고 실천하는 이보다 위대하다."(B. Kiddushin 31a. A mitzva is a righteous act.)

156쪽 우리는 그저 계율을 따르고 나머지는 하나님의 뜻에 맡겨놓으면 된다.
아브라함 계통 종교 외에도 다양한 종교가 비(非)결과주의를 옹호한다. 《바가바드 기타》에서 크리슈나 또한 아르주나에게 비슷한 조언을 했다. "행동이 주는 과실이 아닌 행동 자체에 만족하라." 목표는 "실패와 성공을 공정하게 대하는 것"이다.(*Bhagavad Gita*, 2. pp.47~48)

166쪽 끝없이 펼쳐진 숲과 나무 한 그루를 함께 아우르고 싶겠지만, 과연 두 가지를 함께 충족할 수 있을까?
"소명은 당신의 깊은 기쁨과 세상의 깊은 갈망이 만나는 지점"이라는 프레더릭 비크너(Frederick Buechner, 1926~2022)의 문장은 이 두 가지 책임 사이에 존재하는 긴장을 완화하는 데 큰 도움을 준다.(*Wishful Thinking: A Seeker's ABC*, rev. ed., San Francisco: Harper, 1993, p.119) 어쩌면 우리는 세계를 위한 공리주의적 책임의 최대화라는 목표와 자아실현을 위한 '진실성 윤리'의 최대화라는 목표를 동시에 추구하는 우주에 살고 있는지도 모른다. 하지만 비크너가 제시한 신학적 근거를 제외하면 우리가 그런 우주에 살고 있다고 가정할 만한 특별한 이유는 없는 듯하다.

7장 레시피 테스트

184쪽 그리스 철학자 크리시포스는 《생계 수단》이라는 책을 썼다.
크리시포스의 책은 소실됐지만 디오게네스 라에르티오스(Diogenes Laertios, 180~240)의 책에서 그 기록을 찾아볼 수 있다.(*Lives of Eminent Philosophers* 7.7.189, which can be found in the Loeb Classical Library edition, Lives of Eminent Philosophers, Books 6 - 10, trans. R. D. Hicks, Cambridge, MA: Harvard University Press, 1925, p.297)

187쪽 누구도 빼앗을 수 없는 의지, 즉 내면에 집중하는 능력을 기른 학생들은 어떤 상황에서도 존엄성을 유지할 수 있다는 희망을 얻었다.
수천 년이 흐르는 동안 스토아학파는 로마 제국의 지식인, 유럽 열강의 권력자와 같이 살아가면서 환경을 걱정할 필요가 조금도 없었던 사람들에게도 많은 지지를 받았다. 스토아학파는 이들에게 풍족함 속에서 부와 쾌락처럼 사소한 것에 사로잡혀서는 안 된다는 조언을 아끼지 않았다.

189쪽 다른 재료가 행복을 증진하거나 줄이기 때문이다.
모든 공리주의자가 쾌락의 증가와 고통의 감소가 좋은 삶을 정의한다고 생각하지는 않았다. 공리주의자가 예외 없이 동의하는 주장은 두 가지로 정리할 수 있다. 첫째, 모든 선은 무엇인가를 구성하고 있으며 둘째, 옳은 행동은 선이 어디에서, 또 누구에게서 오는지 관계없이 선을 최대화하는 데 초점을 맞춘다. 이 책에서 소개하는 '쾌락주의적 공리주의자'는 고통이 없는 쾌락을 선으로 여긴다. 반면 '선호적 쾌락주의자'는 선이 '욕망의 실현' 또는 '선호의 충족', 즉 원하는 것을 얻는 행위라고 주장한다. 따라서 이들은 최대한 많은 사람이 무엇이든 원하는 것을 얻을 수 있는 세상을 지향한다. 선호적 공리주의자는 환경 그 자체에 보다 큰 비중을 두고 있다.

198쪽 "어진 사람은 인(仁)을 해하며 삶을 이어나가려 하지 않고 자신을 희생해 인을 이룬다."
《논어》 15.9(Watson). 공자의 위대한 해설자 맹자 또한 기원전 4세기 음식 취향을 두고 비슷한 이야기를 한 적이 있다. "나는 생선 요리도 먹고 싶고, 곰 발바닥 요리도 먹고 싶다. 하지만 이 두 가지를 모두 얻을 수 없다면 생선 요리를 포기하고 곰 발바닥 요리를 선택하겠다. 나는 삶도 누리고 싶고, 의(義)도 추구하고 싶다. 하지만 이 두 가지를 모두 얻을 수 없다면 삶을 포기하고 의를 선택하겠다. 나는 삶을 원하지만 내가 원하는 것 중에는 그보다 더 큰 것이 있다. 그러니 나는 구차하게 삶을 얻으려 하지 않겠다. 나는 죽음을 싫어하지만 내가 싫어하는 것 중에는 그보다 더 나쁜 것이 있다. 그러니 나는 구태여 죽음의 환난을 피하려 하지 않겠다."(Mengzi 6A10.1-2)

199쪽 능력이 그렇듯 모든 의지는 일시적이다.
예일대학교 신학대학원 학생이자 예일대학교 장애학생협회 공동 의장인 벤 본드(Ben Bond)가 가장 좋아하는 슬로건인 "모든 능력은 일시적이다"에서 차용한 문구다.

8장 우리 삶의 진짜 큰 그림

222쪽 두 사람은 물리학과 생물학 규칙에 지배되는 실증적이고 물질적인 현실만을 강조하며 현상에만 초점을 맞췄다.
"우리는 초자연적 지성체의 창조물이 아니라 우연과 필연을 거쳐 만들어진 지구 생물권의 수백만 종 중 하나다. (중략) 우리는 철저히 혼자다."(에드워드 윌슨,《인간 존재의 의미》)

226쪽 이 설법은 불교에서 사성제 또는 사제라고 부르는 네 가지 기본적인 진리를 담고 있는데, 사제는 부처가 그리는 진정으로 큰 그림의 초석을 구성한다.
부처는 전통적으로 최초라 여겨지는 설법에서 사성제를 설명했다. 이에 관해서는 다양한 해석이 존재하지만 우리는 다음 자료를 참고했다. Deepak Sarma, *Classical Indian Philosophy: A Reader*, New York: Columbia University Press, 2011, pp.16~19.

9장 누구나 실패할 수 있다

238쪽 그리고 와일드는 자신이 예술에 뛰어난 재능과 천재성을 타고났다는 사실을 조금도 의심하지 않았다.
4장에서 이야기했듯, 오스카 와일드는 예술을 인간이라면 누구나 자신의 개성을 실현할 수 있는 탁월한 표현 방식이라고 생각했다. 하지만 이런 생각은 예술을 향한 와일드의 책임감을 강화했을 뿐이다.

244쪽 우선, 부정은 타인은 물론 자신에 대한 기만이다.
부정의 역학을 이런 시각에서 바라볼 수 있게 해준 미쳴 팅(Mitchelle Ting)에게 감사함을 전한다.

252쪽 "죄를 고백하는 데 그치는 자는 무엇도 얻을 수 없지만, 죄를 고백하고 버리는
자는 자비를 얻을 것이다."
바빌론 탈무드《타닛》에서 랍비 아다 바 아하바는 삶의 방식을 바꾸지 않는 죄악의
고해를 깨끗한 물에서 목욕을 하며 죽은 뱀을 들고 있는 행위에 빗대어 표현했다. 죽
은 뱀을 손에 들고 목욕을 하면 더러움은 씻겨나가지 않을 것이다. 마찬가지로 앞으
로 나아갈 의지가 없다면 단지 죄악을 고백하는 것만으로는 삶의 개선이 이루어지지
않을 것이다.

258쪽 이런 경우에는 진정한 용서와 화해가 이루어지기 어려울 것이다.
미로슬라브는 용서와 화해가 이루어지는 과정에서 나타날 수 있는 해악에 관한
진실을 밝혀야 하는 이유를 기독교적 관점에서 서술한 적이 있다.(*Free of Charge:
Giving and Forgiving in a Culture Stripped of Grace*, Grand Rapids, MI: Zondervan, 2009;
*Exclusion and Embrace, Revised and Updated: A Theological Explora-tion of Identity,
Otherness, and Reconciliation*, Nashville: Abingdon Press, 2019)

10장 때때로 삶은 고통스럽다

271쪽 질병과 자연재해는 어쩔 수 없지만 도를 따르는 사회는 인재로 인한 고통에서
자유로운 편이다.
"부가 평등하게 분배되면 가난한 사람이 없고, 나라와 가정이 조화로우면 모자람을
느끼지 않을 것이며, 안정되면 기울어질 일이 없다."(*Analects* 16.1, Slingerland)

11장 피할 수 없는 삶의 고통에 대하여

287쪽 《코란》에서는 '한없이 선량한 자', '자비로운 자', '정의로운 자', '인자한 자',
'지혜로운 자', '선을 행하는 자'를 비롯한 99가지 이름으로 신을 표현하고 있다.
아랍어로는 '알 라만', '알 라힘', '알 아들', '알 라티프', '알 하킴', '알 바르'라고 부른
다. 우리는 데이비드 버렐(David Burrell, 1933~)과 나지 다헤르(Nazih Daher)의 해석을
참고했다.(Al-Ghazali on the Ninety-nine Beautiful Names of God, Cambridge: Islamic
Texts Society, 1995, pp.49~51)

295쪽 하지만 성경에 기록된 욥의 이야기는 이슬람 전통에서 전해져 내려오는 내용과 다소 차이가 있다.

무슬림 신학자가 설명하길, 무함마드 이전에 존재했던 예언자에게 신이 내린 계시는 시간이 흐르며 타락했다. 신은 무함마드에게 타락을 드러냈으며 《코란》은 욥, 모세, 예수와 같은 인물에게 확실한 진리를 알려준다.

299쪽 타인의 고통을 완전히 이해하기는 불가능하다.

니체는 이렇게 말했다. "우리의 가장 깊고 개인적인 괴로움은 타인을 이해할 수도, 타인과 가까워질 수도 없다는 데에서 비롯된다. 우리는 같은 냄비에서 음식을 나눠 먹는 가장 가까운 사람에게도 온전한 모습을 드러낼 수 없다." (The Gay Science §338)

12장 모든 것이 끝날 때

307쪽 "크리톤, 내 아스클레피오스에게 닭 한 마리를 빚졌네."

Plato, *Phaedo* 118a, trans. G. M. A. Grube, in *Plato: Complete Works*. 플라톤의 《파이돈》이 감옥에 갇힌 채 죽음을 기다리는 소크라테스의 마지막 대화를 정확히 기록하고 있을 가능성은 아주 적다. 여기에는 아마 플라톤의 견해가 많이 개입됐을 것이다. 플라톤의 다른 작품인 《소크라테스의 변론》과 《크리톤》 또한 소크라테스의 재판과 죽음을 다루고 있다. 이 두 작품은 《파이돈》과 살짝 다르지만 중복되는 관점을 취한다.

323쪽 고대 기독교 문헌에는 페르페투아와 펠리치타라는 두 여인의 수난기가 기록돼 있다.

고대 문헌이 대개 그렇듯 성녀 페르페투아와 성녀 펠리치타의 순교 또한 역사적 사실이 의심된다. 하지만 페르페투아와 펠리치타의 이야기를 쓴 사람과 지금껏 이 세상을 살아온 수많은 평범한 인물이 생명을 포기하면서 좋은 삶의 비전을 지키는 행동을 무엇보다 고귀하게 여겼다는 사실은 변하지 않는다.

14장 변화는 어렵다

355쪽 아부 하미드 알 가잘리는 모든 것을 가졌다.

알 가잘리는 12년 후 자신의 영적인 자서전 《오류로부터의 구원*Deliverance from Error*》에서 이 일화를 이야기했다. 알 가잘리의 위기와 변화에 관한 전통적 견해가 궁금하다면 에릭 옴스비(Eric Ormsby, 1941~)의 책을 참고하기 바란다.(*Ghazali: The Revival of Islam*, London: Oneworld Publications, 2008, pp.29~33, pp.106~10) 물론 우리가 실제로 경험한 삶과 그에 관한 회상이 같지 않을 수도 있다. 케니스 가든(Kenneth Garden)이 선보인 책은 알 가잘리가 자서전에 남긴 기록이 1095년에 일어난 사건을 이해하는 가장 좋은 방법인지를 두고 의문을 제기했다.(*The First Islamic Reviver: Abu Hamid al-Ghazali and His Revival of the Religious Sciences*, New York: Oxford University Press, 2013) 어느 날 갑자기 바그다드를 떠난 알 가잘리의 일화는 우리 삶보다 우리의 이야기가 더 오래 남을 수도 있다는 사실을 상기시켜준다. 그러니 우리는 어떤 말을 할 때, 특히 스스로에게 어떤 이야기를 되뇔 때 주의를 기울여야 한다.

357쪽 동업자가 사업 자금을 들고 도주할 수도 있기 때문이다.
"불충한 하인을 자유롭게 내버려두면 돈을 들고 도주하듯, 지성이 영혼을 방치하면 (중략) 불충한 영혼은 손실을 가져올 것이다."(*Al-Ghazali on Vigilance and Self-Examination*, trans. Anthony F. Shaker, Cambridge: Islamic Text Society, 2015, p.5)

362쪽 쉽게 고칠 수 있는 문제는 아니었지만 와일드는 몇 가지 해결책을 떠올렸다.
오스카 와일드는 일종의 무정부 사회주의를 옹호했다. 와일드의 에세이 《사회주의에서의 인간의 영혼》은 이 주제를 중점적으로 다루고 있다. 와일드는 고압적 정부가 없고(무정부주의적 측면), 기본적인 필요가 모두 충족된(사회주의적 측면) 세상에서 모든 사람이 자유롭게 진정으로 자신다운 예술적 표현을 펼칠 수 있기를 바랐다.

15장 유지, 변화보다 더 어려운 과업

382쪽 이냐시오의 첫 책인 《영신수련》에서 이 두 가지 도구를 자세히 다루고 있다.
《영신수련》을 고전문학이라고 보기는 어렵다. 《영신수련》은 수련자가 신성한 명령을 수행할 수 있도록 실천가가 남긴 글에 가깝다. 이냐시오는 우리에게 단순한 책이 아닌 실천 그 자체를 남겨줬다.

386쪽 "사심을 극복하고 예를 실천하는 것이 인이다."
안회와 공자의 대화는 《논어》 12편 1장에 기록돼 있다. 우리는 에드워드 슬링어랜드의 해석을 인용했다. 사심을 극복하고 예의를 실천하는 것과 인의 관계를 어떻게 이해해야 하는지를 두고 다양한 의견이 있다. 슬링어랜드는 예가 인을 구성하는 일부처럼 표현했다. 하지만 극기복례가 인이라는 목적을 달성하기 위한 도구적 수단에 가깝다고 생각할 수도 있다. 로저 에임스(Roger Ames, 1947~)와 헨리 로즈먼트 주니어(Henry Rosemont Jr.)는 같은 구절을 "인간은 스스로를 절제하고 예의범절을 준수하면서 자신의 행동에 권위를 갖게 된다"라고 해석했다. 여기에서 자기 절제와 예의범절의 준수는 인을 확립하는 도구로 여겨진다.

389쪽 일흔이 된 공자는 하늘의 뜻에 따라 도를 추구했으니 자신이 진정으로 가치 있다고 생각한 삶을 살았다.

성 아우구스티누스 또한 공자와 비슷한 글을 남겼다. "사랑하고, 원하는 일을 하라"라는 구절은 참되고 정돈된 사랑에서 비롯된 욕구가 선한 사랑의 행동을 낳는다는 뜻을 담고 있다.(*Homilies on the First Epistle of John* 7.4.8, trans. Boniface Ramsey, Hyde Park, NY: New City Press, 2008, p.110)